中等职业教育规划新教材

国学教育简易教程

主　编　田文沪

上海交通大學出版社

内容提要

本书主要以杂谈的方式从多方面、多角度介绍国学的基础知识和精髓，目的是让学生更好地学习和传承中国传统文化。全书共分八章，主要涉及我国的服饰文化、饮食文化、茶艺文化、琴棋书画、民居建筑、中医文化、天文历法、传统节日、中华武术、传统戏曲等内容。

本书可作为中等职业学校学生的素质教育教材，也可供国学爱好者阅读。

图书在版编目（CIP）数据

国学教育简易教程/田文沪主编．—上海：上海交通大学出版社，2014
ISBN 978-7-313-12184-4

Ⅰ.①国…　Ⅱ.①田…　Ⅲ.①国学—中等专业学校—教材　Ⅳ.①Z126

中国版本图书馆 CIP 数据核字(2014)第 236150 号

国学教育简易教程

主　　编:田文沪
出版发行:上海交通大学出版社　　地　　址:上海市番禺路 951 号
邮政编码:200030　　电　　话:021-64071208
出 版 人:韩建民
印　　制:北京市通县华龙印刷厂　　经　　销:全国新华书店
开　　本:787mm×1092mm 1/16　　印　　张:11.25
字　　数:276 千字
版　　次:2017 年 5 月第 2 版　　印　　次:2017 年 5 月第 2 次印刷
书　　号:ISBN 978-7-313-12184-4/Z
定　　价:23.00 元

前　言

源远流长、博大精深的中华民族的文化，铸就了中华民族的灵魂。五千年的中华文明，是一种自强不息、厚德载物的文明，中华民族几千年来历尽天灾人祸而不被打垮，能越挫越勇，能自力更生，自强不息，立足于世界民族之林，不能不归功于中华经典所孕育的民族精神，这精神是由博大精深的经、史、子、集作为载体传承下来的孔孟之道、老庄之学，以及诸子百家的学说等，也就是通常所说的“国学”。国语素养，在一定程度上决定着中华民族的整体素质。因而，极大地提升学生的“国语素养”，是时代赋予文化素质教学的历史性任务。

近几年来，我们在对学生进行文化素质教育的实践中，经常痛感年轻人国学常识的匮乏，这严重影响着社会道德水平地提升。我们面临的社会现实是，传统的道德价值观被摒弃了，但新型的现代道德价值观却没有建立起来，从而使不少年轻人处于迷茫之中，只能跟着感觉走，跟着潮流走，或者任性而为，不考虑后果，更不愿承担责任。因此，我们经常用一些传统文化中仍有生命力的道理或故事教育学生，并收到较好的效果。由于耳提面命只能使少数学生受益，于是，我们产生了编写此本通俗国学读本的想法。

我国的国学典籍可谓浩如烟海，但非文史类学生又不可能花费很大的精力和过多的时间去研读经典。弱水三千，只取一瓢饮，应该如何撷取这一瓢？这正是本书编撰的难度所在。经再三考虑，在本书中，我们选择了中国传统文化中最有教育意义和最具实用价值的一些内容。希望本书的编写，能对学生的全面健康成长发挥积极的作用。

本书针对在校学生的学习基础与实际情况，以认识和了解国学基础知识为契机，带动学生积极主动学习中华文化。通过学习和认识国学，让学生们更好地了解、传承与发扬中国传统文化。

全书由田文沪主编。

由于时间仓促，水平有限，书中存在的不足之处，恳请广大读者批评指正。

编　者

目　录

第一章　绪　论

第一节　国学的概念

一、关于国学的释义

1. 国学的来源

“国学”作为汉字词汇，在历史上最早是指周代在国都建立的国家官学。《周礼·春官宗伯·乐师》言：“乐师掌国学之政，以教国子小舞。”《礼记·学记》曰：“古之教者，家有塾，党有庠，术有序，国有学。”孙诒让在其所著《周礼·正义》中指出：“国学者，在国城中王宫左之小学也。”由此可见，“国学”，在中国古代，指的是国家一级的学校，与汉代的“太学”相当。此后朝代更替，“国学”的性质和作用也有所变化，后来主要指以儒学为主体的中华传统文化与学术。

2. 国学释义争议

清末民初，学界对“国学”的释义争议很大，大致有以下几种。

(1)“国学”即“中学”。这一释义与清朝大员、洋务运动的代表人物张之洞等所倡导的“中学为体，西学为用”有关。

(2)“国学”即“国粹”。把“国学”与“国粹”等同，要么名不副实，要么等于把传统学术文化“精粹”以外的内容排斥在外，又因人们对传统学术文化“精粹”之理解不尽相同，自然就很难使“国学”的内容及其解释规范化。

(3)“国学”即“国故”。这一释义是针对“国粹”一说太笼统，又鉴于中国传统学术文化并非一切皆“粹”而提出的。这种提法曾经被当时许多著名学者所认可。“五四运动”时期的“旧派”、“新派”、“国学”家们，几乎都使用过“国故”一词。

(4)“国学”即中国固有之学，指中国固有的学术文化，亦即“中国学”。这一释义是章太炎和邓实针对“外国学”提出来的。章太炎认为“国学”是一国固有之学，并把“国学”之兴亡与国家的兴亡联系在一起。中国是个多民族家庭，那么把“一国固有之学”理解为“中华民族固有之学”，似更妥帖。

“国学即中国固有的或传统的学术文化”。这一释义经过几代学者的努力坚守，成为“国学”的通常定义。如在商务印书馆出版的《现代汉语词典》中，对“国学”一词的解释就是沿用了这样的定义：“称我国传统的学术文化，包括哲学、历史学、考古学、文学、语言学等。”这可以说是自清末民初至今，一直沿用下来的比较通用的定义。

20世纪初，中国学者提出近代意义上的“国学”概念。总体上是作为“西学”的对照概念来使用的，其中的“国”是指“本国”，“学”是指学术文化。此后渐渐形成了三种国学的概念。

第一种是指中国固有的学术文化。即西方文化在近代输入以前，中国文化在几千年的历史中所创造的学术体系。所谓学术文化是指学术形态的文化，而不包括非学术形态的文化，如民俗等。

第二种是用来泛指中国传统文化，其范围大于学术文化，一切传统文化形式都包括在内。即国学就是中华各民族历史文化中产生的学术、学问。这一概念接近《现代汉语词典》的表述，其范围要大一些。

第三种则是指近代以来我国学者采用古今结合的方法对传统学术与传统文化所做的研究体系，即国学研究。

3. 对国学概念的分析

“国学”包含有三个层面。

第一，它是一种知识体系。作为一个中国人，对中国的传统文化自然应该有一种最起码的亲近感与敬畏心，自觉成为一名中国文化的传承者。如对《四书》、《五经》、《史记》、《汉书》、《资治通鉴》、唐诗、宋词、元曲、明清小说等民族文化的精华部分应该有基本的了解。

第二，它是一种思维智慧，是中国人的行为方式。不管中国人有没有正式把国学当作学问来学习，中国人都是在受国学熏陶的环境里成长的，正所谓“随风潜入夜，润物细无声”。因此，面对同样的事情，中国人和西方人可能会用不同的方式来处理。

第三，“国学”的核心价值观，比如“以人为本”、“和而不同”、“天人合一”等，才是国学最根本的内容。当然，在强调价值理念为“国学”核心的同时，也不能忽略“国学”综合性与整体性的特征。

二、历史观

国学，首先是自然国学。国学是“道生一，一生二，二生三，三生万物；”国学是一阴一阳谓之道；国学是天地根，是天长地久，是天尊地卑；国学是万物负阴而抱阳，冲气以为和；国学是生生之谓易，即生生不息，是绵绵若存；国学是自然，是客观，是伟大的规律，是永恒的真理。在很多人为归儒、归释、归道以及国学与马克思主义的关系等问题纠结纷争的今天，回归到最初最基础的面貌去认识国学，有着更加清醒而紧迫的现实意义。

国学，其次是生命国学。国学是吾十有五而志于学，三十而立，四十而不惑，五十而知天命，六十而耳顺，七十而从心所欲不逾矩；国学是路漫漫其修远兮，吾将上下而求索；国学是油盐酱醋茶，是吃喝拉撒睡，是生老病死故，是衣食住行修，是成人成才成圣成贤，是成长成功成熟大成。在“全民投机”的时代，在机会主义泛滥的今天，生命里有国学，可以让我们更加真实而幸福的生活。

国学，然后是家庭国学。国学是一家仁，一国兴仁，一家让，一国兴让；国学是家和万事兴，家兴财源旺；国学是人的身心落地生根的根据地；是在高压环境下不竭的动力加油站，是在充满了诱惑的社会里面的指南针；是在剧烈变化的时代里面处理各种人际关系的润滑剂。在强调个性解放以及民族创新的今天，我们尤其需要强调家庭、家族、国家、人类一家、地球一家、宇宙一家的家庭国学观念。

国学，还是公益国学。国学就是《易经·系辞》里面讲的公益：智周乎万物而道济天下。国学就是《礼记·礼运》里面讲的公益："大道之行也，天下为公。"国学就是《论语·雍也》里面讲的公益：己欲立而立人，己欲达而达人。国学就是《孟子·梁惠王下》里面讲的公益：独乐乐不如众乐乐。国学就是《张子全集·近思录》里面讲的公益：为天地立心，为生民立命，为往圣继绝学，为万世开太平。国学就是《岳阳楼记》里面讲的公益：先天下之忧而忧，后天下之乐而乐。国学就是鲁迅的《自题小像》里面讲的公益：我以我血荐轩辕。国学就是毛泽东和中国共产党人讲的公益：全心全意为人民服务。国学就是最大化的利益：天地利益，父母利益，众生利益，万物利益，中华民族的伟大复兴。在市场经济发展的过程中，在权钱和欲望涌动的今天，高扬公益国学的旗帜，绝对不仅仅只是一种象征。

第二节　国学的分类

国学是指以儒学为主体的中华传统文化与学术。国学按不同的分类方式可分为以下几种。

(1) 按学科分，分为哲学、历史学、宗教学、文学、礼俗学、考据学、伦理学、版本学等，其中以儒家哲学为主流。

(2) 按思想分，分为先秦诸子、儒家、道家、释家等，儒家思想贯穿并主导中国思想史，其他列从属地位。

(3) 按《四库全书》分，分为经、史、子、集四部，但以经、子部为重，尤倾向于经部。《四库全书》是中国古代最大的丛书，编撰于乾隆年间，由当时的纪晓岚、王念孙、戴震等一流学者完成。"四库"指经、史、子、集四部，"全书"指所收都是全本。

第三节　国学的主要内容

一、国学的前身

最初，《汉书·艺文志》对国学有一个基本的分类，将其分为六个部分。这六个部分构成了国学的前身。

第一部分：六艺。是指《诗》、《书》、《礼》、《乐》、《易》、《春秋》六部经典。六艺有小六艺、大六艺。小六艺是六种技术：礼、乐、射、御、数、术，是具体培养人的人格和各种技能的。大六艺，就是指六经。任何时候，经总是排在首位的。这就是中国的精神，是国学精神里面很重要的东西。

第二部分：诸子百家。诸子如同皇帝出行时陪同的王侯，各司其职。诸子有儒家、道家、墨家、法家、名家、阴阳家、农家、纵横家、小说家等。

第三部分：诗赋。诗和赋不一样，是两种不同的体裁。《汉书·艺文志》里有《诗赋律》。

第四部分：兵书。兵书在古代知识分类中是非常重要的一部分，和术数、方技被看作是实用理性的。

第五部分：术数。譬如作为占筮的《周易》。

第六部分：方技。房中术、医术都是方技。

二、国学的主要内容

1. 经部

经部——主要收录儒学经典及其传、释和文字学方面的著作。经部分为易类、书类、诗类、礼类、春秋类、孝经类、群经总义类、四书类、乐类、小学类、石经类、汇编类。这些主要是儒家经典和注释研究儒家经典的名著。重要书目有《周易》、《尚书》、《周礼》、《礼记》、《仪礼》、《诗经》、《春秋左传》、《春秋公羊传》、《春秋谷梁传》、《论语》、《孝经》、《尔雅》、《孟子》、《弟子规》等。

2. 史部

史部——主要收录历史以及地理、时令、政书、目录等方面的著作。史部分为正史类、编年类、纪事本末类、别史类、杂史类、诏令奏议类、传记类、史抄类、载记类、时令类、地理类、职官类、政书类、目录类、史评类、汇编类。重要书目有《史记》、《汉书》、《后汉书》、《三国志》、《春秋》、《资治通鉴》、《续资治通鉴》、《通鉴纪事本末》、《国语》、《越绝书》、《吴越春秋》、《唐大诏令集》、《列女传》、《高僧传》、《东莱先生史记详节》、《晋书》附叙十六国云《载记》、《清稗类钞》、《禹贡》、《山海经》、《水经注》、《唐六典》、《通典》、《四库全书总目提要》、《史通》、《文史通义》、《战国策》、《永乐大典》、《二十四史》等。

史部的体系大致分三种：一是纪传，承袭《史记》体制，如《汉书》、《明史》；二是纪年，承袭《春秋》体制，如《资治通鉴》；三是纪事，承袭《通鉴纪事本末》，如《宋史纪事本末》。而在章诚斋眼中，六经皆史（《周易》和史之关系可参考胡朴安《周易古史观》），故史部实际也是继承经学传统。史笔即用春秋笔法，并采用经学中通三统、尊王攘夷、大一统、母以子贵等观念，这是史部概况。

3. 子部

子部——主要收录哲学、军事、天文、算法、医学、农业、艺术、工商等方面的著作。子部分为儒家类、兵家类、法家类、农家类、医家类、天文算法类、术数类、艺术类、谱录类、杂家类、类书类、丛书类、汇编类、小说家类、释家类、道家类、耶教类、回教类、西学格致类，重要书目有《老子》、《墨子》、《庄子》、《荀子》、《韩非子》、《管子》、《尹文子》、《慎子》、《公孙龙子》、《淮南子》、《抱朴子》、《列子》、《孙子》、《山海经》、《艺文类聚》、《金刚经》、《四十二章经》等。

子部是国学四部分中最少的一部分，故将释道典籍均填入子部。先秦诸子著作是子部最早来源，多归于子部杂学之属，以备与儒家参合互用。而兵农医术等应用内容在子部则列为较下之学，易学中部分阴阳五行术数之类也在其列，如《六壬大全》、《三命通会》、《李虚中命书》等。

4. 集部

集部——主要收录总集、别集及其他文学方面的著作。集部分为楚辞类、别集类、总集类、词曲类、闺阁类。重要书目有《楚辞》、《全唐诗》、《全宋词》、《乐府诗集》、《文选》、《李太白集》、《杜工部集》、《韩昌黎集》、《柳河东集》、《白香山集》等。

集部有楚辞、总集、别集等分类，主要收录历代文艺方面的作品。这一部分由于历代作家不断更新填充而蔚为大观，如宋人著书就有数万卷，而在江陵焚书之后天下藏书不过才两三万卷。经、史、子、集之外，如《西厢记》、《牡丹亭》之类可归集部，又是艺术门类，也是国粹的内容，因此在国学中它也有一席之地。

第四节　国学的当代价值

教育的本质就是培养人能成为人，而不是动物。教育就是要使一个冥然无知的人明白事理和获得智慧，使人能泰然自若地进入复杂无比的社会，使人能参与建设和改造社会的种种活动。教育不仅教人以谋生的技能，以提高生活的质量，还应启发人追寻生命的智慧，协助人找出生命的秘密，明白生存的意义。教育的理想是尽人之性，使人成为完全的人。更具体地说，教育的本质就是使人成为有情、有心、有灵性、有仁爱之心的人。孔子说："仁者爱人"。其实，我们不只要爱人，我们还要爱花草树木、河流山川；爱天地万物、宇宙自然；爱世界上任何一种高贵与微小的事物。

要达到上述的教育目标，国学教育显得格外重要。因为，国学是教人做人的学问。在中国的传统教育中，首先强调的就是德行教育。现在来从另一种角度理解"教"字的真实含义。先从字面上来解释一下教育的"教"字。左边是一个"孝"字，右边是一个"文"字，意思是说教育首先是教人孝敬父母，然后才是学习各种文化知识。

再来看看"孝"字，较早的"孝"字是象形字：上面像是一老人，下面为一个"子"字。意思是子女背着父母行走。在中国几千年的教育传统中，孝的教育是最基础的教育。因为孝道是做人的根基。在家知道孝敬父母，在外面才知道尊敬老师、尊敬领导；在家懂得友爱兄弟，在外面才知道亲近朋友、团结同事。在家里把孝道做好，在社会上才会做人做事。一个人如果连生养自己的父母都不爱了，他还会爱谁呢？

中国传统文化的核心，就是一个孝字。懂得孝这个字就算明道，遵照孝之理去做就是行道，就是修行。所以说“百善孝为先”。意思是说，孝敬父母是各种美德中第一位的。所以《三字经》里才说“首孝悌，次见闻”，这是教育的顺序，非常重要。一定要按照顺序进行，这个教育的原则不能变。

孔子说：“夫孝，德之本也”。在《论语》这本书里，记载了孔子的很多谈孝的内容。如“今之孝者，是谓能养。至于犬马，皆能有养，不敬，何以别乎”；“父母在，不远游，游必有方”；“父母之年，不可不知也，一则以喜，一则以惧”等。

“蓼蓼者莪，匪莪伊蒿。哀哀父母，生我劬劳！蓼蓼者莪，匪莪伊蔚。哀哀父母，生我劳瘁！……

父兮生我，母兮鞠我。拊我畜我，长我育我。顾我复我，出入腹我。欲报之德，昊天罔极。”

这首诗出自于《诗经·小雅·蓼莪》。意思是：父母生我育我，耗尽了心血。长大后离开父母远游他乡，等到多年以后回家，父母已去世了。在深深哀痛之中，才知道父母在时自己未能多尽些孝心。此刻，就是再呼天落泪，失声恸哭，也不能挽回了！

“树欲静而风不止，子欲养而亲不待。”这两句话的意思和上面这首诗类似。如果我们要等到“子欲养而亲不待”的时候才恸哭流涕，感到遗憾和悔恨，还不如趁父母还健在的时候，多尽些孝道，以报答父母的深恩。只是不知道是否所有为人子女者都能体会到“哀哀父母，生我劬劳”这两句诗中所蕴含的情感。

在懂得孝悌的基础上，接下来才是知识的传授。《论语·学而篇》中，子曰：“弟子入则孝，出则悌，谨而信，泛爱众，而亲仁。行有余力，则以学文”。一个人首先要懂得孝敬父母、友爱兄弟姊妹；其次要言行谨慎，要讲信用，要有博爱之心，要多亲近仁德之人。这些非做不可的事做好了之后，再学文，进行知识的传授。

四书五经，诸子百家，诗词歌赋等经典之所以能够成为中华民族流传千古而经久不衰的文化瑰宝，是因为其中包含丰富的民族智慧和大量对人生、世界乃至神秘宇宙的思考和为人之道的论述。如“己欲立而立人，己欲达而达人”的仁道；“己所不欲，勿施于人”的恕道；“和为贵”、“和而不同”的共生共处之道；“自强不息，厚德载物”的个人与社会健康互动之道；“天地之大曰生”、“富有之谓大业，日新之谓盛德，生生之谓易”的创生之道、与时俱进之道；“民吾同胞，物吾与也”的人文关怀。这些都是中华民族文化的精华，是古人真实深远的生命体验。

经典中包含一种诚恳的人性，能够进入到人的心灵深处，提高人作为“人”的内在品德，并让人从中得到做人的乐趣，让人追求崇高的精神境界。它可以涵养性情，增长智慧，开阔眼界，增进道德勇气。熟读这些有高度智慧的书，可以站在巨人的肩膀上，较迅速地启迪理性，可以对人生的各项活动，作较为全面而合理的安排。这就是古人所说的“见识”，也是现今所谓的“文化教养”。但凡有成就并且能够长期保持的人，都是目光远大、品德高尚、富有爱心的人。

第二章　中华文化杂谈（一）

第一节　中华服饰

中国传统服饰是中国传统文化的一个重要组成部分，是中华民族乃至人类社会创造的宝贵财富。

一、基本形式

传统服装有两种基本形制，即上衣下裳制和衣裳连属制。上衣下裳制，相传起于传说中的黄帝时代，《易・系辞下》载："黄帝、尧、舜垂衣裳而天下治，盖取诸乾坤。"这一传说可以在甘肃出土的彩陶文化的陶绘中得到印证。这可以说是中国最早的衣裳制度的基本形式。上衣下裳的服制，据《释名・释衣服》记载："凡服上曰衣。衣，依也，人所依以避寒暑也。下曰裳。裳，障也，所以自障蔽也。"上衣的形状多为交领右衽，下裳类似围裙的形状，腰系带，下系芾。这种服制对后世影响很大。

衣裳连属制，古称深衣，始创于周代。《礼记・深衣》注称："名曰深衣者，谓连衣裳而纯之以采也。"深衣同现在的连衣裙结构类似，上衣下裳在腰处缝合为一体，领、袖、裾用其他面料或刺绣缘边。深衣这一形制，影响于后世服饰，汉代命妇以它为礼服，古代的袍衫也都采用这种衣裳连属的形式。

二、历代演变

1. 原始服饰

原始服饰是根据出土的骨针、骨锥等制衣工具想象复原的。在纺织技术尚未发明之前，动物的毛皮是人们服装的主要材料。当时还没有绳、线，可用动物韧带来缝制衣服。在山顶洞人的遗址及其他古墓里，曾发掘出大量的装饰物。其中，有头饰、颈饰和腕饰等，材料有天然美石、兽齿鱼骨和海里的贝壳等。当时佩戴这些饰物，可能不仅是为了装饰，也许还包含着对渔猎胜利的纪念。

原始服饰文化的特点：

首先，原始社会的服饰表现出明显的对天地崇拜的文化特点。

其次，原始社会形成了较为典型的交领、右衽、系带，上衣下裳的服饰造型。

再次，原始社会初步形成了以五色作服，以等级为核心的冕服制度。

最后，原始社会的服饰制作原料出现了多元化的趋向。

2. 夏、商、周时期的华夏服饰

夏、商、周时期的服饰，一般是上衣下裳的配套，或襦裤深衣下裳配套。后者裳穿于襦裤深衣之外。裤为不加连裆的套裤，两只裤脚管套在胫上，也称胫衣。穿这种服装款式行动不便，尤其不能适应战争骑射。

始于商代的上衣下裳是中国最早的衣裳制度的基本形式。上衣象征天，天未明时是玄（黑）色；下裳象征地，地是黄色。上玄下黄的服制就来源于对天地的崇拜。

到了周代，中国的冠服制度也在这一时期出现。从此，衣冠等级在服饰中有了严格的区分。

夏、商、周时期服饰的文化特点：

（1）具有实用性和审美性相结合的鲜明特征。

（2）具有明确的等级制特点。

（3）夏、商、西周时期形成的章服制度，明显地体现出当时统治阶级“礼”与“德”以及等级制的思想观念。

3. 春秋战国时期出现胡服

春秋战国时期在服装方面最重要的变化，是出现一种服装，将上衣下裳合并为一体，连为一件，这种服装被称为深衣，废弃传统的上衣下裳。这是华夏主体服饰文化吸收融合少数民族服饰文化进一步提高发展的重要史例，史称“赵武灵王胡服骑射”。春秋战国时期的战争促进了汉族宽衣博带、长裙长袍服装的改革。赵武灵王为了提高军队的战斗力，冲破阻力，下令全国穿游牧民族的短衣长裤，学习骑射，终于使赵国强盛起来。这是中国历史上第一次服装改革，胡服从此盛行。伴随胡服也传来了带钩，它是用于结束革带的，由于它比革带的扎结方式更加便捷，因而很快就流行起来。

春秋战国时期服饰文化的特点有：

（1）服饰用料的种类趋于多样化。

（2）服装的款式有了明显的变化，出现了“深衣”。为汉服基本款式的形成奠定了基础。

（3）服装色彩也有重大的变革。

（4）形成了百家争鸣的服饰哲学观。

（5）在服饰中体现出明显的民族融合趋势。

4. 秦汉确立传统冠服制

秦代服饰与战国时无大差别，保持中国服饰深衣的基本形制。西汉男女服装，仍沿袭深衣形式。

秦汉服装面料仍重锦绣。绣纹多有山云鸟兽或植物花样，织锦有各种复杂的几何菱纹。秦汉时期，将阴阳五行思想渗进服色思想中。

汉代男子的服装样式，大致分为曲裾、直裾两种。曲裾，即为战国时期流行的深衣。汉代仍然沿用，但多见于西汉早期。到东汉，男子穿深衣者已经少见，一般多为直裾之衣，但并不能作为正式礼服。

汉代曲裾深衣不仅男子可穿，同时也是女服中最为常见的一种服式。这种服装通身紧窄，长可曳地，下摆一般呈喇叭状，行不露足。衣袖有宽窄两式，袖口大多镶边。衣领部分很有特色，通常用交领，领口很低，以便露出里衣。如穿几件衣服，每层领子必露于外，最多的达三层以上，时称"三重衣"。汉代规定，百姓一律不得穿各种带颜色的服装，只能穿本色麻布。直到西汉末年（公元前 13 年）才允许平民穿青绿之衣。对商人的禁令更严。然而，在服装的样式上，似乎没有严格的制度。

秦汉服饰的主要特点有：

(1) 服饰的种类和式样更加丰富。

(2) 在服饰中体现出了较为严格的等级制度，主要体现在服饰的样式、色彩和佩饰上。

(3) 确立较为完备的服饰制度。

(4) 纺织印染业进一步发展，开始出现制衣官吏和组织机构。

5. 魏晋南北朝时期胡服的流行

魏晋南北朝时期，是中国古代服装史上政治和经济动荡的又一个大转变的时期。由于大量少数民族进入中原地区，胡服成为社会上司空见惯的装束。士大夫阶层形成了消极的社会风气，追求"对酒当歌，人生几何"的享乐主义，沉沦于颓废的生活方式，宽衣博带是这一时期的流行服饰。一般平民百姓的服装，受胡服的影响最为强烈。他们将胡服中窄袖紧身、圆领、开衩等因素吸收到原有的服饰中来。汉族贵族也在胡服的基础上加以变化，方法是将其长度加长，加大袖口和裤口，改左衽为右衽。但礼服仍然是传统的汉族礼服形式。男子穿衣敞胸露臂，衣服披肩，追求轻松、自然、随意；女子服饰则长裙拖地，大袖翩翩，饰带层层叠叠，优雅而飘逸。

十六国南北朝时期，中原出现了多民族杂居的生活状态。他们互相学习交流，另外也改变了单一的文化和生活习俗；汉族穿着胡服成为时尚。少数民族服饰受汉朝典章礼仪影响，穿起了汉族服装。

6. 隋唐时期是服装的转变时期

隋唐时期，由于政治稳定和经济繁荣，此时期的服装能上承历史服饰之源头，下启后世服饰制度之经道。所以，这一时期成为中国古代服饰制度发展的重要历史时期。男子的常服为幞头、袍衫，穿长鞠靴。但此时的袍衫与前朝略有不同，式样为圆领、右衽、窄袖、领袖裾无缘边。此外，还有襕袍衫和缺胯袍衫等式样。这种袍衫主要是受胡服影响，并且与汉族的生活习惯和礼仪特点相结合，形成了该时期袍衫的风格。隋唐时期，唐代纹样不仅继承了传统，而且吸收了西方艺术形式。另外，对外开放，丝绸之路重开，中西结合，使唐朝服饰华丽清新。隋代女子穿窄合身的圆领或交领短衣，高腰拖地的长裙，腰上还系着两条飘带。

唐高祖李渊于公元 621 年正式颁布东舆衣服之令，对皇帝、皇后、群臣百官、命妇、士庶等各级各等人士的衣着、色彩、佩带各方面都做了详细的规定，唐朝的衣冠制度正式确立。

例如，唐朝对服饰色彩的规定：黄色只有皇帝和皇室亲臣、贵臣才可穿用，他人穿用则为犯罪，因此，黄色为皇权的特殊象征。另外，还以服装的颜色区分官职品级：

三品以上服紫色，五品以上服朱色，六品为绿色，七品为青色。

唐代的妇女服饰，是历代中的佼佼者。衣料质地考究，造型雍容华贵，装扮配饰富丽堂皇。唐都长安不仅是当时中国的政治、经济、文化中心，同时也是东西方文化交流的中心。与朝鲜、日本、波斯等国的贸易、文化交流频繁。唐朝服饰形成了独特的开放浪漫风格。袒胸、裸臂、披纱、大袖、长裙是唐代妇女最典型的着装形象。

唐朝年轻女子不受保守传统的约束。她们不仅可以穿袒露胸臂的宽领服装，甚至穿上胡服男装，在街上策马扬鞭。政府和社会还允许女性享有选择配偶和离婚的自由。

7. 宋代的服装趋于保守

宋代的服饰，大体沿袭唐制，但在服装式样和名称上略有差异。宋朝统治者注重文治，竭力推崇程朱理学。把朱熹“存天理，灭人欲”的思想，作为维护封建统治的理论根据加以倡导，其目的在于去掉人们的任何反抗意识。这种理学观点影响到人们的着装，使宋朝的服装一改唐朝服饰旷达华贵、恢宏大气的特点，服装造型封闭，颜色严肃淡雅，色调趋于单一。

宋代的缺胯袍衫式样有广袖大身和窄袖紧身两种。穿褙子和半臂的习惯极为普遍，但都不能作为礼服穿。总的来说，宋代的服饰比较拘谨保守，色彩也不及以前鲜艳，给人以质朴、洁净、淡雅之感。这与当时的社会状况尤其是受程朱理学的影响，有密切关系。

8. 辽、金、元时期

辽、金、元时期的服饰有一个共同的特点，既沿袭汉唐和宋代的礼服制度，又具有本民族的特色。辽、金男子的服饰多为圆领、袖的缺胯袍，着长筒靴或尖头靴，下穿裤，腰间束带。元代男子的服饰有汉族的圆领、交领袍，也有本民族的质孙服，其形制与深衣类似，衣袖窄瘦，下裳较短，衣长至膝下，在腰间有无数褶裥，形如现今的百褶裙，在腰部还加有横襕。领型有右衽交领、方领和盘领。下穿小口裤，脚穿络缝靴。服色以白、蓝、赭为主。此外，元代服饰在质料上发生了较大变化。由于棉花的广泛种植，棉布成为服饰材料的主要品种。

元朝是蒙古族入关统治中原的时代，所以元朝的服饰比较特别。蒙古人多把额上的头发弄成一小绺，像个桃子，其他的就编成两条辫子，再绕成两个大环垂在耳朵后面，头上戴笠子帽。元代人的衣服主要是“质孙服”，是较短的长袍，比较紧、比较窄，在腰部有很多衣褶，这种衣服很方便骑射。元代的服饰既推行其本族制度又承袭汉制，如皇帝及高官的服饰仿照先秦时代的古制而成。

元代的贵族妇女，常戴着一顶高高长长，看起来很奇怪的帽子。她们穿的袍子，宽大而且长，走起路来很不方便，常常要两个婢女在后面帮她们拉着袍角。一般的平民妇女，多是穿黑色的袍子。

9. 明朝

明代的服饰，大体上沿袭唐制，宋元服装形式中的某些式样也有保留。朱元璋称帝后，为了恢复汉族的礼仪，便制定了以周汉、唐宋为准则的新服饰制度。以袍衫为主要服饰，而官员则以补服为常服，头戴乌纱帽，身穿圆领衫。所谓补服，是指在袍衫前有一块方形刺绣图案的官服，文官图为飞禽，武官图为猛兽。用袍衫颜色和图案的分别来区分官阶品位。平常穿的圆领袍衫则凭衣服长短和袖子大小区分身份，长大者为尊。

明代官服中最具特点的是乌纱帽，乌纱帽翅因戴者官职、身份不同而各异。其形制前低后高，两旁各插一翅，通体皆圆。帽内另用网巾束发。

明朝的儒生文士男子服饰，大多穿圆领或斜领的青布直身的宽袖长衣，头戴四方平定巾。明代的贵妇多是穿红色大袖的袍子，一般妇女只能穿一些浅淡的颜色。裙子宽大，样式很多。

10. 清朝

满族入关后，满洲八旗统治者实行了长达37年的“剃发易服”。禁止中国传统服装并且强迫汉人穿满人服装，从此汉服在清朝消失了。在清朝，渐渐地形成了一套有别于明代的服饰体系。清朝是我国服装史上改变最大的一个朝代，清代是个满汉文化交融的时代，尤其是服装文化，也是在进入中原后，保留原有服装传统最多的非汉族王朝。

清时代和清末近代，中国男子改穿满族的长衫、马褂、唐装，女子改穿满族的旗袍、旗装。清代妇女服饰的样式及品种很多，如背心、一裹圆、裙子、大衣、云肩、围巾、手笼、抹胸、腰带、眼镜等。

清服改变了几千年来形成的中国古代服饰的基本形式。清服是中国古服与近代服的交接点，它的存在是以后发展到近代男士的马褂长袍、女士的旗袍的前提。妇女服饰在清代可谓满、汉服饰并存。满族妇女以旗袍为主，旗袍衣身修长，衣袖短窄。与历时数千年的宽袍大袖拖裙盛冠、潇洒富丽、纤细柔弱的中国古代服装形成鲜明的对比。旗装由满洲旗人设计制作，并作为所有旗人统一的一种袍式服装。所以叫旗装，满语称“衣介”。“旗装”又叫“旗服”，分为单、夹、皮、棉四种。旗装以它用料节省，制作简便和穿着方便，取代了古代的衣裙。女子穿长及脚面的旗装，或外罩坎肩。脚着长筒白丝袜，穿花盆底绣花鞋，裤腿扎青、红、粉红等各色腿带。服装喜用各种色彩和图案的丝绸、花缎、罗纱或棉麻衣料制成。有的将旗装面上绣成一组图案，更多在衣襟、袖口、领口、下摆处镶上多层精细的花边。盘头翅，梳两把头或旗髻。女士喜戴耳环、手镯、戒指、头簪、大绒花和鬓花等各种装饰品。这种“衣皆连裳”与汉族服饰的上衣下裳的两截衣裳有明显区别。传统的男式旗人之袍，现在一般称长袍、大褂、长衫。故而，旗装是中国满族的传统服饰，而不是其他民族的服饰。

清代的服饰对近现代服装形式影响较大。清代男子服饰可分为两种：满族民族服装；外来西洋服装。清代袍的式样，是在汉族传统基础上加以变化，并吸取满族服装特点。一般袖子比较窄瘦，礼服是箭袖，又称马蹄袖。袍身用纽扣系结。右衽大襟，圆领口。皇室的袍有前后左右四开气，而士庶男子只能在左右开气。马挂是清朝特有的满式服装。它式样多为圆领，有对襟、大襟、琵琶襟等式样，有长袖、短袖、大袖、窄袖之分，但均为平袖口。直到清末西洋服装传入和辛亥革命后，中国的服装才起了重大变化，进入了近现代服装发展阶段。

三、分类介绍

1. 汉族男子服饰

冠服之中，以帝王衮冕最为华丽。先秦衮冕之制，分上衣与下裳。衣多黑色（玄衣），以象天；裳多黄色（黄裳），以象地，也有浅绛色的。玄衣广袖，上面用朱（赤红）、白、苍（青）、黄、玄（黑）五彩丝绘（绣或织）出日、月、星辰、山、龙、花虫等图画。裳画也用五彩丝绣出宗彝（礼器）、藻（水草）、火等图案。这些图画和图案的花样合称为12章纹。裳前有皮制的芾，朱色。上面绘龙、火、山三章，系于腰间革带，蔽之于裳面膝前。裳旁佩玉，裳后系组绶（宽丝带做成的花样垂饰）。腰间还用大带系束。发束于头顶，着冠（帽子），冠卷有纽，纽中贯以玉笄，扣紧冠与发。冠上加冕（一块宽0.8尺、长1.6尺，前圆后方的平板，又称冕延，板为木质，以玄布面上，赭布面里），冕延前后均匀地垂有12旒（用彩丝作绳，贯串五彩玉珠，称为旒），每旒12玉，前后共24旒，共用玉珠228颗，称为玉藻。冠冕旁悬玉，名"充耳"。足着赤舄（厚底鞋，以木复于履底做成，舄前头上，宽翘，宽而且高，足可以把垂地长裙的前裾缘挑起，以便向前迈步）。

后世衮冕都遵照先秦制度，略有变化。其他诸侯、公、卿、大夫之冕服，其冕旒数严格按等级规定，依次减为9旒、7旒、5旒、3旒有差，每旒用玉数也依次减为9玉、7玉、5玉、3玉不等，衣裳上的章纹也严格按等级递减，有9章、7章、5章、3章之别。冕服种类名称，有衮冕、山冕等数十种。

衣与裳相连的深衣袍服用途最广：可以作为文武官员的次等朝服，也可以作为诸侯士大夫燕居的晚礼服，还可以作为帝王不视朝时的便服。深衣又是庶人参加祭祀时唯一可穿的礼服，在婚、丧、宾礼中也可以穿，而且不分男女，都可以穿。

平民日常穿襦裤，襦是短衣。以短衣长裤为常服，不在外面系裙。贫者着褐，即粗布长袄，颜色多为青、黑两色。丧服为白色。

男子头为束发冠笄。冠的形制有高冠、弁、梁冠、笼冠、小冠、幞头、帻、帽等。其细别的各种冠帽之名，如委貌冠、通天冠、远游冠、进贤冠、大帽、圆帽、鹅帽、唐巾、席帽等，可达数十种。也有戴各式头巾的，如四方头巾、万字巾、云巾、软巾、幅巾、葛巾、华阳巾等，还有的地区农民戴笠帽。

2. 汉族女子服饰

妇女服装，王后及贵妇的礼服多为深衣型，如《礼记》上列举先秦的揄狄、阙翟、鞠衣、展衣、素纱都属深衣类。揄狄、阙翟为祭礼服，上绘（绣或织）五色翟（锦鸡）形图画。鞠衣色黄，为告桑（祈祷先王保佑采桑养蚕顺利的仪式）之服；展衣白色，为宾礼服；素纱是穿在里面的衬服。长沙马王堆出土的帛画中贵妇衣属深衣型。长沙仰天湖楚墓出土楚木俑妇人也穿深衣。

汉以后王后及贵妇礼服皆承袭先秦制度，但又发展出半臂（半截袖子的长衫）、披帛（肩背间披一幅长画帛）、霞帔（两条从双肩披下的宽幅有鸟禽绣文彩帛，宽约3寸余，前垂3尺余，左右合处下端有一玉坠，后垂2尺余，末端插入兜子内）、褙子（四开衩的长衫）、披风、围腰、抱腰（长围腰）、垂袖等服饰或服装附件。一般的妇女日常服装则多为上衣下裳分开的裙服，也有外穿上衣下裤不系裙的。这些衣服都是汉民族传统的服装。

古代妇女头发都挽成髻，髻形有双髻、垂髻、偏髻、平髻、螺髻、高髻、飞天髻等类。具体名称则有数十种，如丛梳百叶髻、双环望仙髻、朝天髻、翻荷髻、宝髻、花髻等。发髻上的饰物则有梳、篦、钗、步摇、翠翘、珠翠、金银宝钿、搔头、珠箍、珠冠、凤冠，以及金银珠玉精制的鸾凤、要翟、珠滴、珠牌等。鬓发两侧饰鬓，也有戴帷帽、盖头的。

第二节　饮食文化

一、中华饮食文化概述

饮食是人类生活的重要组成部分，是一个人生存和改造自身身体素质的物质基础，是人类社会发展不可缺少的物质力量。在我国，不同的地区有不同的饮食习惯，在长期的历史传承过程中，形成了不同的饮食民俗。它们共同构成了我国丰富多彩的饮食文化。

中国人的传统饮食习俗是以植物性食料为主。主食是五谷，辅食是蔬菜，外加少量肉食。形成这一习俗的主要原因是中原地区以农业生产为主要的经济生产方式。但在不同阶层中，食物的配置比例不尽相同。因此，古代称在位的皇帝为“肉食者”。

二、中华饮食文化的特点

在中国传统文化教育中的阴阳五行哲学思想、儒家伦理道德观念、中医营养摄生学说，还有文化艺术成就、饮食审美风尚、民族性格特征等诸多因素的影响下，我国创造出彪炳史册的中国烹饪技艺，形成博大精深的中华饮食文化。

从外延看，中华饮食文化可以从时代与技法、地域与经济、民族与宗教、食品与食具、消费与层次、民俗与功能等多种角度进行分类，展示出不同的文化品位，体现出不同的使用价值，真是异彩纷呈。

从特质看，中华饮食文化突出养助益充的营卫论（素食为主，重视药膳和进补），并且讲究“色、香、味”俱全，五味调和的境界说（风味鲜明，适口者珍，有“舌头菜”之誉），奇正互变的烹调法（厨规为本，灵活变通），畅神怡情的美食观（文质彬彬，寓教于食）等四大属性。中华饮食文化除了讲究菜肴的色彩搭配要明媚如画外，还要体现用餐的一种情趣。

从影响看，中华饮食文化直接影响到日本、蒙古、朝鲜、韩国、泰国、新加坡等国家，是东方饮食文化圈的轴心。与此同时，它还间接影响到欧洲、美洲、非洲和大洋洲的饮食文化，比如中国的素食文化、茶文化、酱醋、面食、药膳、陶瓷餐具和大豆等，都惠及全世界数十亿人。

总之，中国饮食文化是一种广视野、深层次、多角度、高品位的悠久区域文化；是中华各族人民在长期的生产和生活实践中，在食源开发、食具研制、食品调理、营养保健和饮食审美等方面创造、积累并影响着世界的物质财富及精神财富。

三、中华饮食文化发展历史

1. 有巢氏时期

当时人们不懂人工取火和熟食。饮食状况是茹毛饮血，不属于饮食文化。

2. 燧人氏时期

钻木取火，从此熟食，进入石烹时代。主要烹调方法：①炮，即钻火使果肉而燔之；②煲：用泥裹后烧；③用石臼盛水、食，用烧红的石子烫熟食物；④焙炒：把石片烧热，再把植物种子放在上面炒。

3. 伏羲氏时期

在饮食上，结网罟以教佃渔，养牺牲以充庖厨。

4. 神农氏时期

神农氏是中国农业的开创者，尝百草，开创古医药学，发明耒耜，教民稼穑。陶具使人们第一次拥有了炊具和容器，为制作发酵性食品提供了可能，如酒、醢、醯（醋）、酪、酢、醴等。鼎是最早的炊具之一，有爪儿因为当时没灶，还有鬲，其爪是空心的，鬶是用来煮酒的。

5. 黄帝时期

中华民族的饮食状况又有了改善。皇帝作灶，始为灶神，集中火力节省燃料，使食物速熟，而造广泛使用则在秦汉时期。当时，釜、高脚灶具逐步退出历史舞台。“蒸谷为饮，烹谷为粥”，首次因烹调方法区别食品，蒸锅发明了，叫甑。蒸盐业是黄帝臣子宿沙氏发明，人类从此不仅懂得了烹，还懂得调。

6. 周秦时期

周秦时期中华饮食文化的成形时期，以谷物蔬菜为主食。春秋战国时期，自产的谷物蔬菜基本都有了，但结构与现在不同。当时旱田作业主要是：稷，又称谷子，长时期占主导地位，为五谷之长。好的稷叫粱之精品，又叫黄粱。黍，是大黄黏米，仅次于稷，又称粟（是脱粒的黍）。麦，大麦。菽，是豆类，当时主要是黄豆、黑豆。麻，即麻子。菽和麻都是百姓穷人吃的，麻又叫苴。南方还有稻，古代稻是糯米，普通稻叫粳秫。周以后中原才开始引种稻子，属细粮，较珍贵。菰米是一种水生植物茭白的种子，黑色，叫雕胡饭，特别香滑，和碎瓷片一起放在皮袋里揉米脱粒。

7. 汉时期

汉代为中国饮食文化的丰富时期，这归功于汉代中西（西域）饮食文化的交流，不仅引进了石榴、芝麻、葡萄、胡桃（即核桃）、西瓜、甜瓜、黄瓜、菠菜、胡萝卜、茴香、芹菜、胡豆、扁豆、苜蓿（主要用于马粮）、莴笋、大葱、大蒜，而且还传入一些烹调方法，如炸油饼、胡饼（即芝麻烧饼也叫炉桡）。淮南王刘安发明豆腐，使豆类的营养得到消化，物美价廉，可做出许多种菜肴。东汉还发明了植物油。在此以前都用动物油，叫脂膏。带角的动物油叫脂，无角的如犬，叫膏，脂较硬，膏较稀软。植物油有杏仁油、奈实油、麻油，但很稀少。南北朝以后植物油的品种增加，价格也便宜。

8. 唐宋时期

唐宋时期是中华饮食文化的高峰。“素蒸声音部，罔川图小样”，最具代表性的是烧尾宴。

9. 明清时期

明清是饮食文化的又一高峰，是唐宋食俗的继续和发展。同时又混入满蒙的特点，饮食结构有了很大变化。主食：菰米已被彻底淘汰；麻子退出主食行列改用榨油；豆料也不再作主食，成为菜肴；北方黄河流域小麦的比例大幅度增加，面成为宋以后北方的主食；明代又一次大规模引进，马铃薯、甘薯、蔬菜的种植达到较高水准，成为主要菜肴。肉类：人工畜养的畜禽成为肉食主要来源。满汉全席代表了清代饮食文化的最高水平。

四、中华饮食文化的艺术倾向

中华饮食文化，由于特定的经济结构，思维方式与文化环境，形成了自身鲜明的特色，即艺术倾向，主要表现在以下六个方面。

1. 选料精良

选料，是中国厨师的首要技艺，是做好一品中国菜肴美食的基础，要具备丰富的知识和熟练运用的技巧。每种菜肴美食所取的原料，包括主料、配料、辅料、调料等，都有很多讲究。概而言之，则是“精”、“细”二字。所谓“精”，指所选取的原料，要考虑其品种、产地、季节、生长期等特点，以新鲜肥嫩、质料优良为佳。

2. 刀工细巧

刀工，即厨师对原料进行刀法处理，使之成为烹调所需要的、整齐一致的形态，以适应火候，受热均匀，便于入味，并保持一定的形态美，因而是烹调技术的关键之一。我国早在古代就重视刀法的运用，经过历代厨师的反复实践，创造了丰富的刀法，如直刀法、片刀法、斜刀法、剞刀法（在原料上划上刀纹而不切断）和雕刻刀法等。把原料加工成片、条、丝、块、丁、粒、茸、泥等多种形态和丸、球、麦穗花、蓑衣花、兰花、菊花等多样花色，还可镂空成美丽的图案花纹，雕刻成“喜”、“寿”、“福”、“禄”等字样，增添喜庆筵席的欢乐气氛。特别是刀技和拼摆手法相结合，把熟料和可食生料拼成艺术性强、形象逼真的鸟、兽、虫、鱼、花、草等花式拼盘，如“龙凤呈祥”、“孔雀开屏”、“喜鹊登梅”、“荷花仙鹤”、“花篮双凤”等。例如“孔雀开屏”，是用鸭肉、火腿、猪舌、鹌鹑蛋、蟹钳肉、黄瓜等15种原料，经过22道精细刀技和拼摆工序才完成。

不仅仅文学家将精艺的刀工当作完美的艺术欣赏，普通的百姓也往往是一睹为快。古代有人专门组织过刀工表演，引起了轰动。南宋曾三异的《同话录》说，有一年泰山举办绝活表演，“天下之精艺毕集”，自然也包括精于厨艺者。“有一庖人，令一人裸背俯伏于地，以其背为几，取肉一斤许，运刀细缕之。撤肉而试，兵背无丝毫之伤。”

以人背为砧板，缕切肉丝而背不伤破，这一招不能不令人称绝。

3. 火候独到

火候，是形成菜肴美食的风味特色的关键之一。但火候瞬息万变，没有多年操作实践经验，则很难做到恰到好处。因而，掌握适当火候是中国厨师的一门绝技。中国厨师能精确鉴别旺火、中火、微火等不同火力，熟悉了解各种原料的耐热程度，熟练控制用火时间，善于掌握传热物体（油、水、气）的性能，还能根据原料的老嫩程度、水分多少、形态大小、整碎厚薄等，确定下锅的次序，加以灵活运用，使烹制出来的菜肴，要嫩就嫩，要酥就酥，要烂就烂。早在古代，中国厨师就对火候有过专门研究，并阐明火候变化规律及掌握要点："五味三材，九沸九变，必以其胜，无失其理。"

火候是烹调中最重要的事，同时也是最难把握和说明的事，真可谓是"道可道，非常道"。而一位烹饪者能否成为名厨，火候的掌握乃是关键。所以，中国饮食中的厨者在操作时，积一生之经验，悟己身之灵性，充分发挥自己细微的观察体验能力和丰富的想象能力，进行饮食艺术的创造。所谓，运用之妙，存乎一心，真是"得失寸心知"了。

4. 技法各异

烹调技法，是我国厨师的又一门绝技。常用的技法有：炒、爆、炸、烹、溜、煎、贴、烩、扒、烧、炖、焖、汆、煮、酱、卤、蒸、烤、拌、炝、熏，以及甜菜的拔丝、蜜汁、挂霜等。不同技法具有不同的风味特色。每种技法都有几种乃至几十种名菜。

5. 五味调和

调味，也是烹调的一种重要技艺，所谓"五味调和百味香"。关于调味的作用，据烹饪界学者的研究，主要有以下几个：矫除原料异味；无味者赋味；确定肴馔口味；增加食品香味；赋予菜肴色泽；可以杀菌消毒。调味的方法也变化多样，主要有基本调味、定型调味和辅助调味三种，以定型调味方法运用最多。所谓定型调味，指原料加热过程中的调味，是为了确定菜肴的口味。基本调味在加热前进行，属预加工处理的调味。辅助调味则在加热后进行，或在进食时调味。

6. 情调优雅

中华饮食文化情调优雅，氛围艺术化，主要表现在美器、夸名、佳境三个方面。在中国人的餐桌上，没有无名的菜肴。一个美妙的菜肴命名，既是菜品生动的广告词，又是菜肴自身一个有机组成部分。菜名给人以有美的享受，它通过听觉或视觉的感知传达给大脑，会产生一连串的心理效应，发挥出菜肴的色、形、味所发挥不出的作用。

五、我国区域饮食文化圈

东北饮食文化圈：炖菜生肉、冻食和腌菜，口味咸重、辛辣（葱蒜味）。

中北饮食文化圈：咸食畜肉，热喝奶茶，畅饮烈酒，以肉食和奶制品为主，几乎不吃蔬菜，口味咸重。

西北饮食文化圈：爱吃烤肉，佐以孜然和辣椒粉，口味咸重。

黄河中游饮食文化圈：以面食为主，"一面百样吃"，口味酸辣，味稍重。

京津地区饮食文化圈：层次性饮食文化。食料以周边地区为主，辅以全国各地精华特产。菜品种复杂多元化，以“满汉全席”为极致。

黄河下游饮食文化圈：饮食的文化味极浓，讲究“平和正统”。大味必淡。日常生活中爱吃煎饼与玉米饼，卷葱抹酱。口味特点：咸鲜，味正，葱蒜的辛辣。

长江中游饮食文化圈；江西与湖南口味以辣为主，酸寓其中。湖北口味咸鲜，微辣。

长江下游饮食文化圈：喜食甜食，强调精致细腻，注重色形味质和饮食环境的韵味。口味特点：咸甜适中、清淡。

西南饮食文化圈：爱饮酒和吃辛辣刺激之物。饮食的原料禁忌少。口味特点：麻辣与酸辣。

东南饮食文化圈：重鲜活，尚茶饮，蔬果与海鲜比重大，讲求高档稀贵，爱食珍奇野味，爱喝汤。口味特点：清淡、咸鲜。

青藏高原饮食文化圈：主食为糌粑、牛羊肉及各种面食。生冷食物比重高。爱喝酥油茶。口味特点：咸重、微辣、辛香。

六、中国人饮食习俗的特点

以热食、熟食为主，也是中国人饮食习俗的一大特点。这和中国文明开化较早和烹调技术的发达有关。中国古人认为：“水居者腥，肉臊，草食即膻。”热食、熟食可以“灭腥去臊除膻”（《吕氏春秋·本味》）。中国人的饮食历来以食谱广泛、烹调技术的精致而闻名于世。史书载，南北朝时，梁武帝萧衍的厨师，一个瓜能变出十种式样，一个菜能做出几十种味道。烹调技术的高超，令人惊在饮食方式上，中国人也有自己的特点，这就是聚食制。聚食制的起源很早，从许多地下文化遗存的发掘中可见。古代炊间和聚食的地方是统一的，炊间在住宅的中央，上有天窗出烟，下有篝火，在火上做炊，就食者围火聚食。这种聚食古俗，一直至后世。聚食制的长期流传，是中国重视血缘亲属关系和家族家庭观念在饮食方式上的反映。

在食具方面，中国人的饮食习俗的一大特点是使用筷子。筷子，古代叫箸，在中国有悠久的历史。《礼记》中曾说：“饭黍无以箸。”可见至少在殷商时代，已经使用筷子进食。筷子一般以竹制成，一双在手，运用自如，既简单经济，又很方便。许多欧美人看到东方人使用筷子，叹为观止，赞为一种艺术创造。实际上，东方各国使用筷子其源多出自中国。中国人的祖先发明筷子，确实是对人类文明的一大贡献。

七、饮食的惯制

1. 日常生活的饮食惯制

以汉族为例：南方——一日三餐。早餐：多喝粥，外加包子、油条、馒头等；午餐、晚餐：吃大米饭，副食为蔬菜、荤菜和饮料。

北方——农闲季节一日两餐，农忙季节一日四餐。

2. 岁时节日的饮食惯制

饺子是古老的汉族传统面食，深受中国广大人民喜爱的食品，是中国北方大部分地区，每年春节必吃的年节食品。

年糕是汉族传统食物，是用黏性大的米或米粉蒸成的糕，东北一带则用黄米蒸成，是农历年的应时食品。春节，我国很多地区都有讲究吃年糕。年糕有黄、白两色，象征金银，年糕又称“年年糕”，与“年年高”谐音，寓意着人们的工作和生活一年比一年提高。

腊八粥是一种在腊八节用由多种食材熬制的粥，也叫作七宝五味粥。吃腊八粥，用以庆祝丰收，一直流传至今。

汤圆是中国汉族的代表小吃之一，是元宵节最具有特色的食物。历史十分悠久。

粽子又称“角黍”、“筒粽”，是端午节汉族的传统节日食品，由粽叶包裹糯米蒸制而成。

月饼是久负盛名的汉族传统小吃，深受中国人民喜爱的传统节日特色食品，月圆饼也圆，又是合家分吃，象征着团圆和睦，在中秋节这一天是必食之品。

重阳糕亦称“花糕”，汉族重阳节食品。流行于全国大部分地区。农历九月初九是重阳节，也叫敬老节，民间要蒸重阳糕孝敬老人。

3. 礼仪饮食惯制

长寿面（祝寿）：在中国民间历来就有生日吃寿面（长寿面）的习俗，该习俗由来已久，相传与汉武帝有关，长寿面主料为高筋粉，配以各种调料食之。代表了人们对未来的一种美好愿望。脸即面，那“脸长即面长”，于是人们就借用长长的面条来祝福长寿。渐渐地，这种做法又演化为生日（节日）吃面条的习惯，称之为吃“长寿面”。

八、中国汉族饮食民俗

1. 八大菜系

中国饮食文化源远流长。现在普遍承认的有八大菜系：鲁菜、川菜、粤菜、苏菜、闽菜、浙菜、湘菜和徽菜。我国的菜系，是指在一定区域内，由于气候、地理、历史、物产及饮食风俗的不同，经过漫长历史演变而形成的一整套自成体系的烹饪技艺和风味，并被全国各地所认可的地方菜肴。菜肴在烹饪中有许多流派。清代的时候，中国饮食分为京式、苏式和广式。民国开始，中国各地的文化有了相当大的发展，民国时分为华北、江浙、华南和西南四种流派。后来华北流派分出鲁菜，成为八大菜系之首，江浙菜系分为苏菜、浙菜和徽菜，华南流派分为粤菜、闽菜，西南流派分为川菜和湘菜。鲁、川、苏、粤四大菜系形成历史较早。后来，浙、闽、湘、徽等地方菜也逐渐出名，就形成了我国的“八大菜系”。经过竞争，排次发生变化，首先川菜上升到第二，苏菜退居第三。后来形成最有影响和代表性的也为社会所公认的有：鲁、川、苏、粤、闽、浙、湘、徽等菜系，即人们常说的中国“八大菜系”。

2. 茶俗

我国是茶叶的故乡，是茶叶的原产地，是世界上饮茶和制茶最早的国家。

(1) 我国的饮茶简史。饮茶始于西汉，晚于茶的食用与药用。两汉之际，传入中原及长江中下游地区。两晋南北朝时期，饮茶由上层社会，逐渐向中下层传播，成为待客之物，并与佛道结缘。陆羽《茶经》成书以后，“茶道”大行。宋承唐代饮茶之风，日益普及。明清时期形成茶的文化的第三个高峰。

(2) 我国的十大名茶。我国的十大名茶是西湖龙井、太湖碧螺春、君山银针、安溪铁观音、凤凰水仙、祁门红茶、太平猴魁、黄山毛峰、六安瓜片、信阳毛尖。

(3) 我国的饮茶习俗。

①迎客茶俗。以茶待客，泡茶献客——一份清茶，一份情意。

②喜庆茶礼。江浙一带：家有来客，主人应沏茶并上手奉上。至亲或稀客——应泡糖茶；一般客人——红茶或绿茶；未婚男女——鸳鸯茶。

③祭祀茶礼。江西大年初二——用茶祭祀祖宗。绿茶，不发酵，有碧螺春、龙井、毛峰、银针、云雾茶、蒙顶茶、猴魁；红茶，发酵，有祁门红茶、凤庆红茶；乌龙茶，半发酵，有武夷岩茶、铁观音、大红袍、武夷水仙、佛手分类。

④饮茶与季节的关系。夏饮绿茶，冬饮红茶，春秋饮花茶。

3. 酒俗

酒是民间礼俗的产物。

(1) 对中国人而言，生活是离不开酒的。酒作为一种饮食文化，在远古时代就形成了一些礼节。中国人热情好客，有朋自远方来，要饮“接风酒”、“洗尘酒”；朋友别离，要饮“送行酒”。中国人的好客，在酒席上发挥得淋漓尽致。人与人的感情交流往往在敬酒时得到升华。升迁、调离、升学、就职以及工作上取得成就之时，都要举办酒宴庆贺。在战争年代，勇士们上战场执行重大且有很大生命危险的任务时，指挥官们都会为他们斟上一杯酒，用酒为勇士们壮胆送行。中国人在日常生活中，习惯于以发生在个人、家族、乡邻或同事间的一些重要事典为理由，举办酒宴以示纪念或庆贺，借此加强人与人之间的往来，调剂人际关系。

饮酒行令，是中国人在饮酒时助兴的一种特有方式。酒令由来已久，开始时可能是为了维持酒席上的秩序而设立的“监”。

行酒令的方式五花八门。文人雅士常用对诗、对对联、猜字和猜谜等；一般百姓则用一些既简单，又不需作任何准备的行令方式。随着生产力的发展，粮食产量的增加，酒的酿造和消费逐渐扩大。在商代，酒就作为商品出现在交易场上，买酒、卖酒就成了一件极为普通的事。

酒旗是用来招揽饮酒者，用来标明酒店所在的。酒旗又称幌子、酒帘，大多是在一块布上写个“酒”字，高高悬在店门口，让人远远就可以看到，成为中国所特有的“酒旗”，身兼今天的招牌和广告牌双重职责。酒旗的颜色，白的青的均可，大小不等，小的仅一尺布，大的则“酒店门前七尺布，过来过往寻主顾”。

酒肆，即酒店。古代酒肆反映了城市经济和市民文化生活的发达。

《东京梦华录》中记述北宋汴京及南宋临安酒肆的发达。当时著名酒楼有熙春楼、花月楼、嘉庆楼等。酒店的种类很多，有兼卖食物下酒的茶饭店、包子酒店、宅子酒店，不卖食物的“直酒店”，零卖酒的“散酒店”等，方便不同购买酒的对象。也有利用鼓乐招揽生意的。

(2) 酒文化之饮酒礼仪。用酒来表达对宾客的欢迎或谢意，不但是我国人民的传统风俗习惯，也是世界各族人民增进友谊的一种方式；酒席、宴会的祝酒，既能表示对客人的尊敬，又可增添席间的热情气氛。

①节日酒俗：

除夕——以酒祭祖，家人饮酒联欢；

端午——饮雄黄酒、菖蒲酒；

中秋——饮团圆酒；

重阳——登高饮菊花酒。

②酒类的选择：

白酒：中国宴席的主打酒，酒的档次决定宴请档次；

啤酒：年轻人聚会或熟人聚会喝少量啤酒以表意思；

红酒：有外宾或有尊贵客人不喝白酒的情况下选择；

黄酒：历史深远且养生，适合亲朋团聚，更显融融情谊；

大部分宴会需要搭配喝酒，一般选择两种酒，如白酒和红酒搭配，白酒和啤酒搭配。

③酒席的安排：如果为大宴，桌与桌间的排列讲究首席居前居中，左边依次 2、4、6 席，右边为 3、5、7 席。地位类似的人尽量安排在同一桌；重要桌席在座席中间、远离进门、远离洗手间；只有 2 桌的情况下尽量安排在同一个地方。

④饮酒之中的礼仪：

啤酒 8 分满，白酒 8～9 分满，红葡萄酒 6 分满；先主宾后主人，再顺时针方向逐位斟酒；啤酒汽水沿杯内徐徐斟下，先汽水后洋酒；斟酒在客人右后侧、身微倾、右脚入两椅；第一次斟酒时要向客人问酒；第二次斟酒应征得客人的同意或默许。

⑤酒后宜吃喝：酸奶，蜂蜜水，西瓜汁，柚子，盐开水，醋，生梨和香蕉等。

酒后不宜：酒后不宜饮茶和咖啡；酒后不宜吸烟、泡澡等；酒后不宜喝牛奶和豆浆。

九、汉族就餐礼仪

1. 尊敬长辈

长者坐上位或主位；长者点菜，上菜应先置于长者面前，每道菜应由长者先动筷子；长者说话时其余的人均应放下筷子以示尊重。

2. 就餐禁忌

吃面条和喝粥不能发出声音；咀嚼时不能说话；不能因为好吃便一直夹某道菜等。否则会被人认为缺乏教养。

3. 不足之处

“男尊女卑”的封建传统思想目前在个别地方还存在，就餐时主人和主宾多半为男士，他们先享受菜品、酒水，先享受服务，这一点与西方“女士优先”的原则恰好相反。

十、回族饮食习俗

1. 主食

以小麦、玉米、青稞、马铃薯为日常主食。特色食品有油茶、馓子、酿皮、拉面、打卤面、肉炒面、豆腐脑、牛头杂碎、臊子面。

2. 饮水习惯

回族饮水较讲究，凡是不流的水、不洁净的水均不饮用。忌讳在人饮水源旁洗澡、洗衣服、倒污水。回族也喜饮茶和用茶待客，西北地区回族的盖碗茶很有名。宁夏回族还饮用八宝茶、罐罐茶。

3. 饮食风俗禁忌

禁忌：禁食猪肉、狗肉、马肉、驴肉和骡肉，不吃未经信仰伊斯兰教者宰杀的和自死的畜禽肉，不吃动物的血等。

忌讳：忌讳别人在自己家里吸烟、喝酒；禁用食物开玩笑，也不能用禁食的东西做比喻，如不得形容辣椒的颜色像血一样红等。

4. 回族的日常饮食

就餐时，长辈要坐正席，晚辈不能同长辈同坐在炕上，须坐在炕沿或地上的凳子上，丧葬食俗因地区不同而有所区别。

5. 主要节日及其饮食习俗

开斋节：在回历每年 9 月，从见新月到下月见新月终的一个月里，都要把斋。即从日出后到日落前，不得进食，直到回历十月一日开始为开斋，届时要欢庆 3 天。家家宰牛、羊等招待亲友庆贺，并要做油香、馓子、油果等多达二三十种节日食品。

古尔邦节：即献牲节，在回历十二月十日。节日当天不吃早点，到清真寺做过礼拜之后，宰牛献牲。宰后的牲畜按传统分成三份，一份施散济贫，一份送亲友，一份留自己食用，但不能出售。

阿述拉节：西北部回族节日，要选用当地的五谷杂粮，掺上牛羊杂碎煮熟食用。节日期间宴请客人必备手抓羊肉，其次是用鸡肉做成的各种菜肴。

十一、藏族饮食习俗

1. 主食

大部分藏族日食三餐，绝大部分藏族以糌粑为主食，即把青稞炒熟磨成细粉。特别是在牧区，除糌粑外，很少食用其他粮食制品。

2. 副食

藏族过去很少食用蔬菜，副食以牛、羊肉为主，猪肉次之。肉类的储存多用风干法。一般在入冬后宰杀的牛、羊肉一时食用不了，多切成条块，挂在通风之处，使其风干。

3. 特色饮食

(1) 奶制品最常见的是从牛、羊奶中提炼的酥油酸奶、奶酪、奶疙瘩和奶渣等。

(2) 藏族的典型食品除糌粑、青稞酒、酥油茶外，还有很多。例如：足玛米饭，血肠，奶酪等。

4. 饮食习俗和禁忌

藏族在迎接客人时，献哈达和敬青稞酒是待客规格最高的一种礼仪，表示对客人热烈的欢迎和诚挚的敬意。

酒席上，主人端起酒杯先饮一口，然后一饮而尽，主人饮完头杯酒后，大家才能自由饮用。

饮茶时，客人必须等主人把茶捧到面前才能伸手接过饮用，否则会被认为失礼。

吃饭时，讲究食不满口，嚼不出声，喝不作响，拣食不越盘。用羊肉待客，以羊脊骨下部带尾巴的一块肉为贵，要敬给最尊敬的客人。制作时还要在尾巴肉上留一绺白毛，表示吉祥。

5. 节日饮食习俗

藏族普遍信奉藏传佛教，即喇嘛教。许多传统节日均与宗教活动有关，而每个节日都有相应的饮食习俗。“雪顿节”在每年藏历七月一日，原意为“酸奶宴”。届时家家都要制作大量的酸奶食用，后来又增加了演藏戏的内容。“望果节”在每年秋收以前，过望果节时要互相宴请并进行各种野餐活动，以迎接秋收。

第三节　餐具文化：筷子

筷子古称箸，一种由中国汉族发明的非常具有民族特色的进食工具。早在公元前11世纪我国已出现象牙精工制造的筷子，也就是说，我国有史记载的用筷历史已有三千多年。

当今社会，筷子的称呼已习以为常，筷子的标准长度为七寸六分长，代表人有七情六欲，以示与动物有本质不同。

一、筷子的起源与功能

中国是筷子的发源地，是世界上以筷为食的地区。筷子有多种名称，先秦时期称“挟”，也作“荚”。两汉又出现了“筯”字，筷子于唐、宋、元、明、清统称“箸”。箸的名称，并非保持到底，明代发生了变化。明陆容《菽园杂记》云：吴俗舟人讳说，“住”与“箸”谐音，故改“箸”为“快儿”。

当今社会，筷子的称呼已习以为常。但专家学者在书法、诗词作品和文章中依然称筷子为箸或筯筷子。看起来只是非常简单的两根小细棒，但它有挑、拨、夹、拌、扒等功能，且使用方便，价廉物美。筷子也是当今世界上一种独特的餐具。筷子是亚洲的人类缓慢演化过程中的产物，并不是由某个人所发明。

筷子是汉民族发明的进食工具。据考古资料证明，在远古时代，汉族先民已懂得用树枝和竹枝夹取食物。普通筷子的长度约为22～24厘米。筷子有很多工艺品，在设计方面融入了更多的传统工艺，从而也成为人们收藏的选择，并且也很受外籍人士的喜爱。

二、筷有“乾坤”

筷子直而长，两根为一双。用筷子夹菜不是两根同时动，而是一根主动，一根从动；一根在上，一根在下。两根筷子的组合成为一个太极，主动的一根为阳，从动的那根为阴；在上的那根为阳，在下的那根为阴，这就是两仪之象。阴阳互动，可得用矣；阴阳分离，此太极不存。这就是对立统一，阴阳互根。两根筷子可以互换，主动的不是永远主动，在下的不是永远在下，此为阴阳可变。

看筷子，一头方一头圆。方的象征着地，圆的象征着天。方形属坤卦，圆形为乾卦，如此乾坤之象现矣。

用筷子时筷子很自然地把我们的五指分成三部分，拇指、食指（现代医学食指为示指）在上，无名指、小指在下，中指在中。这样天、地、人三才之象成矣，天、地、人三才之道存于中矣。

三、规范的执筷方法

上面的筷子用大拇指、食指和中指控制。下面的筷子要固定，只动上面的筷子，然后夹住食物，这点很关键。两根筷子头部合起来，筷子尖对准，很容易就能夹起吃的东西。尽量用筷子尖夹取，需要时左手放在食物下方承托，避免在送到嘴之前食物滴漏。

四、材质介绍

1. 传统木筷

首先，涂彩漆的筷子不要使用。因为涂料中的重金属铅以及有机溶剂苯等物质具有致癌性。随着使用中的磨损，筷子上的涂料一旦脱落，随食物进入人体，会严重危害人的健康。尤其有些家庭喜欢给孩子使用颜色亮丽的彩漆筷子，孩子对铅、苯等的承受力很低，一定要避免使用。

其次，普通塑料筷子质感较脆，受热后容易变形、熔化，产生对人体有害的物质；骨筷质感好，但容易变色，而且价格也比较昂贵。

2. 金属材质

银质、不锈钢等金属筷子太重，手感不好，而且导热性强，进食过热的食物时，容易烫伤嘴。还要看清是不是食品级的不锈钢，如果使用劣质不锈钢餐具或者以不恰当的方法使用不锈钢餐具，就有可能造成重金属对人体健康的危害。

3. 竹子材质

竹筷是首选，它无毒无害，而且非常环保，还可以选择本色的木筷。但是，由于材质的原因，竹筷、木筷不容易清洗，而且吸水性、吸附性很强，经常会有净洗剂的残留，很容易被病原微生物污染。所以应注意经常消毒，保持清洁，来避免竹木筷子发霉、长毛现象发生，还需定期更换。

4. 塑料材质

PPSU/PES材质的筷子，此种材料被称为特种工程塑料领域的“金字塔尖”，制品可以经受重复的蒸汽消毒。安全无毒，可反复高温消毒，使用寿命在10年以上，是安全健康新选择、新趋势。

五、用筷的礼仪与心理

禁忌以下13种筷子的使用方法。

1. 三长两短

这意思就是说在用餐前或用餐过程中，将筷子长短不齐的放在桌子上。这种做法是大不吉利的，通常我们管它叫“三长两短”。其意思是代表“死亡”。因为中国人过去认为人死以后是要装进棺材的，在人装进去以后，还没有盖棺材盖的时候，棺材的组成部分是前后两块短木板，两旁加底部共3块长木板，5块木板合在一起做成的棺材正好是三长两短，所以说这是极为不吉利的事情。

2. 仙人指路

这种做法也是极为不能被人接受的，这种拿筷子的方法是，用大拇指和中指、无名指、小指捏住筷子，而食指伸出。这叫“骂大街”。因为在吃饭时食指伸出，总在不停地指别人，一般伸出食指去指对方时，大多带有指责的意思。所以说，吃饭用筷子时用手指人，无异于指责别人，这同骂人是一样的，是不能够允许的。还有一种情况也是这种意思，那就是吃饭时同别人交谈并用筷子指人。

3. 品箸留声

这种做法也是不行的，其做法是把筷子的一端含在嘴里，用嘴来回去嘬，并不时地发出咝咝声响，这种行为被视为是一种卑微的做法。因为在吃饭时用嘴嘬筷子的本身就是一种无礼的行为，再加上配以声音，更是令人生厌。所以一般出现这种做法都会被认为是缺少家教，同样不能够允许。

4. 击盏敲盅

这种行为被看作是乞丐要饭，其做法是在用餐时用筷子敲击盘碗。因为过去只有要饭的才用筷子击打要饭盆，其发出的声响配上嘴里的哀告，使行人注意并给予施舍。这种做法被视为极其卑微的事情，被他人所不齿。俗话说“敲碗敲筷子，讨吃一辈子。”

5. 执箸巡城

这种做法是手里拿着筷子，做旁若无人状，用筷子来回在桌子上的菜盘里寻找，不知从哪里下筷为好。此种行为是典型的缺乏修养的表现，且目中无人，极其令人反感。

6. 迷箸刨坟

这是指手里拿着筷子在菜盘里不停地扒拉，以求寻找猎物，就像盗墓刨坟一般。这种做法同“执箸巡城”相近，都属于缺乏教养的做法，令人生厌。

7. 泪箸遗珠

实际上这是用筷子往自己盘子里夹菜时，手里不利落，将菜汤流落到其他菜里或桌子上。这种做法被视为严重失礼，同样是不可取的。

8. 颠倒乾坤

这就是说用餐时将筷子颠倒使用，这种做法是非常被人看不起的，正所谓饥不择食，以至于都不顾脸面了，将筷子倒使，这是绝对不可以的。

9. 定海神针

在用餐时用一只筷子去插盘子里的菜品，这也是不行的。这是被认为对同桌用餐人员的一种羞辱。在吃饭时做出这种举动，无异于在欧洲当众对人伸出中指的意思是一样的，这是不行的。

10. 当众上香

往往是出于好心帮别人盛饭时，为了方便省事把一副筷子插在饭中递给对方。会被人视为大不敬，因为为死人上香时才这样做，如果把一副筷子插入饭中，无疑是被视同于给死人上香一样，所以说，把筷子插在碗里是绝不被接受的。

11. 交叉十字

这一点往往不被人们所注意，在用餐时将筷子随便交叉放在桌上。这是不对的，在饭桌上打叉子，是对同桌其他人的全部否定，就如同学生写错作业，被老师在本上打叉子的性质一样，不能被他人接受。除此以外，这种做法也是对自己的不尊敬，因为过去吃官司画供时才打叉子，这也就无疑是在否定自己，这也是不行的。

12. 落地惊神

所谓“落地惊神”的意思是指失手将筷子掉落在地上，这是严重失礼的一种表现。因为人们认为，逝去的祖先们全部长眠在地下，不应当受到打搅，筷子落地就等于惊动了地下的祖先，这是大不孝，所以这种行为也是不被允许的。

13. 千夫所指

通常这一条也是不雅的，但现今很多人都触犯了此项习俗。“千夫所指”的意思是在喝酒或者闲聊时不使用筷子，而把筷子架放于盘碟与桌案之间，其筷尖往往是高高翘起同时指向会餐者，这样是很不礼貌的，与以上所述“仙人指路”相近，有谩骂或指责别人的意思。

第四节　中国茶艺文化

中国是茶的故乡，茶的种植、加工、品饮及文化，均源自中国。世界的茶文化源自中国博大精深的茶文化底蕴。广阔的中国大地，以及悠久的历史文化、众多的民族文化，为中国独特的茶艺、精湛的制茶技术奠定了良好的基础。

一、茶艺分类

1. 按所冲泡茶分类

(1) 乌龙茶茶艺：冲泡乌龙茶。有潮汕工夫茶茶艺、台湾工夫茶茶艺、安溪工夫茶茶艺、武夷山工夫茶茶艺、乌龙茶的各种泡法。

(2) 绿茶茶艺：冲泡绿茶。包括龙井茶茶艺、碧螺春茶茶艺等。

(3) 红茶茶艺：冲泡红茶。包括果味红茶茶艺和浪漫音乐红茶茶艺。

(4) 黄茶、白茶、花茶茶艺：冲泡黄茶、白茶、花茶等。

2. 按饮用者的行为喜好分类

(1) 民俗茶艺：擂茶茶艺、油茶茶艺、奶茶茶艺、三道茶茶艺、其他茶艺（竹筒香茶、维吾尔族香茶、酥油茶、纳西族的盐巴茶、纳西族的龙虎斗）。

(2) 宗教茶艺：有禅茶茶艺、五台山礼佛茶茶艺。

(3) 宫廷茶艺：包括三清茶茶艺、太子茶茶艺和太后三道茶茶艺。

(4) 美容保健茶茶艺：包括祛病健身茶、时令保健茶、美容养颜茶、延年益寿茶。

3. 按年代、表现形式、地域社会阶层、操作人分类

(1) 按茶艺的年代分类：古代茶艺、现代茶艺。

(2) 从茶艺的表现形式分类：表演茶艺、生活茶艺、实用茶艺。

(3) 按茶艺所在地域划分：民俗茶艺、民族茶艺。

(4) 按茶艺的社会阶层划分：茶艺又可分为宫廷茶艺、民间茶艺、寺庙茶艺等。

(5) 以表现茶艺的人为主体分类：有宫廷茶艺、文士茶艺、民俗茶艺、宗教茶艺。

(6) 以表现形式分类，有表演型茶艺和待客型茶艺。

4. 以民族、民俗来划分

蒙古族咸奶茶、藏族酥油茶、白族三道茶、纳西族龙虎斗、基诺族凉拌茶，客家擂茶、惠安女茶俗等。

5. 以国家来划分

韩国茶礼，日本茶道。

二、程序

1. 净器——冰心去凡尘

茶是至清至洁，天涵地育的灵物。泡茶要求所用的器皿也必须至清至洁。“冰心去凡尘”，即用开水再烫洗一遍本来已是干净的玻璃杯，做到茶杯冰清玉洁，一尘不染。

2. 鉴赏茶叶——叶嘉酬宾

绿茶银针茶，形似银针，满身银毫，毫中隐翠，为绿茶中的上品，得到大家的喜爱。

3. 投茶——清宫迎佳人

“清官迎佳人”即用茶匙把茶叶投入冰清玉洁的玻璃杯中。

4. 润茶——甘露润莲心

好的绿茶外观嫩如莲心，清代乾隆皇帝把茶叶称为“润心莲”。“甘露润莲心”即

在冲泡前先向杯中注入少许热水，起到润泽茶芽，利于茶叶内含成分均匀泡出的作用。

5. 冲泡——凤凰三点头

冲泡绿茶时讲究高冲水，在冲水时水壶有节奏地三起三落，好比是凤凰在向嘉宾们再三点头致意，也表示对客人的敬意。

6. 敬茶——敬奉香茗

银针茶，色绿，香高味鲜醇，以茶为媒，传达我们对朋友的情谊。

7. 闻香——精神享受

闻香，是三品绿茶的第二品，品绿茶讲究“未尝甘露味，先闻圣妙香”。闻香时“三才杯”的天、地、人不可分离，应用左手端起杯托，右手轻轻地将杯盖掀开一条缝，从缝隙中去闻香。细心地闻优质茶的茶香，是一种精神享受。会感悟到在“天、地、人”之间，有一股新鲜、浓郁、纯正、清和的花香伴随着清悠高雅的茶香，氤氲上升，沁人心脾，使人陶醉。

8. 品茶——慧心悟茶

绿茶贵在尝新。茶杯在手，品绿茶要一看、二闻、三品味。在欣赏了“春波茶舞”之后，要细闻茶香。绿茶的茶香更加清幽淡雅，用心灵去感悟，更能闻得到绿茶那种春天的气息，以及清纯悠远、难以言传的生命之香。

品茶是指三品花茶的最后一品——口品。在品茶时依然是天、地、人三才杯不分离。小口喝入茶汤，使茶汤在口腔中稍事停留，这时轻轻用口吸气，使茶汤在舌面流动，以便茶汤充分与味蕾接触，有利于更精细地品悟出茶韵。然后闭紧嘴巴，用鼻腔呼气，使茶香直贯脑门，只有这样才能充分领略绿茶所独有的“味轻醍醐，香薄兰芷”的茶香与茶韵。

9. 回味——啜苦励志

人们认为一杯茶中有人生百味。有的人“啜苦可励志”，有的人“咽甘思报国”。无论茶是苦涩、甘鲜还是平和、醇厚，从一杯茶中人们都会有良多的感悟和联想，品茶重在回味。人生甘苦，回味无穷，微微苦涩的茶味，回甘之余，让人领略到茶无比诱人的魅力，更让人深深地体会到“苦尽甘来”的人生哲理。

10. 谢茶——功德圆满

11. 收具——淡中品至味

绿茶的茶汤清纯甘鲜，只要用心去品，就一定能从淡淡的绿茶茶汤中品出天地间至清、至醇、至真、至美的韵味来。

三、中国茶艺的特点

实用性——饮茶不但解渴，还可保健，清茶一杯，延年益寿。

科学性——有好茶，还要泡好茶，可口、卫生，茶与艺结合，茶因艺增值。

观赏性——欣赏好茶、妙具，泡茶的流畅与艺美的享受，提高生活品位，陶冶情操。

四、功效

中国是文明古国，礼仪之邦，很重礼节。凡来了客人，沏茶、敬茶的礼仪是必不可少的。当有客来访，可征求意见，选用最合来客口味和最佳茶具待客。以茶敬客时，对茶叶适当拼配也是必要的。主人在陪伴客人饮茶时，要注意客人杯、壶中的茶水残留量，一般用茶杯泡茶，如已喝去一半，就要添加开水，随喝随添，使茶水浓度基本保持前后一致，水温适宜。在饮茶时也可适当佐以茶食、糖果、菜肴等，达到调节口味和点心之功效。

中国茶文化的内容主要是茶在中国精神文化中的体现，这比“茶风俗”、“茶道”的范畴深广的多，也是中国茶文化之所以与欧美或日本的茶文化的区别很大的原因。

茶有健身、治疾之药物疗效，又富欣赏情趣，可陶冶情操。品茶、待客是中国人高雅的娱乐和社交活动，坐茶馆、茶话会则是中国人社会性群体茶艺活动。中国茶艺在世界享有盛誉，在唐代就传入日本，形成日本茶道。

饮茶始于中国。茶叶冲以煮沸的清水，顺乎自然，清饮雅尝，寻求茶的固有之味，重在意境，这是茶的中式品茶的特点。同样质量的茶叶，如用水不同、茶具不同或冲泡技术不一，泡出的茶汤会有不同的效果。中国自古以来就十分讲究茶的冲泡，积累了丰富的经验。泡好茶，要了解各类茶叶的特点，掌握科学的冲泡技术，使茶叶的固有品质能充分地表现出来。

第五节　中国瓷器

中国是瓷器的故乡。瓷器是汉族劳动人民的一个重要创造。瓷器的前身是原始青瓷，它是由陶器向瓷器过渡的产物。中国最早的原始青瓷，发现于山西夏县东下冯龙山文化遗址中，距今约 4 200 年。中国瓷器成熟于东汉时期，距今 1 800 余年。千百余年来瓷器在中国古代手工业制作中具有非常重要的地位。

瓷器是用瓷石或高岭土做胎，在 1 200 摄氏度左右的高温中烧成，胎体较陶器坚固，且经久耐用。瓷器表面施有一层高温釉，不仅使器物美观，而且便于清洗。器类有罐和钵。原始青瓷在中国分布较广，黄河领域、长江中下游及南方地区都有发现。在英文中，“瓷器（china）”与中国（China）同为一词。

一、种类

中国是世界上几个历史悠久的文明古国之一，对人类社会的进步与发展做出了许多重大的贡献。在陶瓷技术与艺术上所取得的成就，尤其具有特殊重要的意义。在中国，制陶技艺的产生可追溯到纪元前 4 500 年至前 2 500 年的时期。可以说，汉族发展史中的一个重要组成部分是陶瓷发展史。中国人在科学技术上的成果以及对美的追求与塑造，在许多方面都是通过陶瓷制作来体现的，并形成各时代非常典型的技术与艺术特征。

早在欧洲掌握制瓷技术之前的一千多年，中国已经能制造出非常精美的瓷器。从中国陶瓷发展史来看，一般是把“陶瓷”分为陶和瓷两大类。通常把胎体没有致密烧结的黏土和瓷石制品，不论是有色还是白色，统称为陶器。其中，把烧铸温度较高、烧结程度较好的称为“硬陶”，把施釉的称为“釉陶”。相对来说，经过高温烧成、胎体烧结程度较为致密、釉色品质优良的黏土或瓷石制品称为“瓷器”。中国传统陶瓷的发展，经历过一个相当漫长的历史时期，种类繁杂，工艺特殊。所以，中国传统陶瓷的分类除了考虑技术上的硬性指标外，还需要综合考虑历来传统的习惯分类方法，结合古今科技认识上的变化，才能更为有效地得出归类结论。

唐三彩瓷器与陶器的关系密不可分。在中国的历史上，明代以前中国的瓷器以素瓷（没有装饰花纹，以色彩纯净度的高低为优劣标准的瓷器）为主。明代以后，以彩绘瓷为主要流行的瓷器。

二、产生发展

中国真正的瓷器出现在东汉时期（公元 23－220 年）。首先是在南方地区的浙江省开始出现。浙江绍兴上虞县上浦小仙坛发现东汉晚期瓷窑址和青瓷等。瓷片质地细腻，釉面光泽，胎釉结合紧密牢固。从显微照相可见，青瓷残片釉下已无残留石英。这种釉无论在外貌上，或是在显微结构上，都已摆脱了原始青瓷的原始性，已符合真正的瓷器标准。

东汉之后的三国两晋南北朝时期（公元 220－581 年）南方青瓷产生，如浙江越窑等一直处于领先地位。在绍兴、余杭、吴兴等地都设有窑场，形成独自的窑系。所谓窑系，是指某一著名窑场与附近或外省的一些窑场均生产某一种或几种相同类型的产品，这些窑场就构成一个窑系，以主要和最有影响的窑场命名。浙江是中国最早形成窑系的地区。其原因是：浙江是中国瓷器的发源地；制瓷业特别发达。

越窑生产青瓷与黑瓷。到西晋晚期也生产青釉褐斑瓷，即在器物的主要部位加上褐色点彩，以打破青瓷的单色格调。三国时期，越窑的产品胎质坚硬细腻，呈浅灰色；釉汁纯净，以淡青色为主，黄或青黄色少见；器型有碗、碟、罐、壶、洗、盆、钵、盒、盘、耳杯、香炉唾壶、虎子、水盂、泡菜坛等日用瓷。西晋时期，又出现扁壶、鸡壶、烛台和辟邪等新产品。南朝时期佛教盛行，瓷器上多以莲瓣或莲花作为装饰。在三国到隋统一前的数百年中，以越窑为代表的瓷器生产有了长足的发展。它的品种繁多，式样新颖，已深入到生活的各个领域，成为人们不可须臾离的用具。

北方瓷器的出现要晚于南方，大致是在北魏晚期到隋（公元 581－618 年）统一前的近百年中发展起来的。北朝青瓷的器型有碗、盘、杯、罐、壶、瓶、盒等，多为日常用品，陈设品较少。莲瓣罐是北朝典型产品。它有三系、四系、六系和方系、圆系、条系的区别，均从肩至腹堆塑成肥硕的莲瓣，有六瓣或八瓣不等，底有圈足。最能代表北方青瓷生产水平的器物，是河北景县封氏墓出土的 4 件莲花尊。其体积最大的一件高约 70 厘米，口至肩部有三周贴花，饰飞天纹、宝相花纹、兽面纹和蟠龙纹。肩有六系，其下有六层堆塑上覆下仰的莲瓣纹。

北方瓷器生产虽晚于南方数百年，但它掌握了青瓷生产之后，便迅速改进生产技术，提高工艺水平，并结合北方的人文特点，制造出白瓷。白瓷是由青瓷发展而来的，两者的区别仅在于胎、釉中含铁量的不同。瓷土含铁量少则胎呈白色，含铁量多则胎色较暗，呈灰、浅灰或深灰色。就瓷器本身的发展而言，是从单釉瓷向彩瓷发展的。无论是褐绿彩、白地黑花、青花、釉里红，还是斗彩、五彩、粉彩或珐琅彩，都是以白色为衬托，来展现各种色彩的艳丽与美妙的。所以，白瓷的产生，对瓷器的发展有极为深远的影响，至唐代已形成“南青北白”的格局。

唐代是中国瓷器发展的第一个高峰期。当时除南方越窑青瓷与北方邢窑白瓷相互媲美，形成所谓“南青北白”的格局外，其三彩陶器、黑釉、花釉、绞胎以及釉下彩绘也尽显风采。

宋代（公元960—1279年）是中国制瓷业极其辉煌的历史时期。各地新兴窑场不断，涌现出不少驰名中外的瓷窑。所谓“五大名窑——定、汝、官、哥、钧”就是其中的典型代表。除五大名窑外，宋代还形成了八大瓷窑体系。

元代（公元1279—1368年）是中国瓷器生产承前启后的转折时期，在很多方面都有创新和发展。成熟的青花瓷出现后，青花瓷不仅迅速发展为明清瓷器生产的主流，而且是行销海外的主要品种。红釉、蓝釉等高温颜色釉烧制成功，也是中国制瓷工艺史上的又一重大突破。元世祖忽必烈在元十五年（公元1278年），元帝国在江西景德镇设立了“浮梁瓷局”，为景德镇瓷业生产的发展创造了有利条件，并为其在明清两代成为全国制瓷业中心和饮誉世界的“瓷都”打下了坚实的基础。元代景德镇在制瓷工艺上有了新的突破，最为突出的则是青花和釉里红的烧制。

青花瓷一般指的是由钴料作为呈色剂在胎上作画，然后罩以透明釉，经高温一次烧成，呈白地蓝花的釉下彩瓷。青花瓷充分体现了中国的民族特色。它一经在景德镇出现，就以极旺盛的生命力而迅速发展，成为生产的主流达数百年之久，并远销国内各地及亚、非各国。釉里红是用铜红料作为呈色剂，在胎上绘以纹饰，在罩以透明釉，在高温还原气氛中烧成的呈釉下红彩的瓷器。釉里红的烧成难度大，成品率底，尤其是色纯正者少。釉里红呈色鲜艳，白地红花引人瞩目，极受人们的欢迎。

明（公元1368—1644年）清（公元1644—1911年）两代是中国瓷器生产最鼎盛的时期，瓷器生产的数量和质量都达到了高峰。景德镇成为全国制瓷业中心，中国瓷器在这个时期进入了一个黄金时代。其主要特征是形成了五彩缤纷的彩瓷世界，各种高温及低温颜色釉瓷的烧制技术也达到相当完备的程度。

三、古代工艺

中国是瓷器的故乡，瓷器的发明是汉族对世界文明的伟大贡献。大约在公元前16世纪的商代中期，中国就出现了早期的瓷器。因为，其无论在胎体上，还是在釉层的烧制工艺上都尚显粗糙，烧制温度也较低，表现出原始性和过渡性。所以，一般称其为“原始瓷”。

瓷器脱胎于陶器。它的发明是中国古代先民在烧制白陶器和印纹硬陶器的经验中，逐步探索出来的。烧制瓷器必须同时具备三个条件：一是制瓷原料必须是富含石英和绢云母等矿物质的瓷石、瓷土或高岭土；二是烧成温度须在1 200摄氏度以上；三是在器表施有高温下烧成的釉面。

原始瓷是陶器向瓷器过渡时期的产物。与各种陶器相比，具有胎质致密、经久耐用、便于清洗、外观华美等特点，因此发展前景广阔。原始瓷烧造工艺水平和产量的不断提高，后来瓷器逐渐取代陶器，成为中国人日常生活的主要用器。

中国瓷器是从陶器发展演变而成的，原始瓷器起源于3 000多年前。至宋代时，名瓷名窑已遍及大半个中国，是瓷业最为繁荣的时期。当时的钧窑、哥窑、官窑、汝窑和定窑并称为五大名窑。被称为瓷都的江西景德镇在元代出产的青花瓷已成为瓷器的代表。青花瓷釉质透明如水，胎体质薄轻巧，洁白的瓷体上敷以蓝色纹饰，素雅清新，充满生机。青花瓷一经出现便风靡一时，成为景德镇的传统名瓷之冠。与青花瓷共同称为四大名瓷的，还有青花玲珑瓷、粉彩瓷和颜色釉瓷。另外，还有雕塑瓷、薄胎瓷、五彩胎瓷等，均精美非常，各有特色。

多姿多彩的瓷器是中国古代的伟大发明之一。“瓷器”与“中国”在英文中同为一词，充分说明中国瓷器的精美绝伦完全可以作为中国的代表。

中国真正意义上的瓷器产生于东汉时期（公元25—220年）。这一时期在前代陶器和原始瓷器制作工艺发展、东汉时期北方人民南迁以及厚葬之风盛行的基础上，以中国东部浙江省的上虞为中心的地区以其得天独厚的条件成为中国瓷器的发源地。浙江省上虞县面官镇出土的东汉时期青釉水波纹四系罐，就展示了瓷器烧造工艺发展的初期情况。唐代瓷器的制作技术和艺术创作已经高度成熟；宋代制瓷业蓬勃发展，名窑涌现；明清时代从制坯、装饰、施釉到烧成，技术上都超过前代。中国的陶瓷业至今仍兴盛不衰，景德镇、湖南醴陵、广东石湾和枫溪、江苏宜兴、河北唐山和邯郸、山东淄博等地的制瓷业依然不断地发展。

清朝时期彩瓷的种类很多，从烧造工艺上来区分，除青花、釉里红等釉下彩之外，可以分为釉上彩和釉上釉下混合彩两大类。釉上彩是先烧成白釉瓷器，在白釉上进行彩绘，再入彩炉低温二次烧成，釉上五彩，粉彩、珐琅彩都是釉上彩。釉上釉下混合彩是先烧成釉下彩（即在瓷胎上直接绘画图案，罩透明釉高温一次烧成，主要是青花），然后再在适当的部位涂绘釉上彩，入彩炉低温二次烧成。青花矾红彩，斗彩、青花五彩都属于釉上釉下混合彩。

青花矾红彩始于明初宣德时期，是把釉下青花同釉上红彩（铁红）相结合的一种彩瓷工艺，经高温、低温两次烧成。常见图案为海水行龙或海兽，它的做法是先在釉下用青花描绘海水，留出行龙或海兽纹的空白地，高温烧成后再在空白地上用矾红彩补齐图案，然后低温二次烧成。这类器物造型种类不多，主要有墩式杯和高足杯等。

四、非凡的艺术魅力

中国陶瓷器具有独特的艺术性，它既是日常生活中所用之物，又是供人们品鉴欣赏的工艺美术品，还是皇家祭祀天地鬼神的器物。它既具有实用功能，又具有审美价值，它是生活与艺术的统一体。在古代社会中，瓷器还是区别等级尊贵之物，体现出的是一种皇权至高无上的威望。

中国瓷器在其发展历程中，在实用的前提下，通过完美的艺术形式，追求一种和谐、高贵、华丽之美。其艺术魅力主要体现在造型、纹饰与釉色上。它有其自身发展的一贯性，既有伟岸浑厚的大型器皿，又有精巧玲珑的娇小之作；既有绚丽多姿的彩瓷，又有如翡翠美玉般的色釉瓷；既有以绘画方式描绘的图案，又有以刻、划、雕、印之法装饰的纹饰。其装饰技巧之精湛，装饰纹样之丰富，在世界文化发展史上是极为罕见的。

五、瓷器与文化交流

瓷器自唐代输出后，不仅作为一种商品在世界各地流通，而且也作为一种文化交流，在人类文明史上发挥着巨大作用。中国瓷器在国外畅销，其原因除了当时海外交通发达，瓷器价廉物美外，还有一个重要原因，就是富有东方民族色彩的瓷器作为盛食器不仅可以代替简陋的木器、陶器和昂贵的金属器，而且作为珍贵的艺术品，陈设在宫殿、花园里显示高贵富有的身份。瓷器的外销热潮，同时带动的是制瓷技术的传播与交流，受其影响最大的是日本与朝鲜。此外，在欧洲的一些国家，如德国、英国、意大利、奥地利等国，其制瓷风格也明显受中国瓷器影响。

第六节　中国民居

一、简介

中国各地的居住建筑，又称民居。由于中国各地区的自然环境和人文情况不同，各地民居显现出多样化的面貌。中国的民居是我国传统建筑中的一个重要类型，是我国古代建筑中民间建筑体系中的重要组成内容。中国汉族地区传统民居的主流是规整式住宅，以采取中轴对称方式布局的北京四合院为典型代表。

中国疆域辽阔，不同的地理条件、气候条件以及不同的生活方式，再加上经济、文化各方面的影响，造成各地居住房屋样式以及风格的不同。按区域分，中国有特色的传统民居建筑包括江南民居、西北民居、北京民居、华南民居以及少数民族民居等。

中华民族是一个历史悠久、民族众多和幅员辽阔的国家。在几千年的历史文化进程中积累了丰富多彩的民居建筑的经验。在漫长的农业社会中，生产力的水平比较落后，人们为了获得比较理想的生活环境，以朴素的生态观、顺应自然和以最简便的手法创造了宜人的居住环境。中国民居结合自然、结合气候、因地制宜。中国民居具有丰富的心理效应和超凡的审美意境。中国各地的居住建筑是最基本的建筑类型，出现最早，分布最广，数量最多。由于中国各地区的自然环境和人文情况不同，各地民居也显现出多样化的面貌。

二、特征

1. 民族特征

民居中的特征，主要是指民居在历史实践中反映出本民族地区最具有本质的和代表性的东西，特别是要反映出与各族人民的生活生产方式、习俗、审美观念密切相关的特征。民族的经验，则主要指民居在当时社会条件下如何满足生活生产需要和向自然环境斗争的经验，譬如民居结合利用地形的经验、适应气候的经验、利用当地的材料的经验以及适应环境的经验等。这就是通常所说的因地制宜、因材致用的经验。

民居分布在全国各地，由于民族的历史传统、生活习俗、人文条件、审美观念的不同，也由于各地的自然条件和地理环境不同，因而，民居的平面布局、结构方法、造型和细部特征也就不同，呈现出淳朴自然，而又有着各自的特色。特别是在民居中，各族人民常把自己的心愿、信仰和审美观念，把自己所最希望、最喜爱的东西，用现实的或象征的手法，反映到民居的装饰、花纹、色彩和样式等结构中去。如汉族的鹤、鹿、蝙蝠、喜鹊、梅、竹、百合、灵芝、万字纹、回纹等，云南白族的莲花、傣族的大象、孔雀、槟榔树图案等。这样，就导致各地区各民族的民居呈现出丰富多彩和百花争艳的民族特色。

2. 汉族民居

中国汉族地区传统民居的主流是规整式住宅，以采取中轴对称方式布局的北京四合院为典型代表。北京四合院分前后两院，居中的正房体制最为尊崇，是举行家庭礼仪、接见尊贵宾客的地方，各幢房屋朝向院内，以游廊相连接。北京四合院虽是中国封建社会宗法观念和家庭制度在居住建筑上的具体表现。但庭院方阔，尺度合宜，宁静亲切，花木井然，是十分理想的室外生活空间。华北、东北地区的民居大多是这种宽敞的庭院。

3. 地方特色

民居建筑没有像官方建筑都有一套程序化的规章制度和做法。它可以根据当地的自然条件、自己的经济水平和建筑材料特点，因地因材来建造房子。它可以自由发挥劳动人民的最大智慧，按照自己的需要和建筑的内在规律来进行建造。因此，在民居中可以充分反映出建筑中最具有本质的东西，即功能是实际的、合理的，设计是灵活的，材料构造是经济的，外观形式是朴实的。特别是广大的民居建造者和使用者是同一的。自己设计、自己建造、自己使用，因而民居的实践更富有人民性、经济性和现实性，也最能反映本民族的特征和本地的地方特色。

三、种类

中国的民居种类数不胜数。北京的四合院、蒙古族的蒙古包、陕西和河南的窑洞、福建的土楼等。

1. 南方民居

中国南方的住宅较紧凑，多楼房。其典型的住宅是以小面积长方形天井为中心的堂屋。这种住宅外观方正如印，且朴素简洁，在南方各省分布很广。在闽南、粤北和桂北的客家人常居住大型集团住宅。其平面有圆有方，由中心部位的单层建筑厅堂和周围的四、五层楼房组成。这种建筑的防御性很强，以福建永定县客家土楼为代表。在中国的传统住宅中，永定的客家土楼独具特色，有方形、圆形、八角形和椭圆形等形状的土楼共有8 000余座，规模大，造型美，既科学实用，又有特色，构成了一个奇妙的民居世界。

福建土楼用当地的生土、砂石、木片建成单屋，继而连成大屋，进而垒起厚重封闭的“抵御性”的城堡式建筑住宅——土楼。土楼具有坚固性、安全性、封闭性和强烈的宗族特性。楼内凿有水井，备有粮仓，如遇战乱、匪盗，大门一关，自成一体，万一被围也可数月之内粮水不断。另外，土楼具有冬暖夏凉、防震抗风的特点，使土楼成了客家人代代相袭、繁衍生息的住宅。

2. 少数民族居住建筑

中国少数民族地区的居住建筑也有很多样，如西北部新疆维吾尔族住宅多为平顶，土墙，一至三层，外面围有院落；藏族典型民居“碉房”则用石块砌筑外墙，内部为木结构平顶；蒙古族通常居住在可移动的蒙古包内；西南各少数民族常依山面水建造木结构干栏式楼房，楼下空敞，楼上住人，其中云南傣族的竹楼最有特色。中国西南地区民居以苗族、土家族的吊脚楼最具特色。吊脚楼通常建造在斜坡上，没有地基，以柱子支撑建筑，楼分两层或三层。最上层很矮，只放粮食不住人，楼下堆放杂物或圈养牲畜。

中国地域宽广、民族较多，各地民居的形式、结构、装饰艺术、色调等各具特点。中国北方黄河中上游地区窑洞式住宅较多，在陕西、甘肃、河南、山西等黄土地区。当地居民在天然土壁内开凿横洞，并常将数洞相连，在洞内加砌砖石，建造窑洞。窑洞防火，防噪音，冬暖夏凉，节省土地，经济省工，将自然图景和生活图景有机结合，是因地制宜的完美建筑形式，渗透着人们对黄土地的热爱和眷恋。

3. 古城民居

中国还有保存较完好的古城，这些古城内均有大量的古代民居。其中，山西平遥古城和云南丽江古城均在1998年被列入《世界遗产名录》。

平遥古城是现存最为完整的明清古县城，是中国汉民族中原地区古县城的典型代表。迄今为止，这座城市的城墙、街道、民居、店铺、庙宇等建筑，仍然基本完好，其建筑格局与风貌特色大体未动。平遥是研究中国政治、经济、文化、军事、建筑、艺术等方面历史发展的活标本。

始建于南宋的丽江古城是融合纳西民族传统建筑及外来建筑特色的唯一城镇。丽江古城未受中原城市建筑礼制的影响，城中道路网不规则，没有森严的城墙。黑龙潭是古城的主要水源，潭水分为细流入墙绕户，形成水网。古城内随处可见河渠流水潺潺，河畔垂柳拂水。

4. 川渝古村民宅

巴蜀文化博大精深，川渝古村民宅既有浪漫奔放的艺术风格，又蕴藏着丰富的想象力。依山傍水的建筑与当地的少数民族风俗紧密联系在一起，有着十分独特的文化气息，既有豪迈大气的一面，又有轻巧雅致的一面。

5. 岭南古村民宅

岭南地区的古村民宅有着鲜明的地方特色和个性特征，蕴含着丰富的文化内涵。除了注重其实用功能外，更要注重其自身的空间形式、艺术风格、民族传统以及与周围环境的协调。

6. 湘黔滇古镇民宅

湘黔滇古建筑组群比较密集，城镇中大型组群（大住宅、会馆、店铺、寺庙、祠堂等）较多，而且带有楼房；小型建筑（一般住宅、店铺）自由灵活。屋顶坡度陡峻，翼角高翘，装修精致富丽，雕刻彩绘很多，以清秀灵逸的风格见长。

7. 北京四合院

北京四合院是中国四合院的代表作品。四合院严格按照中轴线布局，主要建筑都分布在中轴线上，左右对称布局。这一布局方式，严格遵循了封建社会的宗法和礼教制度。房间的使用，也要按尊卑、长幼等进行分配。

在北京城大大小小的胡同中，坐落着许多由东、南、西、北四面房屋围合起来的院落式住宅，这就是四合院。北京有各种规模的四合院，但不论大小，都是由一个个四面房屋围合的庭院组成的。最简单的四合院只有一个院子，比较复杂的有两三个院子，富贵人家居住的深宅大院，通常是由好几座四合院并列组成的。四合院的大门一般开在东南角或西北角，院中的北房是正房，正房建在砖石砌成的台基上，比其他房屋的规模大，是院主人的住室。院子的两边建有东西厢房，是晚辈们居住的地方。在正房和厢房之间建有走廊，可以供人行走和休息。四合院的“四”字，表示的是东南西北四面；“合”是围在一起的意思。也就是说，四合院是由四面的房屋或围墙圈成的。房间总数一般是北房3正2耳5间，东、西房各3间，南屋不算大门4间，连大门洞、垂花门共17间。如果以每间11～12平方米计算，全部面积约200平方米。里面的建筑布局，在封建宗法礼教的支配下，按照南北中轴线对称来布置房屋和院落。四合院是个统称，由于建筑面积的大小以及方位的不同，从空间组合来讲有大四合院、小四合院、三合院之分。四合院中除大门与外界相通之外，一般都不对外开窗户，即使开窗户也只有南房为了采光而开，在南墙上离地很高的地方开小窗。因此，只要关上大门，四合院内便形成一个封闭式的小环境。住在四合院里的人不常与周围的邻居来往。在小院里，一家人过着日子，与世无争。可以说，四合院是在历史的洪流中，在动荡的社会风云里，北京人所寻觅到的一个安详恬静的安乐窝。一代代的北京人就在这数也数不清的大大小小的四合院中度过了漫长的岁月。

四合院是封闭式的住宅，对外只有一个街门，关起门来自成天地，具有很强的私密性，非常适合独家居住。院内，四面房子都向院落方向开门，一家人在里面和和美美，其乐融融。由于院落宽敞，可在院内植树栽花，饲鸟养鱼，叠石造景。居住者不仅享有舒适的住房，还可分享大自然赐予的一片美好天地。

8. 安徽古民居

安徽省的南部，保留着许多古代的民居。这些古民宅大都用砖木作建筑材料，周围建有高大的围墙。围墙内的房屋，一般是三开间或五开间的两层小楼。比较大的住宅有两个、三个或更多个庭院。院中有水池，堂前屋后种植着花草盆景，各处的梁柱和栏板上雕刻着精美的图案。座座小楼，深深庭院，就像一个个艺术的世界。建筑学家们都称赞那里是“古民居建筑艺术的宝库”。

9. 客家土楼

客家最具代表性的民居建筑为土楼。土楼是广东、福建等地的客家人的住宅。客家人的祖先是1 900多年前从黄河中下游地区迁移到南方的汉族人。为了防范骚扰，保护家族的安全，客家人创造了这种庞大的民居——土楼。土楼有圆形的，也有方形的，客家人修建的土楼，数量最多的是方形土楼。方形土楼规模庞大，土墙单面墙的长度一般在20～50米之间，楼层一般为三到四层，最高可达五层半。方形土楼的瓦顶屋檐通常一样高，屋顶为悬山顶式，木穿斗结构，也有的屋顶九脊歇山顶。方形上楼一般底层作厨房，二层作谷仓，一二层均不开窗，三层以上是卧室的底层，对外开小窗。祖堂一般设在院内的底层，正对着大门，位于中轴线的尽头。整座方楼的采光通风，都是依靠内院的天井。一座土楼里可以住下整个家族的几十户人家，几百口人。最有特色的是圆形土楼。圆楼由两三圈组成，外圈十多米高，有一二百个房间，一层是厨房和餐厅，二层是仓库，三层、四层是卧室；第二圈两层，有30～50个房间，一般是客房；中间是祖堂，能容下几百人进行公共活动。土楼里还有水井、浴室、厕所等，就像一座小城市。客家土楼的高大、奇特，受到了世界各国建筑大师的称赞。

10. 蒙古包

蒙古包也称“毡包”，是蒙古族传统民居。流行于内蒙古自治区等地牧区。一种用厚羊毛毡制成的圆形凸顶房屋，分移动式和固定式两种。牧区多建移动式。通常高约2.5米，直径4米。包顶有圆形天空，通烟气。包门小，朝南或朝东南。具有制作简便，便于搬运、耐御风寒，适于游牧等特点。蒙古包是能够拆移的中国北方游牧民族的典型民居，它具有制作简便、易于组装、抵御风寒等特点。

11. 吊脚楼

吊脚楼属于干栏式建筑，但与干栏式建筑又有所不同。干栏式建筑为全悬空，吊脚可称半干栏式建筑。

吊脚楼多依山就势而建，整体风水布局讲究“左青龙，右白虎，前朱雀，后玄武”。形式包括单吊式、双吊式、四合水式、二屋吊式、平屋起吊式等。吊脚楼一般底层用来堆放物品，二楼住人。二楼设有厅，用来接待客人，三层的吊脚楼，除在三楼设起居室外，还有隔出来的小间用来储存粮食或物品。

这种楼房虽然只有二三层高，但它“吊”在水面和山腰，好像空中楼阁，建造并不容易。楼而有“脚”，所谓“脚”者，其实是几根支撑楼房的粗大木桩。建在水边的吊脚楼，伸出两只长长的前“脚”，深深地插在江水里，与搭在河岸上的另一边墙基共同支撑起一栋栋楼房。在山腰上，吊脚楼的前两只“脚”则稳稳地顶在低处，与另一边的墙基共同把楼房支撑平衡。也有一些建在平地上的吊脚楼，那是由几根长短一样的木桩把楼房从地面上支撑起来的。苗族的吊脚楼通常建造在斜坡上，分两层或三层。最上层很矮，只放粮食不住人。楼下堆放杂物或作牲口圈。两层者则不盖顶层。一般以竹编糊泥作墙，以草盖顶。据湖南地方志记载，吊脚楼的这种构造最早是为了防避毒蛇猛兽的侵扰。

12. 竹楼

说是楼，其实它只有一层，只是整个房子被一根根木桩高高地撑起，倒也算得上是空中楼阁。竹楼下面的木桩一般有50根，木桩之间的空地是堆放杂物的仓库，有的人家还用来养猪圈牛。至于傣族人为什么自古以竹楼为家，大概是因为住在高悬于地面之上的地方，一来可以防潮，二来可以防野兽。

13. 上海民居

上海素有“万国建筑博览会”之美誉。外滩的马路一侧，一幢幢哥特式、罗马式、文艺复兴式、巴洛克式等中西合璧、风格迥异的巍峨大厦展示了建筑艺术的风采。同样，上海的近代住宅建筑也可谓洋洋大观、多姿多彩。说到上海的民居，自然就想到石库门，石库门是最具上海特色的居民住宅。中国普通邮票第23组《中国民居》中的上海民居图案采用的就是石库门建筑。石库门住宅脱胎于中国传统的四合院。19世纪后期，在上海开始出现用传统木结构加承重砖墙建造起来的住宅。由于这类民居的外门选用石料做门框，故称“石库门”。这种中西建筑艺术相融合的石库门作为建筑和文化的产物，在中国近代建筑史上留下了深深的烙印。它的出现是一种城市生活的必然——洋场风情的现代化生活，使庭院式大家庭传统生活模式被打破。取而代之的是适合单身移民和小家庭居住的石库门弄堂文化。石库门里的亭子间、客堂间、厢房、天井以及二房东、白相人嫂嫂、七十二家房客等与石库门有关的名词成为老上海们温馨的记忆。石库门建筑盛行于20世纪20年代，占据了当时民居的四分之三以上。石库门多为砖木结构的二层楼房，坡型屋顶常带有老虎窗，红砖外墙，弄口有中国传统式牌楼。大门采用两扇实心黑漆木门，以木轴开转，常配有门环，进出发出的撞击声在古老的石库门弄堂里回响。门楣做成传统砖雕青瓦顶门头，外墙采用西洋建筑的雕花刻图。二楼有出挑的阳台，总体布局采用了欧洲联排式风格。

14. 海南类四合院式

海南传统民居是海南琼北地区居民特色居住建筑，包括文昌、琼山等传统类四合院似汉族民居和近代骑楼民居。海南最早的移民大多由闽南地区迁移而来，早期民居体现出深厚的闽南风格。随后，岭南、云贵以及东南亚等周边地区移民带来了各自地区的文化，琼北民居也逐渐加入岭南风格。同时，大量来自中原地区的驻军带来了中原文化，使得琼北民居也融入了某些中原建筑元素。

自然村落里可以普遍看到多进院落中和睦相处的邻里关系，门相对、屋相连，前后一条线、高低有次序，以示同心不欺、平等相待。从外观来看，多进院落中的这几户人家更像是一个密不可分的大家族，而在内里他们又都有各自的生活秩序和空间。海南民居外封闭内开敞的特点在这里体现得淋漓尽致。近代，大量海南人前往南洋谋生，带回了经受西方殖民影响的南洋文化，海南民居又随之融入了欧洲风格。不仅影响了传统民居形式，带来了新的民居形式——骑楼。

多元建筑元素交融是海南民居最大的特点。

四、地域特色

1. 庭院住宅

这是中国传统住宅的最重要形式。这些房屋大多是木框架。主要房间是建立在南北轴线，两个厢房，是在它两侧位置。家里的老年人生活在正房，厢房是年轻一代的卧室。妇女住在院子内，嘉宾和男仆住外院子里。这种分配是与封建制度有关。

2. 江苏住宅

江苏住宅在长江以南、河沿岸地区分布较多。但总的安排是和四合院大致相同。之间的差别是住宅南部有小码头（或天津），只有两个功能：排水和采光。在第一个院子里正房通常是一个大厅。在后面的往往是规模较小的楼房。屋顶瓦片、小石板和地面，是为了适应在南方多雨的气候。在水乡，住宅通常建在河流旁，有与前通往后门的胡同和河流面临的大门。每家每户有一个小码头，他们进行清洗、救助和艇上。

3. U 型南中国型住宅

中国西南的云南省的房子成为这一建设得很好的代表。结构整体安排或多或少与四合院相似，但房子都在每一个角落连接在一起，形成了 U 型的形状。房屋都用土墙，并在木桁架上彩色绘画。

4. 岭南客家集团住宅

土楼是福建省西部客家的传统民居。土楼最高最多可以有 6 层，包括在院子里的房屋。土楼通常可以有超过 50 个家庭。大厅、仓库房屋、家畜房屋、水井和其他公共房屋都位于在院子里。客家人创造了这个特殊的防御建设，以保护自己，它现在仍在使用。

5. 窑洞

最具特色的西北民居为因地制宜、利用黄土高原的黄土层建造的独特住宅——窑洞。窑洞依其外形可分为靠崖式窑洞、独立式窑洞、下沉式窑洞三种形式。窑洞主要分布在河南、山西、陕西、甘肃、青海。因为那里的黄土具有深度。黄土几乎没有渗水，而且有很强的垂直的性质。这提供了一个发展的窑洞很好的先决条件。

窑洞重视对门窗的装饰，门窗与洞孔一般大小，门窗上装饰有棂格图案。逢年过节时，多在窗上贴各式剪纸。悬崖窑洞是土洞挖地球沿垂直悬崖水平。以这种方式建造的居所节省原材料和需要较少的复杂技术。窑洞具有夏季凉爽、冬季温暖的特点。它分为以下三种：悬崖、地面和箍窑洞。

6. 碉房

碉房（石室）是西藏住房和内蒙古部分地区最流行的一种。该住宅的高度，有二至三层。一楼是通常用于养牲畜和家禽，二楼是保留卧室、客厅、厨房、仓库。主要是用石头和土筑，它们看起来像碉楼（碉堡），因此得到了碉房的名称。其名称的起源可以追溯到清朝乾隆（公元 1644－1911 年）王朝时代。

7. 蒙古包

蒙古包是蒙古族的住所。木沃特尔斯紧固与皮带和螺栓，形成栅栏状结构。每个蒙古包部分巧妙的和相当方便掩饰和发扬。一个小蒙古包直径约 4～6 米内没有支柱。

有地面厚厚的毛毯。蒙古包的外形为圆形，由架木、毡、绳带组成，原料以木和皮毛为主，大小不等，但基本构造相同。蒙古包一般门朝东南方向，内部正面和西侧供长辈起居，东面供晚辈起居。每一个蒙古包有一个开放的顶部，而且通常其下一个炉子。

8. Ayiwang

Ayiwang 是维吾尔族的住所。这些房子都是与周围的院子连在一起的。与前屋天窗被称为 Ayiwang，也称为夏季房。它充当了客厅，以及接待室。所谓的房子冬天回房间是卧室，通常没有天窗。这种住所的安排非常巧妙，而且通常是壁龛内的许多房间，墙壁装饰石膏雕刻。

还有一些其他特别的住所，如船屋住宅。如今，由于经济的发展，人口增长和现代化，在城市的人通常居住在楼房，已日益多样化的风格和高度呈上升趋势。

9. *藏族碉房*

碉房多为石木结构，墙壁非常坚固，外墙往上逐渐收缩。内部一般为两层，也有三四层。平顶，窗户很小，可防止外人从窗户入内。碉房一般底层作储藏室或畜圈，二层为起居室，三层一般为经堂或晒台。

第七节　皇家园林：故宫

故宫旧称紫禁城。于明代永乐十八年（1420 年）建成，建成后 3 月即失火烧毁，20 年后重建。故宫是明、清两代的皇宫，是两代 24 位皇帝在此处理政务和生活起居的地方。它是汉族宫殿建筑之精华，是无与伦比的古代建筑杰作，是世界现存最大、最完整的木质结构的古建筑群。故宫全部建筑由“前朝”与“内廷”两部分组成，四周有城墙围绕。四面由筒子河环抱，城四角有角楼，四面各有一门，正南是午门，为故宫的正门。故宫被誉为世界五大宫之首（北京故宫、法国凡尔赛宫、英国白金汉宫、美国白宫和俄罗斯克里姆林宫）。

一、建筑简介

故宫始建于公元 1406 年，1420 年基本竣工，是明朝皇帝朱棣始建。故宫南北长 961 米，东西宽 753 米，面积约为 72 万平方米，建筑面积 15.5 万平方米。相传故宫一共有 9 999 间房，据 1973 年专家现场测量，故宫实际有大小院落 90 多座，房屋 980 座，共计 8 707 间（而此“间”并非现今房间之概念，此处“间”指四根房柱所形成的空间）。宫城周围环绕着高 12 米、长 3 400 米的宫墙，形式为一长方形城池，墙外有 52 米宽的护城河环绕，形成一个森严壁垒的城堡。故宫宫殿建筑均是木结构、黄琉璃瓦顶、青白石底座，饰以金碧辉煌的彩画。故宫有 4 个门，正门名午门，东门名东华门，西门名西华门，北门名神武门。面对北门神武门，有用土、石筑成的景山，满山松柏成林。在整体布局上，景山可说是故宫建筑群的屏障。

依照中国古代星象学说，紫微垣（即北极星）位于中天，乃天帝所居，天人对应，因此故宫又称紫禁城。明代第三位皇帝朱棣在夺取帝位后，决定迁都北京，即开始营造这座宫殿，至明永乐十八年（1420 年）落成。1911 年，辛亥革命推翻了中国最后的封建帝制——清王朝，1924 年逊帝溥仪被逐出宫禁。在这前后 500 年中，共有 24 位皇帝曾在这里生活居住和对全国实行统治。

近十几年来，故宫博物院平均每年接待中外观众 600～800 万人次。而且，随着旅游事业的发展，观众的人数有增无减，可见紫禁城的魅力非凡。

二、建造背景

故宫始建于公元 1406 年（永乐四年），1420 年（永乐十八年）基本竣工，历时 14 年，是明成祖朱棣始建，在元大都宫殿的基础上兴建。故宫占地 72 万平方米（长 960 米，宽 750 米），建筑面积 15 万平方米，用 30 万民工，共建了 14 年，有房屋 9 999 间半，主要建筑是太和殿、中和殿和保和殿。保和殿是科举考试举行殿试的地方，殿试的一至三名分别称状元、榜眼、探花。

1. 经历时间

故宫建成后，经历了明、清两个王朝。到 1911 年清帝逊位帝约有 500 年，历经了明、清两个朝代二十四位皇帝。故宫是明清两朝最高统治核心的代名词。明清宫廷 500 多年的历史，包含了帝后活动、等级制度、权力斗争、宗教祭祀等。当时，普通人连走近紫禁城墙附近的地方都算犯罪。由于明清宫廷是封建制度高度完备的最高统治中心，不寻常的大事，往往都是围绕皇权的传承与安危展开的。如明代正统皇帝复辟的夺门之变、嘉靖皇帝被宫女谋刺的壬寅宫变、万历四十三年梃击太子宫的“梃击案”、泰昌皇帝因服丹丸而死亡的“红丸案”、泰昌帝病死后围绕着新皇帝登极的“移宫”风波、清朝初年诸王大臣为确立皇权的三官庙之争、清末慈禧太后谋取权力的辛酉政变等。

2. 现代状况

1911 年辛亥革命后，紫禁城宫殿本应全部收归国有，但按照那时拟定的《清室优待条件》，逊帝爱新觉罗・溥仪被允许“暂居宫禁”，即“后寝”部分。1924 年，冯玉祥发动“北京政变”，将溥仪逐出宫禁。同时，成立“清室善后委员会”，接管了故宫。于 1925 年 10 月 10 日宣布故宫博物院正式成立，对外开放。1925 年以后紫禁城才被称为“故宫”。随着清王朝的没落，特别是 1949 年前的 38 年中，故宫建筑日渐破败，有多处宫殿群倒坍，垃圾成山。

1961 年，国务院宣布故宫为第一批“全国重点文物保护单位”。从五六十年代起进行了大规模的修整。1988 年故宫被联合国教科文组织列为“世界文化遗产”，辟为“故宫博物院”。

3. 建筑构造营建原则

故宫严格地按《周礼・考工记》中“前朝后市，左祖右社”的帝都营建原则建造。整个故宫，在建筑布置上，用形体变化、高低起伏的手法，组合成一个整体。在功能上符合封建社会的等级制度。同时，达到左右均衡和形体变化的艺术效果。中国建筑的屋顶形式是丰富多彩的。在故宫建筑中，不同形式的屋顶就有 10 种以上。以三大殿为例，屋顶各不相同。故宫建筑屋顶满铺各色琉璃瓦件。主要殿座以黄色为主。绿色用于皇子居住区的建筑。其他蓝、紫、黑、翠以及孔雀绿、宝石蓝等五色缤纷的琉璃，多用在花园或琉璃壁上。太和殿屋顶当中正脊的两端各有琉璃吻兽，稳重有力地吞住大脊。吻兽造型优美，是构件又是装饰物。一部分瓦件塑造出龙凤、狮子、海马等立体动物形象，象征吉祥和威严。这些构件在建筑上起了装饰作用。

4. 建筑造型

故宫前部宫殿，当时建筑造型要求宏伟壮丽，庭院明朗开阔，象征封建政权至高无上。太和殿坐落在紫禁城对角线的中心，四角上各有10只吉祥瑞兽，生动形象，栩栩如生。故宫的设计者认为这样以显示皇帝的威严，震慑天下。后部内廷却要求庭院深邃，建筑紧凑。因此，东西六宫都自成一体，各有宫门宫墙，相对排列，秩序井然，再配以宫灯联对，绣榻几床，都是体现适应豪华生活需要的布置。内廷之后是宫后苑，后苑里有岁寒不凋的苍松翠柏，有秀石迭砌的玲珑假山，楼、阁、亭、榭掩映其间，幽美而恬静。

故宫宫殿是沿着一条南北向中轴线排列，三大殿、后三宫、御花园都位于这条中轴线上。并向两旁展开，南北取直，左右对称。这条中轴线不仅贯穿在紫禁城内，而且南达永定门，北到鼓楼、钟楼，贯穿了整个城市，气魄宏伟，规划严整，极为壮观。

三、内部介绍

1. 故宫四门

故宫有4个大门，正门名为午门。其平面为凹形，宏伟壮丽。午门后有5座精巧的汉白玉拱桥通往太和门。东门名东华门，西门名西华门，北门名神武门。故宫的4个城角都有精巧玲珑的角楼，角楼高27.5米，十字屋脊，三重檐迭出，四面亮山，多角交错，是结构奇丽的建筑。

故宫的正门叫“午门”，俗称五凤楼。东西北三面以12米高的城台相连，环抱一个方形广场。正中有重楼，是9间面宽的大殿，重檐庑殿顶。在左右伸出两阙城墙上，建有联檐通脊的楼阁4座，明廊相连，两翼各有13间的殿屋向南伸出，四隅各有高大的角亭，辅翼着正殿。这种形状的门楼称为“阙门”，是中国古代大门中最高级的形式。这组城上的建筑，形势巍峨壮丽，是故宫宫殿群中第一高峰。午门是皇帝下诏书、下令出征的地方。每遇宣读皇帝圣旨，颁发年历书，文武百官都要齐集午门前广场听旨。午门当中的正门平时只有皇帝才可以出入。皇帝大婚时皇后进一次，殿试考中状元、榜眼、探花的三人可以从此门进出一次。文武大臣进出东侧门，宗室王公出入西侧门。

“神武门”，明朝时为“玄武门”，玄武为古代四神兽之一。从方位上讲，左青龙，右白虎，前朱雀，后玄武，玄武主北方。所以，帝王宫殿的北宫门多取名“玄武”。清朝康熙年间因避讳改称“神武门”。神武门也是一座城门楼形式，用的最高等级的重檐庑殿式屋顶，但它的大殿只有5开间加围廊，没有左右向前伸展的两翼，所以在形制上要比午门低一个等级。神武门是宫内日常出入的门禁。现在神武门为故宫博物院正门。

东华门与西华门遥相对应，门外设有下马碑石，门内金水河南北流向，上架石桥一座，桥北为三座门。东华门与西华门形制相同，平面矩形，红色城台。城台上建有城楼，黄琉璃瓦重檐庑殿顶，城楼面阔 5 间，进深 3 间，四周出廊。

在午门以内，有广阔的大庭院，当中有弧形的内金水河横亘东西，北面就是外朝宫殿大门——太和门，左右各有朝房廊庑。金水河上有 5 座桥梁，装有白色汉白玉栏杆，随河宛转，形似玉带。

2. 故宫内廷简介

故宫建筑的后半部叫内廷，内廷宫殿的大门——乾清门，左右有琉璃照壁，门里是后三宫。内廷以乾清宫、交泰殿、坤宁宫为中心，东西两翼有东六宫和西六宫，是皇帝处理日常政务之处，也是皇帝与后妃居住生活的地方。后半部在建筑风格上不同于前半部。前半部建筑形象是严肃、庄严、壮丽、雄伟，以象征皇帝的至高无上。后半部内廷则富有生活气息，建筑多是自成院落，有花园。

在故宫“内庭”最后面，重檐庑殿顶。坤宁宫是明朝及清朝雍正帝之前的皇后寝宫，两头有暖阁。清代改为祭神场所。雍正后，西暖阁为萨满的祭祀地。其中，东暖阁为皇帝大婚的洞房。康熙、同治、光绪三帝，均在此举行婚礼。

(1) 御花园。在坤宁宫北面的是御花园。御花园里有高耸的松柏、珍贵的花木、山石和亭阁。御花园原名宫后苑，占地 11 000 多平方米，有建筑 20 余处。以钦安殿为中心，园林建筑采用主次相辅、左右对称的格局，布局紧凑、古典富丽。殿东北的堆秀山，为太湖石迭砌而成，上筑御景亭，名为万春亭和千秋亭的两座亭子，可以说是保存的古亭中最为华丽的花园了。

(2) 故宫三大殿。太和门内，在 3 万多平方米开阔的庭院中，是外朝的中心：太和殿、中和殿、保和殿，统称三大殿（明朝称：奉天殿、华盖殿、谨身殿，嘉靖时改名为皇极殿、中极殿、建极殿。现名为清朝时名称）。这三座大殿是故宫中的主要建筑，它们高矮造型不同，屋顶形式也不同，显得丰富多样而不呆板。

①太和殿（明朝称奉天殿、皇极殿），俗称“金銮殿”。太和殿高 35.05 米，东西 63 米，南北 35 米，面积约 2 380 多平方米。太和殿的面积是紫禁城各殿中最大的一座，而且形制也是最高规格，最富丽堂皇的建筑。太和殿是五脊四坡大殿，从东到西有一条长脊，前后各有斜行垂脊两条，这样就构成五脊四坡的屋面，建筑术语上叫庑殿式。檐角有 10 个走兽（分别为鸱吻、凤、狮子、天马、海马、狻猊、押鱼、獬豸、斗牛、行什），为中国古建筑之特例。大约从 14 世纪明代起，重檐庑殿是封建王朝宫殿等级最高的形式。太和殿有直径达 1 米的大柱 72 根，其中 6 根围绕御座的是沥粉金漆的蟠龙柱。殿内有沥粉金漆木柱和精致的蟠龙藻井，殿中间是封建皇权的象征——金漆雕龙宝座。设在殿内高 2 米的台上，安放着金漆雕龙宝座，御座前有造型美观的仙鹤、炉、鼎，背后是雕龙屏。太和殿是故宫中最大的木结构建筑，是故宫最壮观的建筑，也是中国最大的木构殿宇。整个大殿装饰得金碧辉煌，庄严绚丽。太和殿是皇帝举行重大典礼的地方。皇帝即位、生日、婚礼、春节等都在这里庆祝。

②中和殿（明朝称华盖殿、中极殿）是故宫三大殿之一，位于太和殿后。中和殿高 27 米，平面呈正方形，面阔、进深各为 3 间，四面出廊，金砖铺地，建筑面积 580

平方米。黄琉璃瓦单檐四角攒尖顶，正中有鎏金宝顶。四脊顶端聚成尖状，上安铜胎鎏金球形的宝顶，建筑术语上叫四角攒尖式。中和殿是皇帝去太和殿举行大典前稍事休息和演习礼仪的地方。皇帝在去太和殿之前，先在此稍作停留，接受内阁大臣和礼部官员行礼，然后进太和殿举行仪式。另外，皇帝祭祀天地和太庙之前，也要先在这里审阅一下写有祭文的“祝版”；在到中南海演耕前，也要在这里审视一下耕具。

③保和殿（明朝称谨身殿、建极殿）也是故宫三大殿之一，在中和殿后。保和殿高 29 米，平面呈长方形，面阔 9 间，进深 5 间，建筑面积 1 240 平方米。黄琉璃瓦重檐歇山式屋顶。屋顶正中有一条正脊，前后各有 2 条垂脊，在各条垂脊下部再斜出一条岔脊，连同正脊、垂脊、岔脊共 9 条，建筑术语上叫歇山式。保和殿是每年除夕皇帝赐宴外藩王公的场所。保和殿也是科举考试举行殿试的地方。

太和殿和中和殿、保和殿都建在汉白玉砌成的 8 米高的工字形基台上，太和在前，中和居中，保和在后。远望犹如神话中的琼宫仙阙。基台三层重叠，每层台上边缘都装饰有汉白玉雕刻的栏板、望柱和龙头。三台当中有三层石阶雕有蟠龙，衬托以海浪和流云的“御路”。在 25 000 平方米的台面上有透雕栏板 1 415 块，雕刻云龙翔凤的望柱 1 460 个，龙头 1 138 个。用这样多的汉白玉装饰的三台，造型重叠起伏，是中国古代建筑上具有独特风格的装饰艺术。而这种装饰在结构功能上，又是台面的排水管道。在栏板地栿石下，刻有小洞口；在望柱下伸出的龙头也刻出小洞口。每到雨季，三台雨水逐层由各小洞口下泄，水由龙头流出，千龙喷水，蔚为壮观。这是科学而又艺术的设计。

第三章　中华文化杂谈（二）

第一节　中国传统乐器

一、古代乐器

1. 远古时期

远古时期（公元前6000—公元前1711年）：根据现有的出土实物，吹奏类乐器是最早出现的乐器，以河南舞阳骨笛最为久远。这段时期也出土了不少的击奏类乐器，弦乐器见于典籍的有“瑟”，但未见实物出土。远古时期的乐器以狩猎和歌舞伴奏为主。

2. 先秦时期

先秦时期（公元前711—公元前256年）：这是我国乐器发展史的第一个高峰，确定了乐器的分类法——“八音”。古琴在这时出现，并很快成为一种十分重要的独奏乐器。这段时期的乐器以击奏类为主，出土实物以曾侯乙编钟影响最大。音乐也是以钟鼓乐为代表。

3. 秦汉隋唐

秦汉隋唐时期（公元前221—公元960年）是我国乐器发展史的鼎盛时期。随着中外文化的交流，大量的外国乐器传入我国，弹奏类乐器得到空前的发展和繁荣。唐代则是我国乐器发展的最高峰，出现了古琴谱，现存丘明（494—590年）所传《幽兰》是我国最早的琴谱。晚唐曹柔又创简字谱，使得古琴音乐得以保存。琵琶则是唐代最为重要的乐器，音乐以宫廷燕乐为代表。拉弦类乐器开始在民间出现。

4. 宋元明清

宋元明清时期（公元960—1840年）：这段时期最为重要的是弓弦乐器发展，弓弦乐器的传入和普遍使用，促进了戏曲、说唱音乐的发展。古琴则出现了众多的流派，明末由波斯传入扬琴。吹奏类乐器元代出现唢呐，击奏类乐器元代出现云锣。这段时期宫廷音乐逐渐萧条，取而代之的是民间音乐。

二、传统乐器

1. 古琴

中国最古老的弹拨乐器，有三千多年的历史，被誉为琴棋书画四艺之首。在古代是地位最崇高的乐器。古琴充满着传奇的象征色彩：长3尺6寸5分，代表一年有365天；13个徽位，代表一年的12个月及闰月。琴面弧形代表天，琴底为平象征地，为天圆地方。有西方音乐人评价：这个乐器的构造，是依据中国天与地之间关系的观念而设计的，使人联想到传说中只有天上神仙才能听得到的音乐。

2. 瑟

中国原始的丝弦乐器之一，共有25根弦。《诗经》中有记载“窈窕淑女，琴瑟友之，我有嘉宾，鼓瑟鼓琴”。瑟曾销声匿迹千年之久，而今“幽兰汉乐”将传说中的声音再次呈现于舞台之上。琴瑟合鸣，乐声如流水，如凤鸣，如南风，如月行，引我们走进大自然深深的芬芳里。

3. 箜篌

中国古老的弹弦乐器，始于汉代，历史悠久，音域宽广、音色柔美清澈，表现力强。唐时期曾用于西凉、龟兹、疏勒、高丽、天竺诸乐中。明代后失传达300年之久。

4. 方响

古代打击乐器，由16块大小相同的长方形玉片组成，以厚薄不同定音高，分上下两层悬挂，用小铁锤敲击，出现于北周。隋唐时用于燕乐，后也用于宫廷雅乐，自宋代后渐少。

5. 八音

八音是中国传统器乐吹打乐的一种。原为中国历史上最早的乐器科学分类法。西周时已将当时的乐器按制作材料，分为金（钟、镈）、石（磬）、丝（琴、瑟）、竹（箫、篪）、匏（笙、竽）、土（埙、缶）、革（鼗、雷鼓）、木（柷、敔）八类。

6. 八音也指民间器乐乐种

山西五台山一带的八音会，所用乐器有管子、唢呐、海笛、笙、梅笛、箫、堂鼓、小鼓、大镲、小镲、大锣、云锣等；广西壮族的隆林八音乐队，使用的乐器共有8件，它们是：横箫（笛子）一对，高胡、二胡各一把，小三弦一把，锣、鼓、钹各一副。南宁市邕宁壮族八音则主要由大唢呐、小唢呐、五孔笛、锣、鼓、钹、壮族乐鼓等组成。海南地区流行的海南八音源于潮州音乐，因使用八类乐器而得名，即：弦（二胡、椰胡）、琴（月琴、扬琴、三弦）、笛（唢呐）、管（长、短喉管）、箫（横箫、直箫、洞箫）、锣、鼓、钹等；彝族八音所用乐器有二胡、环箫（无膜笛）各一对，以及牛角胡、五鍟（小锣）、鼓、钹等；仡佬族八音又名八仙，所用乐器有二胡、横箫（笛）各一对和五鍟、锣、鼓、钹等。

三、分类乐器

1. 吹奏乐器

我国吹奏乐器的发音体大多为竹制或木制。根据其起振方法不同，可分为三类。

第一类，气流吹入吹口激起管柱振动的有箫、笛（曲笛和梆笛）、口笛等。

第二类，气流通过哨片吹入使管柱振动的有唢呐、海笛、管子、双管和喉管等。

第三类，气流通过簧片引起管柱振动的有笙、抱笙、排笙、巴乌等。

由于发音原理不同，所以乐器的种类和音色极为丰富多彩，个性极强。并且由于各种乐器的演奏技巧不同，以及地区、民族、时代和演奏者的不同，使民族器乐中的吹奏乐器在长期发展过程中形成极其丰富的演奏技巧，具有独特的演奏风格与流派。典型乐器：笙、芦笙、排笙、葫芦丝、笛、管子、巴乌、埙、唢呐、箫。

2. 弹拨乐器

我国的弹拨乐器分横式与竖式两类。横式，如筝（古筝和转调筝）、古琴、扬琴和独弦琴等；竖式，如琵琶、阮、月琴、三弦、柳琴、冬不拉和扎木聂等。

弹奏乐器音色明亮、清脆。右手有戴假指甲与拨子两种弹奏方法。右手技巧得到较充分发挥，如弹、挑、滚、轮、勾、抹、扣、划、拂、分、摭、拍、提、摘等。右手技巧的丰富，又促进了左手的按、吟、擞、煞、绞、推、挽、伏、纵、起等技巧的发展。

弹奏乐器除独弦琴外，大多节奏性强，但余音短促，须以滚奏或轮奏长音。弹拨乐器一般力度变化不大。在乐队中除古琴音量较弱，其他乐器声音穿透力均较强。弹拨乐器除独弦琴外，多以码（或称柱）划分音高，竖式用相、品划分音高，分为无相、无品两种。除按五声音阶排列的普通筝等外，一般都便于转调。各类弹奏乐器演奏泛音有很好的效果。除独弦琴外，皆可演奏双音、和弦、琵音和音程跳跃。我国弹奏乐器的演奏流派风格繁多，演奏技巧的名称和符号也不尽一致。典型乐器：琵琶、筝、扬琴、七弦琴（古琴）、热瓦普、冬不拉、阮、柳琴、三弦、月琴、弹布尔。

3. 打击乐器

我国民族打击乐器品种多，技巧丰富，具有鲜明的民族风格。

根据其发音不同可分为：①响铜，如：大锣、小锣、云锣、大、小钹，碰铃等；②响木，如：板、梆子、木鱼等；③皮革，如：大小鼓、板鼓、排鼓、象脚鼓等。

我国打击乐器不仅是节奏性乐器，而且每组打击乐群都能独立演奏，对衬托音乐内容、戏剧情节和加重音乐的表现力具有重要的作用。民族打击乐器在我国西洋管弦乐队中也常使用。民族打击乐可分为有固定音高和无固定音高的两种。无固定音高的，如：大、小鼓，大、小锣，大、小钹，板、梆、铃等；有固定音高的，如：定音缸鼓、排鼓、云锣等。典型乐器：堂鼓（大鼓）、碰铃、缸鼓、定音缸鼓、铜鼓、朝鲜族长鼓、大锣小锣、小鼓、排鼓、达卜（手鼓）、大钹。

4. 拉弦乐器

拉弦乐器主要指胡琴类乐器。其历史虽然比其他民族乐器较短，但由于发音优美，有极丰富的表现力，有很高的演奏技巧和艺术水平，拉弦乐器被广泛使用于独奏、重奏、合奏与伴奏。

拉弦乐器大多为两弦，少数用四弦，如：四胡、革胡、艾捷克等。大多数琴筒蒙的蛇皮、蟒皮、羊皮等；少数用木板，如：椰胡、板胡等。少数是扁形或扁圆形，如：马头琴、坠胡、板胡等。其音色有的优雅、柔和；有的清晰、明亮；有的刚劲、欢快、富于歌唱性。典型乐器：二胡、板胡、革胡、马头琴、艾捷克、京胡、中胡、高胡。

第二节　中国象棋、中国围棋

一、中国象棋

中国象棋在中国有着悠久的历史，由于用具简单，趣味性强，成为流行极为广泛的棋艺活动，是我国正式开展的78个体育项目之一。在中国古代，象棋被列为士大夫们的修身之艺，现在则被视为怡神益智的一种有益的活动。在棋战中，人们可以从攻与防、虚与实、整体与局部等复杂关系的变化中悟出哲理。

1. 简介

中国象棋是由两人轮流走子，以“将死”或“困毙”对方的将（帅）为胜，是二人对抗性游戏的一种运动，有着数以亿计的爱好者。它不仅能丰富文化生活，陶冶情操，而且有助于开发智力，启迪思维，锻炼辨证分析能力和培养顽强的意志。

对局时，由执红棋的一方先走，双方轮流各走一步，直至分出胜、负、和，对局即终了。轮到走棋的一方，要将某个棋子从一个交叉点走到另一个交叉点，或者吃掉对方的棋子而占领其交叉点，都算走一着。双方各走一着，称为一个回合。

象棋是中华民族的传统文化，不仅在国内深受群众喜爱，而且流传国外。

2. 起源和定型

（1）起源于传说时代的神农氏。元代僧人念常在《佛祖历代通载》中说：“神农以日月星辰为象，唐相国牛僧孺用车、马、士、卒加炮代之为机矣”。

（2）起源于传说时代的黄帝。北宋晁补之《广象戏格·序》说：“象戏兵戏也，黄帝之战，驱猛兽以为阵，象，兽之雄也。故戏兵以象戏名之。”

（3）起源于周武王伐纣时。明代谢单制《五杂坦》云：“象戏，相传为周武伐约时作，即不然，亦战国兵家者之流，盖彼时重车战也。”

（4）起源于战国之时。《潜确居类书》载：“雍门周谓孟尝君：‘足下燕居，则斗象棋，亦战国之事也。’盖战国用兵，故时人用战争之象为棋势也。”

早期象棋的棋制由棋、箸、局三种器具组成。两方行棋，每方六子，分别为枭、卢、雉、犊、塞（二枚）。棋子用象牙雕刻而成。箸，相当于骰子，在棋之前先要投箸。局，是一种方形的棋盘。比赛时，“投六箸，行六棋”，斗巧斗智，相互进攻逼迫，而制对方于死地。春秋战国时的兵制，以五人为伍，设伍长一人，共六人，当时作为军事训练的足球游戏，也是每方六人。由此可见，早期的象棋，是象征战斗的一种游戏。在这种棋制的基础上，后来又出现一种叫“塞”的棋戏，只行棋不投箸，摆脱了早期象棋中侥幸取胜的成分。

3. 历代象棋发展

中国象棋即军际象棋，具有悠久的历史。

唐代，象棋在中国发生了很大的变化，已有“将、马、车、卒”4个兵种，由黑白相间的64个方格组成。后来又参照我国的围棋，把64个方格变为90个点。

宋代，中国象棋基本定型。因火药的发明而增加了“炮”，还增加了“士”、“象”。另外，宋晁无咎的“广象棋”有棋子32个，与现代象棋棋子总数相同，但是不知道棋盘上有没有河界。宋、元期间的《事林广记》刊载了两局象棋的全盘着法。

明代，为了下棋和记忆的方便，才将一方面的“将”改为“帅”。另外明、清时期，棋书出版较多，尤以明代徐芝的《适情雅趣》、明末清初朱晋桢的《橘中秘》、清代王再越的《梅花泉》和张乔栋的《竹香斋象戏谱》更为著名。如今，中国象棋已流传到十几个国家和地区。在日本、菲律宾还成立了中国象棋协会。

4. 近代模式象棋成型

经过近百年的实践，象棋于北宋末定型成近代模式：32枚棋子，有河界的棋盘，将在九宫之中等。南宋时期，象棋“家喻户晓”，成为流行极为广泛的棋艺活动。李清照、刘克庄等文学家，洪遵、文天祥等政治家，都嗜好下象棋。宫廷设的“棋待诏”中，象棋手占一半以上。

国家体育项目——象棋。新中国建立之后，象棋进入了一个崭新的发展阶段。1956年，象棋成为国家体育项目。以后，几乎每年都举行全国性的比赛。1962年成立了中华全国体育总会的下属组织——中国象棋协会，各地相应建立了下属协会机构

5. 棋具

棋子活动的场所，叫作“棋盘”。在方形的平面上，有9条平行的竖线和10条平行的横线相交组成，共有90个交叉点，棋子就摆在交叉点上。中间部分，也就是棋盘的第五，第六两横线之间末画竖线的空白地带称为“河界”。两端的中间，也就是两端第四条到第六条竖线之间的正方形部位，以斜交叉线构成“米”字方格的地方，叫作“九宫”（它恰好有9个交叉点）。

整个棋盘以“河界”分为相等的两部分。为了比赛记录和学习棋谱方便起见，现行规则规定：按9条竖线从右至左用中文数字一至九来表示红方的每条竖线，用阿拉伯数字1～9来表示黑方的每条竖线。对弈开始之前，红黑双方应该把棋子摆放在规定的位置。任何棋子每走一步，进就写“进”，退就写“退”。如果像车一样横着走，就写“平”。

“楚汉界河”指的是河南省荥阳市黄河南岸广武山上的鸿沟。沟口宽约800米，深达200米，是古代的一处军事要地。西汉初年楚汉相争时，汉高祖刘邦和西楚霸王项羽仅在荥阳一带就爆发了“大战七十，小战四十”。因种种原因项羽“乃与汉约，中分天下，割鸿沟以西为汉，以东为楚”，鸿沟便成了楚汉的边界。如今鸿沟两边还有当年两军对垒的城址，东边是霸王城，西边是汉王城。

二、中国围棋

围棋是一种策略性两人棋类游戏。中国古时称“弈”，西方名称“go”。流行于东亚国家（中、日、韩等），属琴棋书画四艺之一。

围棋起源于中国，传为尧。春秋战国时期就有记载。隋唐时期经朝鲜传入日本，流传到欧美各国。有学者认为，围棋蕴含着汉民族文化的丰富内涵，是中国文化与文明的体现。

围棋使用方形格状棋盘及黑白二色圆形棋子进行对弈。棋盘上有纵横各 19 条直线将棋盘分成 361 个交叉点。棋子走在交叉点上，双方交替行棋，落子后不能移动，以围地多者为胜。中国古代围棋是黑白双方在对角星位处各摆放两子（对角星布局），由白棋先行。现代围棋由日本发展而来，取消了座子规则，黑先白后，使围棋的变化更加复杂多变。围棋也被认为是世界上最复杂的棋盘游戏之一。下围棋对人脑的智力开发很有帮助，可增强一个人的计算能力、记忆力、创意能力、思想能力、判断能力，也能提高对注意力的控制能力。

1. 起源

围棋，起源于中国。中国古代称为弈，可以说是棋之鼻祖，围棋至今已有 4 000 多年的历史。

2. 发展

春秋战国，围棋已在社会广泛流传。

秦汉三国，秦灭六国一统天下，有关围棋的活动也鲜有记载。

到东汉初年，社会上还是“博行于世而弈独绝”的状况。直至东汉中晚期，围棋活动才又渐盛行。中国围棋之制在历史上曾发生过两次重要变化，主要是在于局道的增多。

魏晋前后，是第一次发生重要变化的时期。

南北朝，由于南北朝时期玄学的兴起，导致文人学士以尚清谈为荣，因而弈风更盛，下围棋被称为“手谈”。上层统治者也无不雅好弈棋，他们以棋设官，建立“棋品”制度，对有一定水平的“棋士”，授予与棋艺相当的“品格”（等级）。当时的棋艺分为九品，日本围棋分为“九段”即源于此。

隋唐宋元，由 19 道棋盘代替了过去的 17 道棋盘。从此，19 道棋盘成为主流。而随着隋帝国对外的政策，高句丽、新罗百济把围棋带到了朝鲜半岛，遣隋使把围棋带到了日本。

唐宋时期，可以视为围棋游艺在历史上发生的第二次重大变化时期。由于帝王们的喜爱以及其他种种原因，围棋得到长足的发展，对弈之风遍及全国。这时的围棋，已不仅在于它的军事价值，而主要在于陶冶情操、愉悦身心、增长智慧。弈棋与弹琴、写诗、绘画被人们引为风雅之事，成为男女老少皆宜的游艺娱乐项目。

唐代“棋待诏”制度的实行，是中国围棋发展史上的一个新标志。所谓棋待诏，就是唐翰林院中专门陪同皇帝下棋的专业棋手。当时，供奉内廷的棋待诏，都是从众多的棋手中经严格考核后入选的。他们都具有第一流的棋艺，故有“国手”之称。由于棋待诏制度的实行，扩大了围棋的影响，也提高了棋手的社会地位。这种制度从唐初至南宋延续了500余年，对中国围棋的发展起了很大的推动作用。从唐代始，昌盛的围棋随着中外文化的交流，逐渐越出国门。首先是日本，遣唐使团将围棋带回，围棋很快在日本流传。不但涌现了许多围棋名手，而且对棋子、棋局的制作也非常考究。

明清两代，棋艺水平得到了迅速的提高。其表现之一，就是流派纷起。明代正德、嘉靖年间，形成了三个著名的围棋流派：一是以鲍一中（永嘉人）为冠，李冲、周源、徐希圣附之的永嘉派；二是以程汝亮（新安人）为冠，汪曙、方子谦附之的新安派；三是以颜伦、李釜（北京人）为冠的京师派。这三派风格各异，布局攻守侧重不同，但皆为当时名手。在他们的带动下，长期为士大夫垄断的围棋，开始在市民阶层中发展起来，并涌现出了一批“里巷小人”的棋手。他们通过频繁的民间比赛活动，使得围棋游艺更进一步得到了普及。随着围棋游艺活动的兴盛，一些民间棋艺家编撰的围棋谱也大量涌现，如《适情录》、《石室仙机》、《三才图会棋谱》、《仙机武库》及《弈史》、《弈问》等20余种明版本围棋谱，都是现存的颇有价值的著述。从中可以窥见当时围棋技艺及理论高度发展的情况。

满族统治者对汉族文化的吸收与提倡，使围棋游艺活动在清代得到了高度发展，名手辈出，棋苑空前繁盛。清初，已有一批名手，以过百龄、盛大有、吴瑞澄诸为最。尤其是过柏龄所著《四子谱》二卷，变化明代旧谱之着法，详加推阐以尽其意，成为杰作。清康熙末到嘉庆初，弈学更盛，棋坛涌现出了一大批名家。其中，梁魏今、程兰如、范西屏、施襄夏四人被称为“四大家”。四人中，梁魏今之棋风奇巧多变，使其后的施襄夏和范西屏受益良多。施、范二人皆浙江海宁人，并同于少年成名，人称“海昌二妙”。

到19世纪中叶后，日本的围棋水平赶上中国，并在其后的一百年间，将中国远远抛在后面。中国和越南的交往可以上溯到秦汉时期，西汉时曾置交趾郡，辖境包括今天越南的大部分地区。此后，越南长期受中国文化的影响。围棋在越南开展流传的情况未见史籍记载，但估计不会晚于12世纪。1280年左右，朝廷曾派徐明善出使安南（即今天的越南）。他在安南曾观当地贵胄子弟弈棋，作了《安南春夜观棋赠世子》一诗，中有“绿沧庭院月娟娟，人在壶中小有天。身共一枰红烛底，心游万仞碧霄边”等语，足见当时越南围棋已经很流行，而且很讲究高雅的情趣。

明代郑和下西洋时，曾看到围棋在东南亚国家很受欢迎的情况。如记录沿途风光的马观的《瀛涯胜揽》就说：“三佛齐国俗好……弈棋。”三佛齐国即今天印度尼西亚的一部分。这说明东南亚国家至少在明以前，围棋就很流行了。

围棋的对外传播，扩大了中国和各国人民的文化交往，使各国人民对中华民族的优秀文化有了更深的认识。

新中国成立后，国家大力发展围棋事业，新一代的围棋国手在新中国成长起来。代表人物有陈祖德、聂卫平、马晓春、常昊等。20世纪80年代中后期，聂卫平在中日擂台赛中创造了八场不败的纪录，取得了前三届中日擂台赛的胜利，也在神州大地掀起了新的围棋学习的热潮。

围棋地呈现出中、韩、日三国鼎立的局面。日本围棋整体水平止步不前，中韩围棋水平不断地提高，形成了中韩争霸的局面。

3. 棋具

棋子：棋子分黑白两色。多为扁圆形，也有双面突起的应氏棋子。棋子的数量以黑子181、白子180个为宜。棋子呈圆形。中国一般使用一面平、一面凸的棋子，日本则常用两面凸的棋子。

棋盘：盘面有纵横各19条等距离、垂直交叉的平行线，共构成19×19个交叉点（以下简称为“点”）。盘面上标有9个小圆点，称为星位。中央的星位又称“天元”。下让子棋时所让之子要放在星上。棋盘可分为“角”、“边”以及“中腹”。启蒙学习中，有13×13、9×9的棋盘。

棋钟：正式的比赛中可以使用计时器对选手的时间进行限制。非正式的对局中一般不使用计时器。

第三节　中国书法——文房四宝

中国汉族传统文化中的文书工具，即笔、墨、纸、砚。文房四宝之名，起源于南北朝时期。历史上，“文房四宝”所指之物屡有变化。在南唐时，“文房四宝”特指宣城诸葛笔、徽州李廷圭墨、澄心堂纸、婺源（原属安徽徽州府，现属于江西）龙尾砚。自宋朝以来“文房四宝”则特指湖笔（浙江省湖州）、徽墨（徽州，现安徽歙县）、宣纸（现安徽省泾县，泾县古属宁国府，产纸以府治宣城为名）、端砚（现广东省肇庆，古称端州）和歙砚（现安徽歙县）。

纸，是汉族的一个伟大发明。世界上纸的品种虽然以千万计，但“宣纸”仍然是供毛笔书画用的独特的手工纸。宣纸质地柔韧、洁白平滑、色泽耐久、吸水力强，在国际上“纸寿千年”的声誉。

毛笔，是古代汉族与西方民族用羽毛书写风采迥异的独具特色的书写、绘画工具。当今世界上虽然流行铅笔、圆珠笔、钢笔等，但毛笔却是替代不了的。据传毛笔为蒙恬所创。所以，至今被誉为毛笔之乡的河北衡水县侯店每逢农历三月初三，如同过年，家家包饺子，饮酒庆贺，纪念蒙恬创毛笔。自元代以来，浙江湖州生产的具有“尖、圆、健”特点的“湖笔”成为全国最著名的毛笔品种。

墨，是书写、绘画的色料。唐代制墨名匠奚超、奚廷父子制的好墨，受南唐后主李煜的赏识，全家赐国姓“李氏”。从此，“李墨”名满天下。宋时李墨的产地歙县改名徽州，“李墨”改名为“徽墨”。

砚，俗称砚台，是汉族书写、绘画研磨色料的工具。汉代时砚已流行，宋代则已普遍使用。明、清两代品种繁多，出现了被人们称为“四大名砚”的端砚、歙砚、洮砚和澄泥砚。古代汉族文人对砚十分重视，不仅终日相随，而且死后还用之殉葬。

文房四宝独具一格，它既表现了汉族不同于其他民族的风俗，又为世界文化和民族文化的进步和发展做出了贡献。今天，中国正处在向现代化迈进的新时期。了解过去的汉族优秀文化，正是为创造未来的新文化。这对于提高民族自尊心，增强民族凝聚力，有着极为重要的意义。

一、文房四宝的起源

中国书法的工具和材料基本上是由笔、墨、纸、砚演变而来的。人们通常把它们称为“文房四宝”。大致是说它们是文人书房中必备的四件宝贝。因为，中国古代文人基本上都是或能书，或能画，或既能书又能画的，是离不开笔墨纸砚这四件宝贝的。

“文房”之名，起于我国历史上南北朝时期（公元420—589年）。专指文人书房而言，以笔、墨、纸、砚为文房所使用，而被人们誉为“文房四宝”。文房用具除四宝以外，还有笔筒、笔架、墨床、墨盒、臂搁、笔洗、书镇、水丞、水勺、砚滴、砚匣、印泥、印盒、裁刀、图章、卷筒等，也都是书房中的必备之品。

1. 笔

在林林总总的笔类制品中，毛笔可以算是中国独有的品种。传统的毛笔不但是古人必备的文房用具，而且在表达中华书法、绘画的特殊韵味上具有与众不同的魅力。不过由于毛笔易损，不好保存，故留传至今的古笔实属凤毛麟角。古笔的品种较多，从笔毫的原料上来分，就曾有兔毛、白羊毛、青羊毛、黄羊毛、羊须、马毛、鹿毛、麝毛、獾毛、狸毛、貂鼠毛、鼠须、鼠尾、虎毛、狼尾、狐毛、獭毛、猩猩毛、鹅毛、鸭毛、鸡毛、雉毛、猪毛、胎发、人须、茅草等。从性能上分，则有硬毫、软毫、兼毫。从笔管的质地来分，又有水竹、鸡毛竹、斑竹、棕竹、紫檀木、鸡翅木、檀香木、楠木、花梨木、况香木、雕漆、绿沉漆、螺细、象牙、犀角、牛角、麟角、玳瑁、玉、水晶、琉璃、金、银、瓷等。东周的竹木简、缣帛上已广泛使用毛笔来书写。湖北省随州市擂鼓墩曾侯乙墓发现了春秋时期的毛笔，是目前发现最早的笔。

2. 墨

墨给人的印象似稍嫌单一，但却是古代书写中必不可缺的。借助于这种独创的材料，中国书画奇幻美妙的艺术意境才能得以实现。墨的世界并不乏味，而是内涵丰富。作为一种消耗品，墨能完好如初地呈现于今者，当十分珍贵。墨的制作非常讲究，选料纯正，加工精细。上等的墨极为细腻、香醇。而细腻的程度主要取决于加工时捣件的次数，捣杵次数愈多愈细腻，据说一臼捣杵有上10万次的。

3. 纸

纸是中国古代四大发明之一。即使在机制纸盛行的今天，某些传统的手工纸依然体现着它不可替代的作用，焕发着独有的光彩。古纸在留传下来的古书画中尚能一窥其貌。根据文献和实物资料可以知道，最早的人们是采用结绳来记事的，遇事打个结，事毕解去。后来又在龟甲兽骨上刻辞，所谓“甲骨文”。在青铜产生以后，又在青铜器上铸刻铭义，即“金文”或“钟鼎文”。再后，将字写在用竹、木削成的片上，称“竹木简”，如较宽厚的竹木片则叫“牍”。同时，有的也写于丝织制品的嫌帛上。先秦以前，除以上记事材料外，还发现了刻于石头上的文字，比如著名的“石鼓文”。一般人们皆知，纸是在东汉由蔡伦发明的。

4. 砚

砚虽然在“笔墨纸砚”的排次中位居殿军。但从某一方面来说，却居领衔地位。所谓“四宝”砚为首，这是由于它质地坚实、能传之百代的缘故。所以，现今社会上“四宝”中以砚最为多见，受人喜爱的范围也最为广泛。中国最早的砚台是什么时候产生的？它和我们使用的砚台有何区别呢？考古学家曾在陕西省临潼区姜寨一处原始社会的遗址中，发现了一套原始人用以陶器彩绘的工具。其中有一方石砚，砚有盖，砚面微凹，凹处并有一根石质磨杵，砚旁留存数块黑色颜料。很显然，这是先民们借助磨杵研磨颜料的早期砚的形制。由于这处遗址归属于母系氏族时期的仰韶文化，故这方砚台的实际寿龄已超过了5 000个春秋。砚这种附带磨杵或研石的形制从什么时候才开始发生改变，即取消磨杵或研石，而接近于砚呢？直到两汉时期。汉代由于发明了人工制墨，墨可以直接在砚上研磨，故不须再借助磨杵或研石来研天然或半天然墨了。如此看来，磨杵或研石经过史前及夏商周共3 000多年的漫长跋涉，才逐渐消隐。尽管今天墨已不为所用，但它为传播文化立下的功绩仍不可没。

二、文房四宝与官职

古人不仅给笔、墨、纸、砚取了名字，而且还给它们封了官职。

1. 笔

书写用品，因笔杆以竹管做成，使用时要饱蘸墨水，故封之为中书君、管城侯、墨曹都统、墨水郡王、毛椎刺史。

2. 墨

多以松烟制成，品质上乘的还要添加香料，故封之为松滋侯、黑松使者、玄香太守、亳州楮郡平章事。

3. 纸

性柔韧，可随意裁剪，且以洁白者为佳，故封纸为好畤（侍）侯、文馆书史、白州刺史、统领万字军略道中郎将。

4. 砚

储墨之器，质地坚硬，帮封之为即墨侯、离石侯、铁面尚书、即墨军事长。

三、对中国文化的价值

“文房四宝”不仅是具有极强的实用价值的文具用品，也是融绘画、书法、雕刻、装饰等为一体的艺术品。

1. 笔

（1）笔的发展。最早的原始人，用尖锐的石块在地面或者岩壁上刻图案，是笔的雏形。而后，原始人发现可以用手指、草茎或者木棍蘸取液体写画，渐渐开始使用芦苇、动物尾巴书写。新石器时代，这种原始的“笔”逐渐进化成了一根杆子加一个毛发笔头的模式。传说中有秦朝蒙恬造笔的说法，但完整的毛笔至少在战国时期就已经出现。最早的毛笔，大约可追溯到2 000多年之前。西周以上虽然迄今尚未见到毛笔的实物，但从发现的史前彩陶花纹、商代的甲骨文等上可觅到些许用笔的迹象。

我国的书写用笔起源很早。根据未经刀刻过的甲骨文字判断，夏商时期就已经有原始的笔了。如果再从新石器时期彩陶上面的花纹图案来看，笔的产生还可以追溯到5 000多年以前。到春秋战国时期，各国都已经制作和用笔书写。那时笔的名称繁多：吴国叫“不律”，燕国叫“弗”，楚国叫“聿”，秦国叫“笔”。秦始皇统一全国以后，“笔”就成了定名，一直沿用至今。传说，我们所用的毛笔是由战国时期的秦国大将蒙恬发明的。

（2）笔的种类。毛笔是用动物的毛制成的，根据功能不同有许多的品种。中国毛笔通常是根据笔锋的软硬度分类。一般分为硬毫笔、软毫笔与兼毫笔三种。

硬毫笔的笔毛弹性较大，常见的有兔毫、狼毫、鹿毫、鼠须、石獾毫、山马毫、猪鬃等。软毫笔的弹性较小，较柔软。一般用羊毫、鸡毫、胎毫等软毫制成。“兼毫”，顾名思义是兼而有之的意思。亦即以硬毫为核心、周边裹以软毫，笔性介于硬毫与软毫之间。一般将紫毫与羊毫按不同比例制成。比分“三紫七羊”、“七紫三羊”和“五紫五羊”等。也有用羊毫与狼毫合二为一制成的兼毫笔，以尺寸的大小分“小白云”、“中白云”和“大白云”。也有在大羊毫斗笔中加入猪鬃，以加强其弹性。

2. 墨

天然墨始于新石器时代，人们发现有些石头可以画出墨色痕迹，这种黑红色氧化铁矿石就是墨块的起源。

早期的墨是以墨粉的形式出现，使用时调和水作为颜料。而后，由于携带和使用方便的需要，人们把墨粉捏成团形，成为墨丸。早期的墨块由于胶质技术尚未完善，只能做成小丸形。

到隋唐时期，制墨工艺随着书画的兴盛而得到繁荣，演化出了更完善的墨块。通常是长条形，后来接着发展出其他形状和制式，并有雕琢、彩绘等进一步发展。

3. 纸

从墓葬文物来看总过西汉时期已经有纸张，当时的纸是动物植物纤维的混合体，从羊皮纸等远古纸演化而来。

西汉初年，政治稳定，思想文化十分活跃，对传播工具的需求旺盛。纸作为新的书写材料应运而生。西汉时期出现了成熟的麻纸，这种植物纤维制的粗纸在汉至唐近千年间一直是书画界的主要用纸。其中最有名的一种是金关纸。

真正意义上的宣纸，在南北朝时已经出现，到隋唐得到长足的发展。初期的宣纸原料仍是树皮和麻，到了宋代才逐渐被竹子、褚皮、木棉取代。

印刷术的兴盛促进了纸业的繁荣，造纸工艺也日趋成熟，逐渐出现了进化完全的宣纸和各种精细的纸张。

宣纸成名于唐代，由于其韧而能润、光而不滑、洁白稠密、纹理纯净、搓折无损、润墨性强等特点，而取代绢帛、旧茧纸等成为书画专用纸品。宣纸的独特的渗透和润滑性能，使得写字则骨神兼备，作画则神采飞扬，成为最能体现中国艺术风格的书画纸。再加上耐老化、不变色，少虫蛀，寿命长，故有“纸中之王、千年寿纸”的誉称。宣纸一般分为生宣、熟宣和半熟宣。在原纸的基础上，古代工匠通过表面加工，创造出其他富有特色、故事性和收藏性的纸品。不少贵重的特种宣纸为历代文人雅士单纯用于文房清玩之品。宣纸有“轻似蝉翼白如雪，抖似细绸不闻声”的美誉。

4. 砚

砚，也称“砚台”，被古人誉为“文房四宝之首”。因为，墨须加水发磨方能调用，而发墨之石刑则是砚。其中有陶、泥、砖瓦、金属、漆、瓷、石等，最常见的还是石砚。可以作砚的石头极多，而我国地大物博，到处是名山大川，自然有多种石头。产石之处，必然有石工，所以产砚的地方遍布全国各地。

砚的发展。受谷物碾盘的启示，选一块石头凿出一个圆坑，配上一根的石棒，使用时将天然石墨倒入坑中，用石棒捣磨成细粉调水，就是最早的砚。到了秦汉时期，人们选取较为平坦且质地细密、不易吸水的石块，作为“台”，再选取一块大小适中、便于拿捏、底部较平的小石块作“砚”，“砚台”就制成了。

自西汉初期开始，人们开始对“砚”进行美化，磨制成圆柱体，有的还刻画弦纹作装饰。西汉中晚期，出现了长方形石板研磨器。这种研磨器配有各种装饰纹饰（有的还有文字）的方形或圆形的研石和木盒。有的木盒上还绘有精美的彩色漆绘。

东汉时期，由于人们席地而坐，出于磨墨、舔笔和取用砚台的方便，砚台大多圆形，有三足。当时仍如西汉使用墨丸，故砚面或墨池平坦。这种风气一直延续到两晋时期。

到南北朝时期，四足砚开始流行，并在之后逐渐演化出多足砚、圈足砚。直至唐代螺子墨兴盛，龟形砚开始占据主流。

五代时期随着高腿桌椅的兴起，箕形砚和抄手砚逐渐出现。两侧内敛或者四边不敛，砚堂直斜，砚墙较窄。抄手到了明朝，演变成了平板随形砚，这是现代砚台的通用形制。

第四节　中国传统绘画

中国传统绘画又称中国画，也称国画。起源古代，象形字，奠基础，具有悠久历史和优良传统的中国民族绘画。其特点在以气韵思致为主，进而达到形神兼备的艺术效果，和中国京剧、中国医学称之为中国三大国粹。

一、中国画的历史

远在 2 000 多年前的战国时期就出现了画在丝织品上的绘画——帛画。在这之前又有原始岩画和彩陶画。春秋战国最为著名的是《御龙图》帛画，它是在丝织品上绘画。这些早期绘画奠定了后世中国画以线为主要造型手段的基础。两汉和魏晋南北朝时期，域外文化与本土文化的撞击及融合，使这时期的绘画形成以宗教绘画为主的局面。描绘本土历史人物、取材文学作品亦占一定的比例；山水画、花鸟画亦在此时萌芽。隋唐时期，社会经济、文化高度繁荣，绘画也随之呈现出全面繁荣的局面。山水画、花鸟画已发展成熟，宗教画达到了巅峰，并出现了世俗化倾向。人物画以表现贵族生活为主，并出现了具有时代特征的人物造型。五代两宋又进一步成熟并且更加繁荣。人物画已转入描绘世俗生活，宗教画渐趋衰退，山水画、花鸟画跃居画坛主流。而文人画的出现及其在后世的发展，极大地丰富了中国画的创作观念和表现方法。元、明、清三代水墨山水和写意花鸟得到突出发展，文人画和风俗画成为中国画的主流。随着社会经济的逐渐稳定，文化艺术领域空前繁荣，涌现出很多热爱生活、崇尚艺术的伟大画家，历代画家们创作出了名垂千古的传世名画。

明代绘画流派纷呈，各领风骚。明初君主通过一系列政治经济改革，为国家的统一、社会的安定和生产力的恢复发展提供了保证。至明嘉靖、万历年间，经济文化趋于繁荣昌盛，生产力水平已经达到封建社会的高峰。传统的科学技术成果逐步得以总结，并蕴含着走向近代的因素；思想文化领域灿烂繁盛，并产生新的变化。

明代画坛沿着元代继续演变发展。文人画和风俗画汇成洪流，并形成诸多流派；山水、花鸟题材流行，人物画衰微；水墨技法不断创新，进一步丰富了笔墨表现能力；创作宗旨更强调抒写主观情趣，追求笔情墨韵。明代绘画前期，有继承元代水墨画法的文人画；宫廷"院体"绘画；由戴进、吴伟创立的"浙派"绘画。代表画家有刘俊、倪端、商喜、谢环、李在、边景昭、吕纪、林良、戴进、吴伟、张路。明代绘画中期，苏州崛起"吴门四家"，沈周、文徵明形成声势煊赫的"吴门画派"弘扬文人画传统，唐寅、仇英兼取"院体"、文人画之长，形成新的面貌。代表画家有周臣、沈周、文徵明、唐寅、仇英、文嘉。明代绘画后期，山水画成为主流，文人写意花鸟画也迅猛发展，画坛尊吴门画派为首。代表画家有张宏、徐渭、陈淳、篮瑛、项圣谟、吴彬、丁云鹏、陈洪绶、崔子忠、曾鲸。

自唐宋以来，画家对国画的创新一直延续至今，在传承的基础上创新不同的风格。到明代，群星闪烁的"吴门画派"不仅代表着明代绘画的最高水平，而且还在师古与创新的探索中，为后世开一代新河。到了吴派后期，以张宏为代表的苏州画家在文人山水画方面另辟蹊径，创作出了富有生活气息的绘画作品。他们在继承吴门画派风格和特色的基础上，加以创新，并到大山里去写生，师自然造化，创作出了富有生活气息的绘画作品，在画中体现出超凡脱俗的精神境界。画面清新典雅，意境空灵清旷。张宏的绘画，与文人画中被反复描绘的幽山野水不同，相比隐逸山水的冷寂清疏，远离尘世，多了一份平实质朴的入世精神。不论从题材、立意，还是在技法表现上，都显得真切、自然、美好、感人，富于生活的情趣，引观者共鸣。笔墨得于沈周而有自己的个性，"苍劲雅秀，萧疏淡远。有古人而又无古人。"凡是历史上成功的画家，都是既遵循前人的足迹，又加以改革创新，成立自己的风格，方能开启后世之追寻。他曾登高画鸟瞰俯视图，这在当时是十分罕见的。张宏具有前人的深厚笔墨功力和融合而成的自身风格，承上启下地带动了晚明绘画的发展，使晚明绘画向一个更进步更广阔的方向前进。他当之无愧地成为明末画坛的领军人物。他不拘绳墨，求实创新的精神，影响着一代又一代的画家，为后世绘画开启了一个崭新的时代，引吴门学者追随之，尊崇之。他把写生当作作画的基本形式，并加以创作，以山水为主，他带着画笔走进了大自然中，去自然中汲取艺术养分。这就是明画录所记载的"张宏，重写生，师法自然。”这句话在今天听起来很平常，但是在明朝那个封建时代，写生可被看作是另类了，甚至还会遭到一些守旧画家的反对。在这个时候张宏以其丰富的生活经历和敏锐的才思，深深地感觉到了传统书画技法的陈旧与落后，于是就不顾同门和家人的反对，毅然决然地扛起了绘画创新的大旗，并为之奋斗了一生。

二、中国传统绘画的特点

（1）以形写神、形神兼备，是中国画创作的一个重要原则。

（2）中国画以线、墨为主，讲究笔法，追求“笔精墨妙”的艺术效果，讲究骨法用笔。

（3）中国画在色彩上以墨为主，强调“墨分五色”、“尚纯而戒驳”。

（4）中国画的构图讲究气势，不受透视规律束缚。

（5）诗书画印有机结合，是中国画区别于其他画种的一个特征。

三、中国画的基本特征

中国画由中华民族创造的独特绘画品种，是世界东方艺术的主流。

（1）首重立意，胸有成竹——中国画的构思。

（2）以线造型，以形传神——中国画的造型规律。

（3）多点透视　计白当黑——中国画的构图法则。

（4）随类赋彩，色彩相和——中国画的色彩法则。

（5）情景相生，气韵生动——中国画的意境。

（6）诗书画印，相得益彰——中国画的独特形式。

四、中国画工具的特点

中国画工具材料是采用中国特制的毛笔、墨或颜料，在宣纸或绢帛上作画。

笔从笔毫的原料上来分，有兔毛、白羊毛、青羊毛、黄羊毛、羊须、马毛等。

墨是指中国画以墨代色，运用烘、染、泼、积等墨法，使墨色产生丰富而细微的色度变化，也就是常讲的“墨分五彩”（指墨色的焦、浓、重、淡、清五种不同的色度），使得以墨代色的中国画具有独特而丰富的艺术表现力。

五、工笔画、写意画和白描

1. 工笔画

工笔画是以精谨细腻的笔法描绘景物的中国画表现方式。工笔画一般先要画好稿本。一幅完整的稿本需要反复地修改才能定稿。然后复上有胶矾的宣纸或绢，先用狼毫小笔勾勒，然后随类敷色，层层渲染，从而取得形神兼备的艺术效果。

2. 写意画

写意画是用简练的笔法描绘景物。写意画多画在生宣上，纵笔挥洒，墨彩飞扬，较工笔画更能体现所描绘景物的神韵，也更能直接地抒发作者的感情。写意画是在长期的艺术实践中逐步形成的。其中文人参与绘画，对写意画的形成和发展起了积极的作用。相传唐代王维因其诗、画俱佳，故后人称他的画为“画中有诗，诗中有画”。他“一变勾研之法”，创造了“水墨渲淡，笔意清润”的破墨山水。董其昌尊他为“文人画”之祖。

3. 白描

白描是中国画的一种表现技法。主要应用于人物、花卉等。因以单线勾勒塑造景物，不用色彩渲染故称白描，也称“白画”。白描又称“双勾”，因为一个完整的物象轮廓需有上下或左右两根线条勾成。白描用笔顺势称“勾”，逆势称“勒”，统称“勾勒”。

六、中国画用纸

宣纸有生纸、熟纸、半熟纸之分。生宣纸按纸的厚薄分单宣、夹宣、三层夹宣等几种。皮纸性能与生宣纸相似，纸质结实且经得起反复皴、擦、揉、搓，但不宜留笔痕，上色易灰暗。熟宣纸是将生宣纸用适当比例配制的胶矾水刷制而成，不吸收水分，画工笔画时用这种纸。

绢是一种丝织制品。中国画用绢有生绢和熟绢两种。生绢性能像生宣纸，色和墨画上去容易渗化。熟绢上过胶矾水，像熟宣纸，使用起来比熟宣纸感觉细腻滋润。保存时要密封好，防止漏矾与虫蛀。

七、中国画门类

中国画主要分为人物、花鸟、山水三大类。表面上，中国画是以题材分为这几类，其实是用艺术表现一种观念和思想。所谓“划分三科”，即概括了宇宙和人生的三个方面：人物画所表现的是人类社会，人与人的关系；山水画所表现的是人与自然的关系，将人与自然融为一体；花鸟画则是表现大自然的各种生命，与人和谐相处。中国画之所以分为人物、花鸟、山水这几大类，其实是由艺术升华的哲学思考，三者之合构成了宇宙的整体，相得益彰，是艺术之为艺术的真谛所在。

1. 人物画

(1) 人物画的最早出现，是为了“成教化、助人伦”。

(2) 唐代人物画，已具备独立的审美价值。

(3) 佛教造型样式的“四家样”：唐代吴道子的“吴家样”；唐代周昉的“周家样”；北齐曹仲达的“曹家样”；梁代张僧繇的“张家样”。

(4) 宋代人物画。题材：①弘扬民族精神、寄托振兴国家的希望；②以城镇生活为题材，反映世俗生活。代表画家：李唐、刘松年、萧照、张择端、苏汉臣、李嵩。

(5) 元代人物画。题材：①肖像画；②借古喻今。代表画家：王绎、何澄。

(6) 明代人物画。①“南陈北崔”——陈洪绶、崔子忠；②“浙派”——戴进、吴伟、唐寅、仇英；③肖像画名家：曾鲸。

2. 花鸟画

(1) 唐代：①韩干画马《照夜白》、《牧马图》；②韩滉画牛《五牛图》。

（2）北宋：宋代花鸟画追求“理”的准确，造型严谨、准确，赋色真实。①“黄体”——黄荃、黄居宷《写生珍禽图》；②宋徽宗赵佶《柳鸦芦雁图》、《芙蓉锦鸡图》。

（3）元代：水墨花鸟形式较多，工笔设色减少。梅、兰、竹、菊题材勃兴。

（4）明代：①工笔重彩——边文进、吕纪；②水墨渲染——陈淳、徐渭。

（5）清代：①恽南田——注重写生；②王武——浓厚的文人审美情趣；③蒋廷锡——清淡温和；④沈铨——工兼写；⑤“海派”——赵之谦、任伯年、虚谷、吴昌硕。

3. 山水画

（1）山水画最早起源于南北朝时期。

（2）唐、五代时期是山水画的技法实践和理论探讨时期。

（3）宋代山水画空前繁荣，出现很多代表性的画家。①北宋山水画：构图多为“全景”式，题材多表现西北的高山峻岭。代表画家：荆浩、关同、范宽、李成、郭熙等；②南宋山水画：构图多为“一角半边”式，题材多为江南的秀美山水。代表画家：李唐、马远、夏圭、刘松年。

（4）明代山水画。浙派：师承马远、夏圭的民间画派。代表画家：戴进、吴伟、张路等。

（5）清代山水画。①四僧：石涛、朱耷、弘仁、髡残；②四王：王原祁、王时敏、王鉴、王翚。

4. 院画与文人画

（1）院画指宫廷画院画家的作品。画院属于朝廷的供奉机关，因而其作品形式、技法创作、立意构思都需严格符合皇帝的审美趣味。

（2）文人画指有别于职业画家的文人士大夫的绘画作品。文人画的发展：士人画→戾家画→南宗。文人画的特点：“诗、书、画、印”结为一体；“画中有诗”，追求空灵、超脱境界；直抒胸中意气，发泄内心不满，着重于笔墨游戏，多豪放简略；其绘画形式也叫“水墨画”。

八、流派

1. 黄派

黄派又称“黄筌画派”、“黄家富贵”。在中国花鸟画史上占有重要地位。它是五代花鸟画两大流派之一，成熟于五代西蜀的黄筌，光大于宋初的黄居宷。黄筌才高技巧，善于取熔前人轻勾浓色的技法，独标高格，是深得统治阶层喜爱的御用画家。其子居宷、居宝承其家风，成为两宋时占统治地位的花鸟派别。黄派代表了晚唐、五代、宋初时西蜀和中原的画风，成为院体花鸟画的典型风格。

2. 徐派

徐派又称“徐家野逸”。中国著名的画派之一，也是五代花鸟画两大流派之一。代表画家为南唐的徐熙。他的作品注重墨骨勾勒，淡施色彩，流露潇洒的风格，故后人以徐熙野逸称之。徐氏的笔墨技巧，对于后世影响很大，至徐熙之孙徐崇嗣出，徐熙画派名声渐振。后经张仲、王若水，到明代沈周、陈道复、文徵明、徐渭等人加以发展，成定型的水墨写意花鸟画，从而与黄筌的花鸟画派，两者互相竞争，影响了宋、元、明、清千余年的花鸟画坛。

3. 吴门画派

中国明代中期的绘画派别，亦称“吴派”。因苏州为古吴都城，有吴门之谓，而其主要代表人物如沈周、文徵明、唐寅、仇英、张宏等，均属吴郡（今苏州）人，故名。在吴门派崛起之前的明代初期，江南苏州、无锡地区已经有一批画家，如杜琼、刘珏、陈汝言、徐贲、陈暹等人，他们大多擅长诗文，有较高的文学修养。绘画上主要继承元代黄公望、王蒙传统，创作以笔情墨趣为主。他们的艺术给吴门派的开宗人沈周以直接或间接影响，故可称为这一画派的前驱。由于当时受皇室赏识的宫廷院体绘画以及别具一格的浙派称雄画坛，杜琼等人的作品没有得到社会的广泛注意。他们的主要活动为文学创作，故未自成派系。吴门画派始于沈周，成于文徵明，加上唐寅和仇英，是“吴门四家”或称“明四家”。明代中期以后，“吴派”逐渐取代宫廷绘画和“浙派”的地位。在社会上，尤其是在文人士大夫当中受到重视。吴派中后期的社会经济空前繁荣，赏画成为人们生活的一部分。画家的地位进一步提高，带有浓厚生活气息的作品出现在画坛，形成新的面貌。代表人物有文嘉、张宏、周之冕、仇珠、陈淳等。风格迥异，精彩纷呈，为吴门画派注入了新的活力。

4. 北方山水画派

中国画流派之一，亦称“北宗山水画派”。中国山水画至北宋初，始分北方派系和江南派系。郭若虚《图画见闻志》说：“唯营丘李成，长安关仝、华原范宽，智妙入神，才高出类，三家鼎峙，百代标程。”又说：“夫气象萧疏，烟林清旷，毫锋颖脱，墨法精微者，营丘之制也；石体坚凝，杂木丰茂，台阁古雅，人物幽娴者，关氏之风也”，李、关、范的画风，风靡齐、鲁，影响关、陕，实为北方山水画派之宗师。

5. 南方山水画派

南方山水画派亦称“江南山水画派”或“南宗山水画派”。中国画流派之一，北宋沈括《梦溪笔谈》说：“董源工秋岚远景，多写江南真山，不为奇峭之气；建业僧巨然祖述董法，皆臻妙理。”米芾《画史》也说：“董源平淡天真多，唐无此品。”此派以董源和巨然为一代宗师，世称“董巨”。惠崇和赵令穰的小景，为此派支流。米芾父子的“米派云山”，画京口一带景色，显出此派新貌。南宋末法常（牧溪）和若芬（玉涧）等，属南画体系，至元代而大盛。

6. 湖州竹派

中国画流派之一。此派以竹为表现对象，以宋文同、苏轼为代表，尤以文同画竹最著称。明莲儒曾作《湖州竹派》，述自北宋至明代的画家共有 25 人之多。因文同曾于湖州（今浙江吴兴）任太守，故称。元代张退之认为墨竹始于唐玄宗李隆基，吴道子、王维、李昂、萧悦等也善画竹。白居易曾作《画竹歌》赞萧。而至文同竹艺大进，文氏毕生画竹。

7. 常州画派

常州画派亦称“毗陵画派”、“武进画派”。中国画流派之一。常州（今属江苏）古名毗陵、武进，故又称“毗陵画派”、“武进画派”。此派以花卉、草虫写生为胜。所绘花卉，不用墨线勾勒，直接用彩色描绘。祖述于北宋初年徐崇嗣、赵昌的没骨法。常州画派自宋以来画家云集。始于北宋毗陵僧人居宁，居宁草虫似属禅林墨戏一路。南宋元初于青言、于务道祖孙以画荷著称。明代孙龙擅画泼彩写意花鸟。清代唐于光以“唐荷花”和恽寿平的“恽牡丹”为著名。到了清初常州花卉已达到高峰。

8. 米派

米派是中国画流派之一。指宋代米芾、米友仁父子所绘之画。画史上称“大米、小米”，或名“二米”。米芾画山水从董源变来，突破勾廓加皴的传统技法，多用水墨点染，不求工细，自谓“信笔作之，多以烟云掩映树石，意似便已”。其子米友仁(1074—1153 年)，字元晖，晚年号懒拙老人，画院学士，山水画发展了米芾技法用水墨横点写烟峦云树，崇尚平淡天真，运笔潦草，自称“墨戏”。二米”均居襄阳和镇江，对萧、湘二水及金、焦二山自然景色特别陶醉。“二米”的山水画多以云山、雨霁、烟雾为题材，纯以水墨烘托，用卧笔横点成块面的“落茄法”表现烟雨云雾、迷茫奇幻的妙趣，世称“米点山水”、“米氏云山”，属水墨大写意。南宋牧溪、元代高克恭、方从义等皆师之，对后世影响甚大。又说此派为米芾所创，由他的儿子米友仁继承发展。

9. 松江派

松江派亦称“松江画派”。中国画流派之一。晚明松江府治（今属上海市）下三个山水画派的总称。一是以赵左为首的，称“苏松画派”；二是以沈士充为首的，称“云间画派”；三是顾正谊及其子侄辈代表，称“华亭画派”。

10. 浙派

浙派亦称“浙江画派”。中国画流派之一。明代前期主要画家戴进开创。戴进(1388—1462 年)，字文进，号静庵，又号玉泉山人，钱塘（今浙江杭州）人。作画受李唐、马远影响很大，取法南宋画院体格。擅山水、人物、花果、翎毛，画艺很高，风行一时，从学者甚多，逐渐形成“浙派”。吴伟（1459—1508 年），学戴进而更为豪放，也有不少人追踪他的画风，又形成浙江派的支流——“江夏派”。浙派、江夏派的著名画家有张路、蒋三松、谢树臣、蓝瑛等。明代中叶后，吴派兴起，主宰画坛。至明末“浙派”不再出现于画坛。

11. 黄山派

黄山派亦称“黄山画派”。中国画流派之一。以清初宣城（今属安徽）梅氏一家为嫡系。他们是梅清、梅羽中、梅庚、梅府等，及流寓宣城的石涛。石涛法名原济，早年喜山水，屡登庐山、黄山诸名胜，在宣城十载，与梅氏、戴本孝等交往。这些既师造化又师古人的画家，相互影响，以画黄山而著名，故称作“黄山派”。

12. 虞山派

虞山派亦称“虞山画派”。中国画流派之一。清代山水画家王翚，先后师王鉴、王时敏，悉心临摹历代名作，并取法宋元诸名家，平素与知友恽寿平切磋画艺。圣祖玄烨（康熙皇帝）曾命他主持绘制《南巡图》巨构，并赐书“山水清晖”四字，声誉益著，故画名盛于康熙间。他的主要学生有杨晋、顾昉、金学坚等。王翚为江苏常熟人，常熟有虞山，因有“虞山画派”之称。其崇古风尚，对清代山水画影响颇大。

13. 岭南派

岭南派亦称“岭南画派”。中国画流派之一。

14. 江西派

江西画派亦称“江西画派”。中国画流派之一。以清初画家罗牧为代表的画派。罗牧是江西宁都人，寄居江西南昌。善画山水，笔意空灵，在黄公望、董其昌之间，得魏石床传授，林壑森秀，墨气凉然，颇具韵味，时称妙品。江淮间人师之者众，为江西派创始人。秦祖永评其画云：“稳当有余而灵秀不足”。作品有《墨笔山水图》、《林壑萧疏图》等。

第四章 中华文化杂谈（三）

第一节 中医常识

中医（Traditional Chinese）指中国传统医学，是研究人体生理、病理以及疾病的诊断和防治等的一门学科。它承载着中国古代人民同疾病做斗争的经验和理论知识。它是在古代朴素的唯物论和自发的辩证法思想指导下，通过长期医疗实践逐步形成并发展成的医学理论体系。在研究方法上，以整体观相似观为主导思想，以脏腑经络的生理、病理为基础，以辨证论治为诊疗依据，具有朴素的系统论、控制论、分形论和信息论的内容。

中医一般是指以中国汉族劳动人民创造的传统医学为主的医学，所以也称汉医。中国其他传统医学，如藏医、蒙医等则也被称为民族医学。日本的汉方医学，韩国的韩医学，朝鲜的高丽医学、越南的东医学都是以中医为基础发展起来的。

中医学以阴阳五行作为理论基础。将人体看成是气、形、神的统一体，通过望、闻、问、切，四诊合参的方法，探求病因、病性、病位，分析病机及人体内的五脏六腑、经络关节、气血津液的变化、判断邪正消长，进而得出病名，归纳出证型。并且以辨证论治的原则，制定“汗、吐、下、和、温、清、补、消”等治法，使用中药、针灸、推拿、按摩、拔罐、气功、食疗等多种治疗手段，使人体达到阴阳调和而康复。中医治疗的积极面在于，希望可以协助恢复人体的阴阳平衡；而消极面则是当必须使用药物来减缓疾病的恶化时，还能兼顾生命与生活的品质。

一、古典基础理论

中医理论来源于对医疗经验的总结及中国古代的阴阳五行思想。其内容包括精气学说、阴阳五行学说、气血津液、藏象、经络、体质、病因、发病、病机、治则、养生等。早在两千多年前，中医专著《黄帝内经》问世，奠定了中医学的基础。时至今日，中国传统医学相关的理论、诊断法、治疗方法等，均可在此书中找到根源。

中医具有完整的理论体系，其独特之处，在于“天人合一”、“天人相应”的整体观及辨证论治。主要特点有：认为人是自然界的一个组成部分，由阴阳两大类物质构成。阴阳二气相互对立而又相互依存，并时刻都在运动与变化之中。在正常的生理状态下，两者处于一种动态的平衡之中，一旦这种动态平衡受到破坏，即呈现为病理状态。而在治疗疾病、纠正阴阳失衡时，并非采取孤立静止地看问题方法，多从动态的角度出发，即强调“恒动观”。认为人与自然界是一个统一的整体，即“天人合一”、“天人相应”。人的生命活动规律以及疾病的发生等都与自然界的各种变化（如季节气候、地区方域、昼夜晨昏等）息息相关，人们所处的自然环境不同，人对自然环境的适应程度不同，其体质特征和发病规律亦有所区别。因此，在诊断、治疗同一种疾病时，多注重因时、因地、因人制宜，并非千篇一律。认为人体各个组织、器官共处于一个统一体中，不论在生理上还是在病理上都是互相联系、互相影响的。因而，从不孤立地看待某一生理或病理现象，头痛医头，脚痛医脚，而多从整体的角度来对待疾病的治疗与预防，特别强调“整体观”。

1. 精气学说

气是构成天地万物的原始物质。气的运动称为“气机”，有“升降出入”四种形式。由运动而产生的各种变化，称为“气化”，如动物的“生长壮老已”，植物的“生长化收藏”。气是天地万物之间的中介，使之得以交感相应。如：“人与天地相参，与日月相应”。天地之精气化生为人。

2. 阴阳学说

阴阳是宇宙中相互关联的事物或现象对立双方属性的概括。最初是指日光的向背，向日光为阳，背日光为阴。阴阳的交互作用包括阴阳交感、对立制约、互根互用、消长平衡、相互转化。

3. 五行学说

五行学说是中国古代哲学的重要成就，五行即木、火、土、金、水。但是这并不代表五种物质，而是五种属性。

五行于中医则体现了具备这五种属性的人体五大系统的相互关系。“木火土金水”这五个符号，分别代表“肝心脾肺肾”所统领的五大系统。中医不是研究微观的病毒细菌如何作用于人体的理论而是研究人体整体的各个系统之间的关系，并且通过中药、按摩、针灸，甚至心理作用去调节各个系统之间的平衡，以此保持身体健康。五行的交互作用包括相生、相克、制化、胜复、相侮、相乘、母子相及。

4. 藏象学说

藏：指人体内的五脏六腑、奇恒之府，通称为脏腑。象：一指“形象”，即脏腑的解剖形态；二指“征象”，即脏腑表现于外的生理病理；三指“应像”，即脏腑相应于四时阴阳之象。透过外在“象”的变化，以测知内在“藏”的生理病理状态，称为“从象测藏”。即“视其外应，以知其内脏”。“脏腑”不单是解剖形态的概念，而是包括解剖、生理、病理在内的综合概念。五脏：指肝、心、脾、肺、肾，一般笼统功能为“化生和储藏精气”。六腑：指胆、胃、大肠、小肠、膀胱、三焦，一般笼统功能为“腐熟水穀、分清泌浊、传化糟粕”。奇恒之府：指“脑、髓、骨、脉、胆、女子胞”。

气、血、津液是构成和维持人体生命活动的基本物质。气的生成源自先天与后天。禀受于父母的精气，称为“先天之气”。肺吸入自然的清气，与脾胃运化水穀产生的水穀之气，合称为“后天之气”。气有推动、温煦、防御、固摄、气化、营养等作用。人体的气可分为元气、宗气、营气、卫气、脏腑之气、经络之气。气的“升降出入”运动失常，称为“气机不调”。其表现形式有气滞、气郁、气逆、气陷、气脱、气闭等。

5. 经络学说

经络是人体运行气血、联络脏腑形体官窍、沟通上下内外的通道。经络系统包括十二经脉、十二经别、奇经八脉、十五别络、浮络、孙络、十二经筋、十二皮部等。经络在中医学的重要性正如《扁鹊心书》所说：“学医不知经络，开口动手便错。盖经络不明，无以识病证之根源，究阴阳之传变。”

6. 病因学说

《黄帝内经》将病因分为阴阳两类：“生于阳者，得之风雨寒暑”，“生于阴者，得之饮食、居处、阴阳、喜怒”。

汉代张仲景在《金匮要略》中，把病因分为三类：“经络受邪入脏腑，为内所因”，“四肢九窍，血脉相传，壅塞不通，为外皮肤所中”，“房室、金刃、虫兽所伤”。

宋代陈无择提出“三因学说”：外所因、内所因、不内外因。

近代则将病因分为五类：外感病因包括六淫（风寒暑湿燥火）和疠气；内伤病因包括七情（喜怒忧思悲恐惊）、饮食失宜、劳逸失度；继发病因包括痰饮、瘀血、结石；其他病因包括外伤、寄生虫、胎传、诸毒、医过；发病邪气与正气交战，决定发病及疾病的发展变化。又称为“正邪纷争”。

“邪气”泛指各种致病因素，“正气”指人体的自我修复调节能力、适应环境能力、抗病能力等。“正气不足”是发病的内在依据，即“邪之所凑，其气必虚”、“正气存内，邪不可干”。体质、情志、地域、气候等，与发病有密切的关系。

病机是疾病发生、发展与传变的机理，又称“病理”。

基本病机包括邪正盛衰、阴阳失调、气血失常、津液代谢失常。

内生五邪包括风气内动、寒从中生、湿浊内生、津伤化燥、火热内生。

病位传变包括表里出入、六经传变、三焦传变、卫气营血传变、脏腑传变等。

病性转化包括寒热转化、虚实转化等。

7. 元气学说

中医认为，元气为先天之精所化生，是人体最基本最重要的气，由先天之肾所藏，后天脾胃来濡养，借三焦和经络流行分布并弥散全身。

二、中医基础理论

中医学理论体系是经过长期的临床实践，在唯物论和辩证法思想指导下逐步形成的。它来源于实践，反过来又指导实践。通过对现象的分析，以探求其内在机理。因此，中医学这一独特的理论体系有两个基本特点，一是整体观念，二是辨证论治。

中医的基础理论是对人体生命活动和疾病变化规律的理论概括，它主要包括阴阳、五行、气血津液、脏象、经络、运气等学说，以及病因、病机、诊法、辨证、治则治法、预防、养生等内容。

1. 阴阳学说是中国古代哲学范畴

邓氏的现代阴阳是“对立统一”或“矛盾关系”的一种划分或细分，两者是种属关系。对立统一规律是“阴阳”的上位属概念，阴阳则是对立统一的两个下位种概念。

阴阳是互不相容又紧密联系的两个对立面的一对性态或属性。阴阳的内涵互相否定，一个概念“阴”肯定对象的阴的属性，另一个概念“阳”则以否定阴概念所肯定的属性，作为阳对象的属性；阴阳的外延互相排斥，又相互互补，其总和等于它们最邻近的属概念的外延，即两个种概念外延的和或并。阴阳是对立统一或矛盾关系中两个不同性态，属性的一对哲学或逻辑范畴的概括，就是两事物或一事物即相互依赖，相互联系，又相互对立，相互排斥，相互否定，相辅相成的一对并列的种概念。

人们通过对矛盾现象的观察，逐步把矛盾概念上升为阴阳范畴，并用阴阳二气的消长来解释事物的运动变化。阴阳学说认为世界是物质的，物质由阴阳二部分组成，凡是剧烈运动的、外向的、上升的、温热的、明亮的都属于阳。相对静止的、内守的、下降的、寒冷的、晦暗的都属阴。因而，阴阳存在两个对立面，在阴阳消长和对立统一作用下，相互滋生、相互制约、相互变化中构成世界万物。中医运用阴阳对立统一的观念来阐述人体上下、内外各部分之间，以及人体生命同自然、社会这些外界环节之间的复杂联系。阴阳对立统一的相对平衡，是维持和保证人体正常活动的基础；阴阳对立统一关系的失调和破坏，则会导致人体疾病的发生，影响生命的正常活动。

2. 五行学说

五行学说即是用木、火、土、金、水五个哲学范畴来概括客观世界中的不同事物属性，并用五行相生相克的动态模式来说明事物间的相互联系和转化规律。五行学说中以五脏配五行，即肝与木、心与火、脾与土、金与肺、水与肾。五脏与五行相生相克应保持相对平衡和稳定，和谐相处。如果五脏与五行发生失调，出现太过、不及或反侮，也会导致疾病的发生，这对于推断疾病的好转和恶变，治疗方法，提供了充足依据。中医主要运用五行学说阐述五脏六腑间的功能联系以及脏腑失衡时疾病发生的机理，也用以指导脏腑疾病的治疗。

3. 气血津液

气血津液是构成人体的基本物质，是腑脏、经络等组织器官进行生理活动的物质基础。

气是构成人体和维护人体生命活动的最基本物质，在生理上具有推动、温煦、防御、固摄、气化等功能。气聚合在一起便形成了有机体，气散则形体灭亡。庄子说：“通天下一气耳”，全天下就是一个气。有了这个气就运动，就生生不息，就变化不止，没有这口气，一切都将不存在。

血是构成人体和维持人体生命活动的基本物质，具有很高的营养和滋润作用。血必须在脉中运行，才能发挥它的生理作用。血在脉中循环运行，内至腑脏，外达皮肉筋骨，不断对全身各腑脏组织器官起着充分的营养和滋润作用，维持人体正常的生理活动。

津液是指各腑脏组织器官的内在体液及正常分泌物，是机体一切正常水液的总称。津和液的性状功能及分布部位各有不同，津是指性质较清稀，流动性较大，分布于体表皮肤肌肉，并能渗注于血脉，起着滋润的作用的水液。液是指性质较稠厚，流动性较小，流注于骨节、腑脏、脑髓等组织，起着濡养作用的水液。

气血津液都是机体腑脏、经络等组织器官进行生理活动所需要的能量，而气血津液又依赖于腑脏、经络等组织器官正常的生理活动。如果气血津液代谢不正常或腑脏、经络等组织器官不能进行正常的生理活动，就会引起疾病的发生。

4. 脏腑学说

脏腑学说主要是研究五脏（心、肝、脾、肺、肾）、六腑（小肠、大肠、胃、膀胱、胆、三焦）和奇恒之腑（脑、髓、骨、脉、胆、女子胞）的生理功能和病理变化。

5. 经络学说

经络学说是研究人体经络的生理功能、病理变化与脏腑相互关系密切的学说。经络被定义为人体内运行气血的通道，起沟通内外，网络全身的作用。在病理情况下，经络系统功能发生变化，会呈现相应的症状和体征，通过这些表现，可以诊断体内脏腑疾病。

6. 运气学说

运气学说又称五运六气，是研究、探索自然界天文、气象、气候变化对人体健康和疾病的影响的学说。五运包括木运、火运、土运、金运和水运，指自然界一年中春、夏、长夏、秋、冬的季候循环。六气则是一年四季中风、寒、暑、湿、燥、火六种气候因子。运气学说是根据天文历法参数用来推算、预测来年的天象、气候、疾病发生流行的规律，并提供预防、养生的方法。

三、治疗手段

1. 中药

按治疗作用分为：补虚药、解表药、清热药、温里药、理气药、消食药、收涩药、祛风湿药、芳香化湿药、利水渗湿药、化痰止咳平喘药、安神药、平肝息风药、活血祛淤药、止血药、泻下药、驱虫药、芳香开窍药。

2. 针灸

针灸按人体十四体表经脉循行常用穴位针灸，根据病情的不同和穴位的不同而选取不同的进针手法和深度及角度。十四经脉为：任脉、督脉、手太阴肺经、手少阴心经、手厥阴心包经、手阳明大肠经、手太阳小肠经、手少阳三焦经、足阳明胃经、足太阳膀胱经、足少阳胆经、足太阴脾经、足少阴肾经、足厥阴肝经。

3. 拔火罐

拔火罐疗法是用罐状器，借火热的作用，使罐中产生负压，吸附在皮肤的穴位上，造成局部充血、瘀血来治疗疾病的一种方法。

4. 四诊

（1）望诊。观察病人形体、面色、舌体、舌苔，根据形色变化确定病位、病性，称为望诊。形体观其形体，可知五脏盛衰，轩岐早有论述。《素问·脉要精微论》云："头者，精明之府，头倾视深，精神将夺矣！背者，胸中之府，背曲肩随，府将坏矣！腰者，肾之府，转摇不能，肾将惫矣！膝者，筋之府，屈伸不能，行则偻附，筋将惫矣！骨者，髓之府，不能久立，行则振掉，骨将惫矣！"脑为元神之府，肾精生化之髓充实其中，才能神光焕发，思维敏捷。苦头往前倾，目睛内陷，是髓海不足，元神将惫现象。背为胸廓，心肺居于胸中，背曲肩随，是心肺已虚象征。腰为肾脏所在部位，不能转摇，是肾脏功能衰惫的表现。

(2) 闻诊。闻诊包括听声音和嗅气味两方面：①从病人发生的各种声音，从其高低、缓急、强弱、清浊测知病性的方法。声音高亢：是正气未虚，属于热证、实证。语声重浊：乃外感风寒，肺气不宣，肺津不布，气郁津凝，湿阻肺系会厌，声带变厚，以致声音重浊。②嗅气味可分为病人身体的气味和病室内的气味。病人说话有口臭，多属消化不良、腐臭多属体内有溃疡。病室内有尸臭气味，多属腑脏败坏。有烂苹果气味，多属消渴病（糖尿病）危重患者。

(3) 问诊。问诊是询问病人及其家属，了解现有证象及其病史，为辨证提供依据的一种方法。明代医家张景岳认为问诊“乃诊治之要领，临证之首务”。综观四诊所获证象，大半均由问诊得来，即知此言不谬。问诊范围甚广，我们仅将《景岳全书》所列十问加以增损进行研讨，余未备述。一问寒热二问汗，三问疼痛四问便，五问呕眩六问悸，七苦八渴俱当辨，九问旧病十问因，病机全从证象验。妇人尤必问经期，先后闭崩宜问遍，再添片语告儿科，外感食积为常见。

(4) 切诊。切诊是指用手触按病人身体，借此了解病情的一种方法。切脉又称诊脉，是医者用手指按其腕后桡动脉搏动处，借以体察脉象变化，辨别脏腑功能盛衰，气血津精虚滞的一种方法。正常脉象是寸、关、尺三部都有脉在搏动，不浮不沉，不迟不数，从容和缓，柔和有力，流利均匀，节律一致，一息搏动四至五次，谓之平脉。切脉辨证，早在《内经》、《难经》就有记载，经历三千年来的不断总结，对于何证出现何脉已有详细论述。但对证象与脉象间的内在联系，却无明析的概念，不能令人一目了然，以致学者只知其然而不知其所以然。脉证间的内在联系，就是气血津液出现虚滞，五脏功能出现盛衰，才会出现不同脉证。只有弄清气血津液的生化输泄与五脏间的关系，才能将气血津液虚滞和五脏功能盛衰出现的证象与脉象联系起来，也才能明白切脉能够察其五脏病变的道理。不同脉象的形成，与心脏、脉络、气血津液有着密不可分的关系。脉象的不同变化反映了心力强弱、脉络弛张、气血津液虚滞三个方面的变化。由于气血津液都需五脏协同合作才能完成其生化输泄，所以气血津液的虚滞也就反映了五脏功能的盛衰。从而反映于脉，形成不同的脉象。心脏搏动的强弱，脉络的弛张，是引起脉象变化的根源。心脏搏动有力，脉象随其病因证象不同而呈洪大滑数等脉；无力则脉象常呈迟细微弱等脉。心脏搏动与脉象起伏，都是肝系膜络交替收缩与舒张的反映。如果血络松弛则呈孺、缓；紧张则呈弦紧；痉挛则呈结代等。只有将心脏、脉络和流动的气、血、津液连在一起分析，才能揭示脉象变化的本质。气血津液虚滞变化，可以反映不同的脉象。

四、四大经典

1.《黄帝内经》

《黄帝内经》简称《内经》，原书18卷。其中，9卷名《素问》，另外9卷无书名。汉晋时被称为《九卷》或《针经》，唐以后被称为《灵枢》。非一人一时之作，主要部分形成于战国至东汉时期。每部分各为81篇，共162篇。《素问》主要论述了自然界变化的规律、人与自然的关系等；《灵枢》的核心内容为脏腑经络学说。它是中国现存最早的研究人的生理学、病理学、诊断学、治疗原则和药物学的传统医学巨著。它总结了春秋至战国时期的医疗经验和学术理论，并吸收了秦汉以前有关天文学、历算学、生物学、地理学、人类学、心理学的知识，运用阴阳、五行、天人合一的理论，对人体的解剖、生理、病理以及疾病的诊断、治疗与预防，做了比较全面地阐述。在理论上建立了中医学上的“阴阳五行学说”、“脉象学说”、“藏象学说”、“经络学说”、“病因学说”、“病机学说”、“病症”、“诊法”、“论治”及“养生学”、“运气学”等学说。反映了中国古代天人合一思想，确立了中医学独特的理论体系，成为中国医药学发展的理论基础和源泉。

2.《难经》

《难经》是中医理论著作，原名《黄帝八十一难经》，3 卷。原题秦越人撰，“难”是“问难”之义，或作“疑难”解。“经”乃指《内经》，即问难《内经》。作者把自己认为难点和疑点提出，然后逐一解释阐发，部分问题做出了发挥性阐解。全书共分八十一难，对人体腑脏功能形态、诊法脉象、经脉针法等诸多问题逐一论述。但据考证，该书是一部托名之作，约成书于东汉以前（一说在秦汉之际）。该书以问难的形式，亦即假设问答，解释疑难的体例予以编纂，故名为《难经》。内容包括脉诊、经络、脏腑、阴阳、病因、病理、营卫、俞穴、针刺等基础理论，同时也列述了一些病证。该书以基础理论为主，结合部分临床医学，在基础理论中以脉诊、脏腑、经脉、俞穴为重点。其中，1～22 难论脉；23～29 难论经络；30～47 难论脏腑，48～61 难论病；62～68难论俞穴；69～81 难论针法。书中对命门和三焦的学术见解以及所论七冲门（消化道的 7 个冲要部位）和八会（脏、腑、筋、髓、血、骨、脉、气等精气会合处）等名目，丰富和发展了中医学的理论体系。该书还明确提出“伤寒有五”（包括中风、伤寒、湿温、热病、温病），并对五脏之积、泻痢等病多有阐发，为后世医家所重视。全书内容简扼，辨析精微，在中医学典籍中常与《内经》并提，被认为是最重要的古典医籍之一。有多种刊本和注释本。

3.《伤寒杂病论》

《伤寒杂病论》是东汉张仲景所著。张仲景（公元 150－219 年）名机，字仲景，南阳人。

4.《神农本草经》

《神农本草经》又名《神农本草》，简称《本草经》、《本经》，是中国现存最早的药学专著。

第二节　传统中药

中医药也叫汉族医药，它是中华民族的宝贵财富，为中华民族的繁衍昌盛做出了巨大贡献。传统医学的治疗理念正逐渐为世界所接受，传统医药受到国际社会越来越多的关注。世界范围内对中医药的需求日益增长，这为中医药的发展提供了广阔的空间。中药是指在汉族传统医术指导下应用的药物。中药按加工工艺分为中成药、中药材。中药主要起源于中国，除了植物药以外，动物药，如蛇胆、熊胆、五步蛇、鹿茸、鹿角等；介壳类，如珍珠、海蛤壳；矿物类，如龙骨、磁石等。这些都是用来治病的中药。少数中药源于外国，如西洋参。

一、发展历史

1. 古代发展

中国劳动人民几千年来在与疾病做斗争的过程中，通过实践，不断认识，逐渐积累了丰富的医药知识。由于太古时期文字未兴，这些知识只能依靠师承口授。后来有了文字，便逐渐记录下来，出现了医药书籍。这些书籍起到了总结前人经验并便于流传和推广的作用。中国医药学已有数千年的历史，是中国人民长期同疾病做斗争的极为丰富的经验总结，对于中华民族的繁荣昌盛有着巨大的贡献。由于药物中草类占大多数，所以记载药物的书籍便称为“本草”。据考证，秦汉之际，本草流行已较多。但可惜这些本草都已亡佚，无可查考。现知的最早本草著作称为《神农本草经》，著者不详，根据其中记载的地名，可能是东汉医家修订前人著作而成。

2. 神农本草经

《神农本草经》全书共三卷，收载药物包括动、植、矿三类，共 365 种。每药项下载有性味、功能与主治，另有序例简要地记述了用药的基本理论，如有毒无毒、四气五味、配伍法度、服药方法及丸、散、膏、酒等剂型。可以说是汉以前我国药物知识的总结，并为以后的药学发展奠定了基础。到了南北朝，梁代陶弘景（公元 452—536 年）将《神农本草经》整理补充，著成《本草经集注》一书。其中增加了汉魏以下名医所用药物 365 种，称为《名医别录》。

每药之下不但对原有的性味、功能与主治有所补充，并增加了产地、采集时间和加工方法等，大大丰富了《神农本草经》的内容。到了唐代，由于生产力的发展以及对外交流日益频繁，应形势需要，政府指派李绩等人主持增修陶氏所注本草经，称为“唐本草”。后又命苏敬等重加修正，增药 114 种，于显庆四年（公元 659 年）颁行，称为《新修本草》或外国药物陆续输入，药物品种日见增加。为了适《唐新本草》，此书由当时的政府修订和颁行，所以可算是我国也是世界上最早的一部药典。这部本草载药 844 种，并附有药物图谱，开创了我国本草著作图文对照的先例。不但对我国药物学的发展有很大影响，而且不久就流传国外，对世界医药的发展做出了重要贡献。

以上所述是我国古代药物知识的三次总结。以后每隔一定时期，由于药物知识不断丰富，便有新的总结出现。如宋代的《开宝本草》、《嘉祐补注本草》，都是总结性的。到了北宋后期，蜀医唐慎微编成了《经史证类备急本草》（简称证类本草）。他将《嘉祐补注本草》与《图经本草》合并，增药 500 多种，并收集了医家和民间的许多单方验方，补充了经史文献中得来的大量药物资料，使得此书内容更为充实，体例亦较完备。曾由政府派人修订三次，加上了“大观”“政和”“绍兴”的年号，作为官书刊行。明代的伟大医药学家李时珍（公元 1518—1593 年），在《证类本草》的基础上进行彻底地修订，“岁历三十稔，书考八百余家，稿凡三易”，编成了符合时代发展需要的本草巨著——《本草纲目》。于李时珍死后三年（1596年）在金陵（今南京）首次刊行。此书载药1 892种，附方11 000多个。

3. 近代发展

“中华民国”的建立，结束了两千多年的封建君主统治，但是中国仍未改变半封建半殖民地的社会性质。另外，国家连年战争，社会动荡，经济衰退，致使中国科技发展缓慢而不平衡，远远落后于欧美、日本等，失去了16世纪以前中国在世界科技上普遍领先地位。在西方科技文化大量涌入的情况下，出现了中西药并存的局面。与此相应，社会和医药界对传统的中国医药逐渐有了“中医”、“中药”之称，现代西方医药也因此逐渐称为“西医”、“西药”。由于国民党政府采取废止中医的政策，阻碍了中医药的发展，因而引发了中医药界的普遍抗争。在学术医药工作者奋发进取的情况下，尽管困难重重，本草学或中药学仍然有所发展。据不完全统计，现存民国时期的中药专著有260多种，大多体例新颖、类型多样、注重实用。由于它们的论述范围、体例、用语等与传统本草有所不同（或为了通俗的原因），一般都不以本草命名。其间综合性中药著作和讲义较多，内容多数偏于临床实用。前者以蒋玉柏《中国药物学集成》较有代表性。该书有总论、各论两大部分。总论概述了中药有关基本理论知识；各论按功效分类，分别记述了400余种药物的别名、气味、形状、功用、制法、有毒无毒、用量、禁忌、处方等。其体例和内容与前者基本相似，但更简明实用。如秦伯未《药物学讲》，分为发散、利尿、理气、理血、温热、寒凉药等12类加以介绍；张山雷《本草正义》，属于传统药论性质。该书结合个人用药体验论述了中药的药性、功用以及鉴别、炮制、煎煮法等，有较好的影响。

4. 未来发展

国内药品的现实消费市场是城市居民，农村是巨大的潜在市场，医药市场容量还将进一步扩大。中药包括中成药、中药材、中药饮片，其中成药是最重要的组成部分。据《2013－2017年中国中药行业深度调研与投资战略规划分析报告》数据统计，我国有80％以上的城市居民自行购买过中成药。巨大的需求为国内中药行业的进一步发展提供了巨大的空间。

各省市医药、中药、生物医药“十二五”规划显示，大部分省市预计中药产业增长率在20％～25％，部分省市预计在30％以上，少部分省市低于15％。在几大中药重点省市的规划预测中，中药行业的增长率均在20％以上。其中山东省年均增长率或达30％以上，四川、江西分别在25％、23％左右。预测“十二五”期间中药工业将保持年均12％以上速度的增长，到2015年总产值超过5 590亿元。但综合各省市的具体规划，预计我国中药行业整体增速高于中医药事业展“十二五”规划的预测，年增长率可达20％以上，到2015年中药行业工业总产值或将达到7 000亿元左右。

二、疗效考证

1. 药物疗效

很多中草药的疗效不但经受住了长期医疗实践的检验，而且也已被现代科学研究所证实。有些中草药的有效成分和分子结构等也已经全部或部分地研究清楚。例如，麻黄平喘的有效成分麻黄碱、常山治疟的有效成分常山碱、延胡索止痛的主要成分四氢掌叶防已碱（延胡索乙素）、黄连和黄柏止痢的主要成分小蘖碱（黄连素）、黄芩抗菌的主要成分黄芩素、大黄泻下的有效成分番泻苷等。为了保证药物的疗效，中国劳动人民在长期的实践中，对于药物的栽培、采收、加工、炮制、储藏保管等方面，也都积累了极为丰富的经验。大量事实证明，中国古代汉族劳动人民通过长期实践所积累起来的医药遗产是极为丰富、极为宝贵的。我们应当珍惜这个祖国医药学的伟大宝库，努力发掘，加以提高。

反观国外药物知识的发展，以埃及和印度为最早。公元前1500年左右埃及的“papytus”（纸草本）及其后印度的“Ajur veda”（寿命吠陀经）中均已有药物的记载。希腊、古罗马、阿拉伯在医药的发展中也有悠久的历史，如希腊医生Dioscorides的“De Materia Medica”（药物学），古罗马的Galen（公元131—200年）所著“Materia Medica”（药物学），阿拉伯医生Avicenna（公元980年）所著“Canon Mediclnae”（医药典）等都是专门的药物学著作，对古代医药学的发展都有较大的影响。

2. 食物疗法

记载食物疗法的《食疗本草》（唐・孟铣）、记载救荒植物的《救荒本草》（明・朱棣）、侧重药物鉴别的《本草衍义》（宋・寇宗黄）、侧重药物炮炙的《炮炙论》（南北朝刘宋・雷敩）以及便于学习诵读、翻检查阅或临症参考的中小型本草多种。清代道光年间，吴其浚的两部专论植物的著作：《植物名实图考》和《植物名实图专长编》问世。前者记载植物1 714种，后者描述了植物838种。对于每种植物的形色性味、用途和产地叙述颇详，并附有精确插图，尤其着重植物的药用价值与同名异物的考证。所以虽非药物专著，亦有重要的参考价值。此外，我国古代人民关于药物的知识还收载在许多医学和方剂学的著作中。例如，东汉张仲景所著的《伤寒论》和《金匮要略》、东晋葛洪的《肘后备急方》、唐代孙思邈的《备急千金要方》和《千金翼方》、宋代陈师文等所编的《太平惠民和济局方》、明代朱棣的《普济方》等，不胜枚举。这些书籍中收载的药物和方剂，很多至今还被广泛地应用着，具有很好的疗效。

药膳可分为食疗中药和食疗药膳两大类：

（1）食疗中药：食疗中药是指具有防治疾病或保健康复作用的饮食物，又称为“食用中药”、“食疗本草”或“食物中药”等。这类食疗中药包括谷物、水果、蔬菜、调料、禽兽、水产等类。

（2）食疗药膳：药膳是由具有治疗作用的药物、食物和调料配制而成的膳食。总体说来，药膳既可单独由食用中药加工制成，又可以中药材和食品为原料，按照一定的组方，加工、烹调而成。

三、配伍禁忌

配伍是指有目的地按病情需要和药性特点，有选择地将两味以上药物配合同用。疾病的发生和发展往往是错综复杂、瞬息万变的，常表现为虚实并见、寒热错杂、数病相兼，故单用一药是难以兼顾各方的。因此，在使用两味以上药物时，必须有所选择，这就提出了药物配伍关系问题。

前人把单味药的应用同药与药之间的配伍关系称为药物为“七情”。“七情”之中，除单行者外，其余六个方面都是讲配伍关系。现分述如下：

(1) 单行：即单味药就能发挥预期效果，不需其他药辅助的称为单行。如独参汤，只用一味人参治疗元气大脱证即效。

(2) 相须：即性能功效相类似的药物配合应用，可以增强其原有疗效。如石膏配知母可以增强清热泻火的功效。

(3) 相使：即在性能和功效方面有某种共性的药物配合使用，而以一种药物为主，另一种药物为辅，能提高主药物的疗效。

(4) 相畏或相杀：即一种药物的毒性反应或不良反应，能被另一种药物减轻或消除。如生半夏的毒性能被生姜减轻或消除，故说生半夏畏生姜。或称一种药物能减轻或消除另一种药物的毒性作用或不良反应。如生姜能减轻或消除生半夏的毒性作用或不良反应，故云生姜杀生半夏的毒。

(5) 相恶：即两种药物合用，一种药物与另一药物相作用而致原有功效降低，甚至丧失药效。

(6) 相反：即两种药物合用能产生毒性作用或不良反应。如“十八反”中的若干药物。

上述除单行外的六个方面，其变化关系可以概括为四项，即在配伍应用的情况下：①有些药物因产生协同作用而增进疗效，是临床用药时要充分利用的；②有些药物可能互相拮抗而抵消、削弱原有功效，用药时应加以注意；③有些药物则由于相互作用，而能减轻或消除原有的毒性作用或不良反应，在应用毒性药或烈性药时必须考虑选用；④一些药物因相互作用而产生或增强毒性作用，属于配伍禁忌，原则上应避免配用。

基于上述，可知从单味药到配伍应用，是通过很长的实践与认识过程逐渐积累丰富起来的。药物的配伍应用是中医用药的主要形式。药物按一定法度加以组合，并确定一定的分量比例，制成适当剂型，即为方剂。方剂是药物配伍的发展，也是药物配伍应用的较高形式。

服用中药的禁忌大致可分为五种。

1. 中药配伍禁忌

某些药物因配方后可产生相反、相恶关系，使彼此药效降低或引起毒副反应，因此禁忌同用。

2. 孕妇用药禁忌

孕妇用药禁忌主要为避免动胎、堕胎，因孕后妇女大多数对大寒、大热、峻泻滑利、破血祛瘀及毒性较大的药物耐受性差，因此对相关药物必须忌用。

3. 服药期间饮食禁忌

饮食禁忌俗称忌口，主要为避免服药时的干扰因素，以便提高药效，可分为某一种药物对应的忌口与不同病情条件下用药时的忌口两类。前者如人参忌萝卜、鳖甲忌苋菜、甘草忌鲢鱼、常山忌葱、茯苓忌醋等。后者为慢性病服药须忌生冷，热性病治疗期间忌辛辣、油腻，痈疡疮毒、皮肤疾患忌鱼虾、鹅肉及辛辣刺激之品。

4. 中药汤剂禁忌过夜服用

因为中药里含有淀粉、糖类、蛋白质、维生素、挥发油、氨基酸和各种酶、微量元素等多种成分，煎煮时这些成分大部分溶解在汤药汁里。一般服法是趁温热时先服一半，4～6小时后再服一半。如果过夜服用或存放过久，不但药效降低，而且会因空气、温度、时间和细菌污染等因素的影响，使药液中的酶分解减效，细菌繁殖滋生，淀粉、糖类营养等成分发酵水解，以致药液发馊变质，服用后对人体健康不利。

5. 中药不宜加糖服用

一些人在服中药时，常因汤剂苦口难以下咽而加糖。对此，有关专家指出，一些中药是不适宜加糖后再服用的，加糖后的药剂在降低了苦味的同时也降低了药效。

专家介绍，中药有寒、热、温、凉四气和辛、甘、酸、苦、咸五味。其中，辛能散，甘能缓，酸能收，苦能涩，咸能软，不同口感的中药具有不同的药效。有些中药加了糖就会改变苦味汤药的药性而影响疗效。

一些苦味药能刺激末梢神经，反射性地分泌唾液、胃液等消化液，以达到帮助消化、促进食欲的目的。如果在药里放了很多糖，完全掩盖了苦味，就会失去健胃之效。

另外，中药的化学成分一般都比较复杂，糖特别是红糖中含有较多的铁、钙等元素，一旦与中药里的蛋白质和鞣质等成分结合后，就会引起化学反应，使药液中的一些有效成分凝固变性，也从一定程度上影响了药效。

俗话说："吃药不忌口，坏了大夫手"。忌口即指治病服药时的饮食禁忌。忌口是中医治病的一个特点，历来医家对此十分重视。其有关内容也广泛存在于《内经》《伤寒论》《金匮要略》等医籍中。实践证明，忌口是有一定道理的。因为，平时食用的鱼、肉、鸡、蛋、蔬菜、瓜果、酱、醋、茶、酒等普通食物，它们本身也都具有各自的性能，对疾病的发生、发展和药物的治疗作用，均产生一定影响。

四、煎煮方法

1. 清洗

中草药大多是生药，在出售之前一般都进行了加工泡制，煎煮之前一般没有必要淘洗。如果的确觉得草药有些脏，可在浸泡前迅速用水漂洗一下，切勿浸泡冲洗，以防易溶于水的有效成分大量丢失，从而影响中药疗效。

2. 器具

煎药器具以砂锅、瓦罐为好，忌用铜、铁器皿。

3. 浸泡

一般来说，凡人们在生活上可作饮用的水都可用来煎煮中药。中药饮片煎煮前浸泡既有利于有效成分的充分溶出，又可缩短煎煮时间。多数药物宜用冷水浸泡60分钟。水的用量一般为：第一遍煎煮时将中医饮片适当加压后，以液面淹没过饮片约2厘米为宜；第二遍用水量可少一些。头遍煎结束后，将药汁滤出，重新加水至高出药平面0.5～1厘米即可。

4. 煎煮

煎煮中药应注意火候与煎煮时间。火候指火力大小与火势急慢（大火、急火称武火，小火、慢火为文火）。中药煎煮一般要煎煮2～3次，最少应煎2次。一般未沸前用武火，沸后用文火。一般头煎的煮沸后再用小火煎20～30分钟，二煎煮沸后再用小火煎 10～20 分钟。

用于治疗感冒的解毒中药或清热中药煎煮时间可缩短 5～10 分钟，而用于治疗体虚的滋补中药煎煮时间宜增加 10～20 分钟。在煎煮过程中，尽量少开锅盖，以免药味挥发。

5. 剂量

中药煎煮后每次所取得的药液量：成人一般为 150 毫升，学龄期儿童为 100 毫升，婴幼儿为 50 毫升。

第三节　针灸文化

针刺疗法是在中医理论的指导下把针具（通常指毫针）按照一定的角度刺入患者体内，运用捻转与提插等针刺手法来对刺激人体特定部位，从而达到治疗疾病的目的。刺入点称为人体腧穴，简称穴位。根据最新针灸学教材统计，人体共有 361 个正经穴位。灸法是以预制的灸炷或灸草在体表一定的穴位上烧灼、熏熨，利用热的刺激来预防和治疗疾病。通常以艾草最为常用，故而称为艾灸。另有隔药灸、柳条灸、灯芯灸、桑枝灸等方法。现在人们生活中经常用到的多是艾条灸。针灸由“针”和“灸”构成，是东方医学的重要组成部分之一。其内容包括针灸理论、腧穴、针灸技术以及相关器具。在形成、应用和发展的过程中，具有鲜明的汉民族文化与地域特征，是基于汉民族文化和科学传统产生的宝贵遗产。针灸是一种中国特有的治疗疾病的手段。它是一种“内病外治”的医术。是通过经络、腧穴的传导作用，以及应用一定的操作法，来治疗全身疾病的。在临床上按中医的诊疗方法诊断出病因，找出关键，辨别性质，明确病变属于哪一经脉，哪一脏腑，辨明它是属于表里、寒热、虚实中那一类型，做出诊断。然后，进行相应的配穴处方进行治疗。以通经脉、调气血、使阴阳归于相对平衡、脏腑功能趋于调和，从而达到防疾病的目的。针灸疗法是祖国医学遗产的一部分，也是我国特有的一种民族医疗方法。千百年来，对保卫健康，繁衍民族，有过卓越的贡献。直到现在，仍然担当着这个任务，为广大群众所信赖。

一、针灸的起源与发展

针灸学起源中国，具有悠久的历史。传说针灸起源于三皇五帝时期，相传伏羲发明了针灸，他“尝百药而制九针”（东汉医学家皇甫谧记载于《帝王世纪》）。而据古代文献《山海经》和《内经》，有用“石镵”刺破痈肿的记载，以及《孟子》：“七年之病，求三年之艾”的说法。再根据如今在我国各地所挖出的历史文物来考证，“针灸疗法”的起源就在石器时代。当时人们发生某些病痛或不适的时候，不自觉地用手按摩、捶拍，以至用尖锐的石器按压疼痛不适的部位，而使原有的症状减轻或消失，最早的针具：砭石也之而生。随着古人智慧和社会生产力的不断发展，针具逐渐发展成青铜针、铁针、金针、银针，直到现在用的不锈钢针。相传，华夏文明的始祖伏羲是中医针灸的发明人。伏羲氏不仅画八卦，结绳为网，教民田猎，而且“尝百药而制九针”（东汉皇甫谧记载于《帝王世纪》）、“尝草制砭”（南宋罗泌记载于《路史》）。砭就是砭石，即华夏民族最早的针灸。灸法的起源与火的发现和使用有着密切的关系，当身体有某种不适时，用以去烘烤得以减轻，继而用各种树枝作为施灸工具，逐渐发展到艾灸。

针灸治疗方法是在漫长的历史过程中形成的，其学术思想也随着临床医学经验的积累渐渐完善。1973 年长沙马王堆三号墓出土的医学帛书中有《足臂十一脉灸经》和《阴阳十一脉灸经》，论述了十一条脉的循行分布、病候表现和灸法治疗等，已形成了完整的经络系统。《黄帝内经》是现存的中医文献中最早而且完整的中医经典著作，已经形成了完整的经络系统，即有十二经脉、十五络脉、十二经筋、十二经别以及与经脉系统相关的标本、根结、气街、四海等，并对腧穴、针灸方法、针刺适应证和禁忌证等也做了详细的论述。尤其是《灵枢经》所记载的针灸理论更为丰富而系统，所以《灵枢》是针灸学术的第一次总结。其主要内容至今仍是针灸滨核心内容，故《灵枢》称为《针经》。继《内经》之后，战国时代的神医扁鹊所著《难经》对针灸学说进行了补充和完善。

晋代医学家皇甫谧潜心钻研《内经》等著作，撰写成《针灸甲乙经》，书中全面论述了脏腑经络学说，发展并确定了 349 个穴位，并对其位置、主治、操作进行了论述。同时，介绍了针灸方法及常见病的治疗，是针灸学术的第二次总结。

唐宋时期，随着经济文化的繁荣昌盛，针灸学术也有很大的发展。唐代医学家孙思邈在其著作《备急千金要方》中绘制了彩色的“明堂三人图”，并提出阿是穴的取法及应用。到了宋代，著名针灸学家王惟一编撰了《铜人腧穴针灸图经》，考证了 354 个腧穴，并将全书刻于石碑上供学习者参抄拓印。他还铸造了 2 具铜人模型，外刻经络腧穴，内置脏腑，作为针灸教学的直观教具和考核针灸医生之用，促进了针灸学术的发展。

元代滑伯仁所著的《十四经发挥》，首次将十二经脉与任、督二脉合称为十四经脉，对后人研究经脉很有裨益。

明代是针灸学术发展的鼎盛时期。名医辈出，针灸理论的研究逐渐深化，也出现了大量的针灸专著，如《针灸大全》、《针灸聚英》、《针灸四书》。特别是杨继洲所著的《针灸大成》，汇集了明以前的针灸著作，总结了临床经验，内容丰富，是后世学习针灸的重要参考书，是针灸学术的第三次总结。

清初至民国时期，针灸医学由兴盛逐渐走向衰退。公元 1742 年吴谦等撰《医宗金鉴》，其《医宗金鉴・刺灸心法要诀》不仅继承了历代前贤针灸要旨，并且加以发扬光大，通篇歌图并茂。自乾隆十四年以后（公元 1749 年）定为清太医院医学生必修内容。清代后期，道光皇帝为首的封建统治者以“针刺火灸，究非奉君之所宜”的荒谬理由，悍然下令禁止太医院用针灸治病。1840 年鸦片战争后帝国主义入侵中国，当时的统治者极力歧视和消灭中医，针灸更加受到了摧残。尽管如此，由于针灸治病深得人心，故在民间仍广为流传。针灸名医李学川公元 1817 年写出《针灸逢源》，强调辨证取穴、针药并重，并完整地列出了 361 个经穴，其仍为今之针灸学教材所取用。民国时期政府曾下令废止中医，许多针灸医生为保存和发展针灸学术这一祖国医学文化的瑰宝，成立了针灸学社，编印针灸书刊，开展针灸函授教育等。近代著名针灸学家承淡安先生为振兴针灸学术做出了毕生贡献。在此时期，中国共产党领导下的革命根据地，明确提倡西医学习和应用针灸治病，在延安的白求恩国际和平医院开设针灸门诊，开创了针灸正式进入综合性医院的先河。

中华人民共和国成立以来，十分重视继承发扬祖国医学遗产，制定了中医政策，并采取了一系列措施发展中医事业，使针灸医学得到了前所未有的普及和提高。20 世纪 50 年代初期，率先成立了卫生部针灸疗法实验所，即当中国中医研究院针灸研究所的前身。随之，全国各地相继成立了针灸的研究、医疗、教学机构。从此以后《针灸学》列入了中医院校学生的必修课，绝大多数中医院校开设了针灸专业，针灸人才辈出。40 多年来在继承的基础上翻印、点校、注释了一大批古代针灸书籍，结合现代医家的临床经验和科研成就，出版了大量的针灸学术专著和论文，还成立了中国针灸学会。学术交流十分活跃，并在针刺镇痛的基础上创立了“针刺麻醉”。针灸的研究工作也不单纯整理文献，还对其治病的临床疗效进行了系统观察，并对经络理论、针刺镇痛的机制、穴位特异性、刺法灸法的高速功能等，结合现代生理学、解剖学、组织学、生化学、免疫学、分子生物学，以及声、光、电、磁等边缘学科中的新技术进行了实验研究。临床实践证实了针灸对内、外、妇、儿、骨伤、五官等科多种病症的治疗均有较好的效果。

针灸是一门古老而神奇的科学。早在公元 6 世纪，中国的针灸学术便开始传播到国外。在亚洲、西欧、东欧、拉美等已有 120 余个国家应用针灸术为本国人民治病。不少国家还先后成立了针灸学术团体、针灸教育机构和研究机构，著名的巴黎大学医学院就开设有针灸课。据报道，针灸治疗有效的病种达 307 种，其中效果显著的就有 100 多种。1980 年，联合国世界卫生组织提出了 43 种推荐针灸治疗的适应病症。1987 年，世界针灸联合会在北京正式成立，针灸作为世界通行医学的地位在世界医林中得以确立。

二、针灸的传承价值

由于针灸疗法具有独特的优势，有广泛的适应性，疗效迅速显著，操作方法简便易行，医疗费用经济，极少副作用。早在唐代，中国针灸就已传播到日本、朝鲜、印度、阿拉伯等国家和地区，并在他国开花结果，繁衍出一些具有异域特色的针灸医学。到如今为止，针灸已经传播到世界 140 多个国家和地区，为保障全人类的生命健康发挥了巨大的作用。

中国古代人民很早以前就采用针灸方法保健强身。在《黄帝内经》中称掌握针灸保健技术的医生为“上工”，《灵枢·逆顺》中云：“上工刺其未生者也”。

到了唐代，针灸保健已占有相当位置，如在《千金要方》中，就论述了许多针灸方面用以保健的材料。宋代王执中著的《针灸资生经》里，记载了用针灸预防多种疾病，如刺泻风门背不发痈疽等。明代医家亦倡导针灸保健，高武在《针灸聚英》里说：“无病而先针灸曰逆，逆，未至而迎之也。”逆，即防病之义。清代潘伟如在《卫生要求》一书中还阐发了针刺的保健作用，他说："人之脏腑经络血气肌肉，日有不慎，外邪干之则病。古之人以针灸为本……所以利关节和气血，使速去邪，邪去而正自复，正复而病自愈。"

所谓针刺保健，就是用毫针刺激人体一定的穴位，以激发经络之气，使人体新陈代谢旺盛起来，从而起到强壮身体、益寿延年的目的。此种养生方法，就是针刺保健。针刺保健与针刺治病的方法虽基本相同，但着眼点不同。针刺治病着眼于纠正机体阴阳、气血的偏盛偏衰，而针刺保健则着眼于强壮身体，增进机体代谢能力，旨在养生延寿。正因为两者的着眼点不同，反映在选穴、用针上也有一定的差异。若用于保健，针刺手法刺激强度宜适中，选穴不宜多，且要以具有强壮功效的穴位为主。

保健灸法是中国独特的养生方法之一。不仅可用于强身保健，也可用于久病体虚之人的康复。所谓保健灸法，就是在身体某些特定穴位上施灸，以达到和气血、调经络、养脏腑、延年益寿的目的。《医学入门》里说："药之不及，针之不到，必须灸之"，说明灸法可以起到针、药有时不能起到的作用。至于灸法的保健作用，早在《扁鹊心书》中就有明确的记载："人于无病时，常灸关元、气海、命门……虽未得长生，亦可得百余岁矣"。

三、针灸的作用及原理

1. 疏通经络

(1) 疏通经络是针灸治病最主要、最直接的作用。

(2) 疏通经络就是调理经气。

(3) 针灸具有良好的镇痛作用。

2. 扶正祛邪

(1) 扶正祛邪是针灸治病的根本法则和手段。

(2) 腧穴偏补偏泻的性能。

(3) 补泻和艾灸的扶正祛邪作用。

3. 平衡阴阳

针灸治疗的适应范围很广，举凡内、外、伤、妇、儿、五官、皮肤等各科的许多疾患，大部分都能应用针灸来治疗，世界卫生组织（WHO）也公开宣布针灸对一些疾病确实有帮助。以下列出世界卫生组织（WHO）公布的43种针灸有效的病症，包括以下的种类。

(1) 呼吸系统疾病：鼻窦炎；鼻炎；感冒；扁桃腺炎；急、慢性喉炎；气管炎；支气管哮喘。

(2) 眼科疾病：急性结膜炎；中心性视网膜炎；近视眼；白内障。

(3) 口腔科疾病：牙痛；拔牙后疼痛；牙龈炎。

(4) 胃肠系统疾病：食管、喷门失弛缓症；呃逆；胃下垂；急、慢性胃炎；胃酸增多症；慢性十二指肠溃疡（疼缓解）；单纯急性十二指肠溃疡炎；急、慢性结肠炎；急性（慢性）杆菌性痢疾；便秘；腹泻；肠麻痹。

(5) 神经、肌肉、骨骼疾病：头痛；偏头痛；三叉神经痛；面神经麻痹；中风后的轻度瘫痪；周围性神经疾患；小儿脊髓灰质炎后遗症；梅尼尔综合征；神经性膀胱功能失调；遗尿；肋间神经痛；颈臂综合征；肩凝症；网球肘；坐骨神经痛；腰痛；关节炎；小儿脑瘫。

四、针刺禁忌

(1) 部位禁忌：重要脏器部位不可针。大血管所过之处应禁刺。重要关节部位不宜针刺。

(2) 腧穴禁忌：孕妇禁针合谷、三阴交、缺盆以及腹部、腰骶部腧穴。小儿禁针囟会。女子禁针石门。

(3) 病情危重预后不良的禁针。《内经》提出五夺、五逆禁针，即是此意。

(4) 大怒、大惊、过劳、过饥、过渴、醉酒等禁针。

五、针灸意外事件的预防

(1) 过于疲劳、精神高度紧张、饥饿者不宜针刺；年老体弱者针刺应尽量采取卧位，取宜穴少，手宜法轻。

(2) 怀孕妇女针刺不宜过猛，四肢、腹部、腰骶部及能引起子宫收缩的穴位如合谷、三阴交、昆仑、至阴等禁止针灸。

(3) 小儿因不配合，一般不留针。婴幼儿囟门部及风府、哑门穴等禁针。

(4) 有出血性疾病的患者，或常有自发性出血，损伤后不易止血者，不宜针刺。

(5) 皮肤感染、溃疡、瘢痕和肿瘤部位不予针刺。

(6) 眼区、胸背、肾区、颈部，胃溃疡、肠粘连、肠梗阻患者的腹部，尿潴留患者的耻骨联合区针刺时应掌握深度和角度，防止误伤重要脏器。

第五章　中华文化杂谈（四）

第一节　天文历法

我国是世界上最早进入农耕社会的国家之一（最早种植粟、水稻的国家）。而农业生产要求有准确的农事季节，所以古人观测天象非常精勤。夏、商、周三代以上是尧舜治世，是我国古史中的黄金时代。但那时没有钟表和月历，要知道时间、季节、方位，都得仰看日月星辰。“日出而作，日落而息”，作息时间表画在天上。

一、天文

天文学是在对天象观测的基础上建立起来的。在古代，为了农业生产的需要，人们靠观察星星来辨别月令、节气，这样就促进了天文知识的发展。今天，为了读懂古书，需要大体了解古人关于天文星象的知识。

1. 三垣

三垣指紫微垣、太微垣、天市垣。以北极星为中心，集合周围各星合为一区，叫紫微垣。紫微垣以南是太微垣，太微垣以南是天市垣。

2. 七政

七政指日、月与金、木、水、火、土五星，又叫七曜。金、木、水、火、土是五个行星，合起来称为五纬。金星古称“明星”，又称“太白”，特别明亮。金星黎明时出现在东方，叫“启明”；黄昏时出现在西方，叫“长庚”。木星古称“岁星”。古人认为岁星十二年绕天一周，每年行经一个特定的星空区域，因此就以木星每年所在位置纪年，如“岁在鹑火”、“岁在星纪”。水星古称“辰星”。火星古称“荧惑”。土星古称“镇星”或“填星”。

3. 赤道、黄道

太阳在天空中的运行轨迹叫黄道，黄道的中心线是赤道。在天文图中，0°是赤道线，赤道南 24°到北 24°是黄道。黄道线在赤道上下摆动就分出四季、十二月、二十四节气。

二、历法

1. 日、月、年

太阳一出一落、昼夜交替的周期为一日（实为地球自转一周），月亮圆缺的周期为一月（实为月亮绕地球一周），太阳往返于黄道一周天为一年。

月亮绕地球一周的时间是 29.530588 天。按阴历大尽一月三十天，小尽二十九天，十二个月为一年，则一年为 354 天。而地球绕太阳一周的时间是 365.242216 天，显然，十二个月不到一个地球公转周期。这是个矛盾，古人用置闰来解决这个矛盾。三年一闰还不够，五年闰两次，但五年闰两次又多了些。后来规定十九年闰七个月，这样有的阴历年头是十三个月。

2. 阳历、阴历

以地球公转周期为一年的历法是阳历。以朔望月为一月，平年十二月为一年，三年左右闰一个月，使历年的平均天数与阳历一年的天数相等，这样的历法是阴历，实为阴阳历（以月象为依据表现为“阴”，同时置闰使历年的平均天数与阳历一年的天数相等，表现为“阳”，所以叫“阴阳历”）。

我国古代的历法是阴阳历，一般称为阴历。纯阴历的年与地球运行的周期不合。纯阳历的月与月象不合。阴阳合历，则月与月象一致，年与地球运行的周期一致。

3. 四季

一年分为春夏秋冬四季（又称四时）。一季三个月，相应地分为孟、仲、季。夏历正月、二月、三月等十二个月依次叫作孟春、仲春、季春、孟夏、仲夏、季夏、孟秋、仲秋、季秋、孟冬、仲冬、季冬。

4. 二十四节气

(1) 具体介绍：

月份	节气	中气	十二次
二月	惊蛰	春分	降娄
三月	清明	谷雨	大梁
四月	立夏	小满	实沈
五月	芒种	夏至	鹑首
六月	小暑	大暑	鹑火
七月	立秋	处暑	鹑尾
八月	白露	秋分	寿星
九月	寒露	霜降	大火
十月	立冬	小雪	析木
十一月	大雪	冬至	星纪
十二月	小寒	大寒	玄枵
正月	立春	雨水	娵訾

(2) 名称含义：二十四节气是根据太阳在黄道（即地球绕太阳公转的轨道）上的位置来划分的。视太阳从春分点（黄经零度，此刻太阳垂直照射赤道）出发，每前进 15 度为一个节气；运行一周又回到春分点，为一回归年，合 360 度，因此分为 24 个节气。节气的日期在阳历中是相对固定的，如立春总是在阳历的 2 月 3 日至 5 日之间。但在农历中，节气的日期却不大好确定，再以立春为例，它最早可在上一年的农历十二月十五日，最晚可在正月十五日。

从二十四节气的命名可以看出，节气的划分充分考虑了季节、气候、物候等自然现象的变化。其中，立春、立夏、立秋、立冬是用来反映季节的，是一年四个季节的开始，将一年划分为春、夏、秋、冬四个季节。春分、秋分、夏至、冬至是从天文角度来划分的，反映了太阳高度变化的转折点。由于中国地域辽阔，具有非常明显的季风性和大陆性气候，各地天气气候差异巨大，因此不同地区的四季变化也有很大差异。

小暑、大暑、处暑、小寒、大寒五个节气反映气温的变化，用来表示一年中不同时期寒热程度；雨水、谷雨、小雪、大雪四个节气反映了降水现象，表明降雨、降雪的时间和强度；白露、寒露、霜降三个节气表面上反映的是水汽凝结、凝华现象。但实质上反映出了气温逐渐下降的过程和程度：气温下降到一定程度，水汽出现凝露现象；气温继续下降，不仅凝露增多，而且越来越凉；当温度降至摄氏零度以下，水汽凝华为霜。小满、芒种则反映有关作物的成熟和收成情况；惊蛰、清明反映的是自然物候现象，尤其是惊蛰，它用天上初雷和地下蛰虫的复苏，来预示春天的回归。

立春、立夏、立秋、立冬——亦合称“四立”，分别表示四季的开始。“立”即开始的意思。公历上一般在每年的2月4日、5月5日、8月7日和11月7日前后。“四立”表示的是天文季节的开始，从气候上说，一般还在上一季节，如立春黄河流域仍在隆冬。

夏至、冬至——合称“二至”，表示天文上夏天、冬天的极致。“至”意为极、最。夏至日、冬至日一般在每年公历的6月21日和12月22日。夏至雨连连，冬至雪纷纷。

春分、秋分——合称“二分”，表示昼夜长短相等。“分”即平分的意思。这两个节气一般在每年公历的3月20日和9月23日左右。

雨水——表示降水开始，雨量逐步增多。公历每年的2月18日前后为雨水。

惊蛰——春雷乍动，惊醒了蛰伏在土壤中冬眠的动物。这时气温回升较快，渐有春雷萌动。每年公历的3月5日左右为惊蛰。

清明——含有天气晴朗、空气清新明洁、逐渐转暖、草木繁茂之意。另有清淡明智之意。公历每年大约4月5日为清明。

谷雨——雨水增多，大大有利谷类作物的生长。公历每年4月20日前后为谷雨。

小满——其含义是夏熟作物的籽粒开始灌浆饱满，但还未成熟，只是小满，还未大满。大约每年公历5月21日这天为小满。

芒种——麦类等有芒作物成熟，夏种开始。每年的6月5日左右为芒种。芒种火烧天。

小暑、大暑、处暑——暑是炎热的意思。小暑还未达最热，大暑才是最热时节，处暑是暑天即将结束的日子。它们分别处在每年公历的7月7日、7月23日和8月23日左右。

白露——气温开始下降，天气转凉，早晨草木上有了露水。每年公历的9月7日前后是白露。

寒露——气温更低，空气已结露水，渐有寒意。这一天一般在每年的10月8日。

霜降——天气渐冷，开始有霜。霜降一般是在每年公历的10月23日。

小雪、大雪——开始降雪，小和大表示降雪的程度。小雪在每年公历11月22日，大雪则在12月7日左右。

小寒、大寒——天气进一步变冷，小寒还未达最冷，大寒为一年中最冷的时候。公历1月5日和该月的20日左右为小、大寒。

二十四节气反映了太阳的周年运动，所以节气在现行的公历中日期基本固定，上半年在6日、21日，下半年在8日、23日，前后只差1～2天。

(3) 二十四节气的传统含意简易表。

立春：春季开始。

雨水：降雨开始。

惊蛰：开始响雷，冬眠动物复苏。

春分：春季的中间，昼夜平分。

清明：气候温暖，天气清和明朗。

谷雨：降雨量增多，对谷类生长有利。

立夏：夏季开始。

小满：麦类等夏熟作物籽粒逐渐饱满。

芒种：芒种忙种，麦类等有芒作物成熟。

夏至：夏天到，此时白天最长，夜晚最短。

小暑：正当初伏前后，气候开始炎热。

大暑：为一年中最炎热的时节。

立秋：秋季开始，气温逐渐下降。

处暑："处"有躲藏、终止的意思，表示炎热即将过去。

白露：因夜间较凉，空气中的水汽往往凝成露水。

秋分：秋季的中间，昼夜平分。

寒露：气温明显降低，夜间露水很凉。

霜降：开始降霜。

立冬：冬季开始。

小雪：开始降雪。

大雪：降雪较大。

冬至：进入"数九"寒天，白天短，夜晚长。

小寒：气候已比较寒冷。

大寒：为一年中最冷的时节。

(4) 节气文化：二十四节气童谣。

立春：东风　解冻　鱼上冰

雨水：冰雪　融化　桃花开

惊蛰：草木　萌动　鸿雁来

春分：芽茶　播种　燕飞舞

清明：细雨　放飞　柳飘絮

谷雨：雨生　百谷　春盎然

立夏：桑枣　灌溉　遍地谷

小满：蚕丝　畜养　麦起身
芒种：收割　播种　鹭助兴
夏至：棉花　现蕾　照眼明
小暑：知了　风轻　汗如雨
大暑：骤雨　孕育　赏红莲
立秋：寒风　飘叶　寒蝉鸣
处暑：葵花　添衣　遍地黄
白露：秋雨　降露　白如银
秋分：桂花　收获　香满园
寒露：鸿雁　南飞　蟹正肥
霜降：芙蓉　花落　叶满天
立冬：收葱　修剪　地始冻
小雪：残菊　飘雪　犁耙开
大雪：寒梅　地冻　温室暖
冬至：瑞雪　防冻　兆丰年
小寒：寒冬　积肥　腊月天
大寒：岁末　辞旧　过大年

春雨惊春清谷天，夏满芒夏暑相连。秋处露秋寒霜降，冬雪雪冬小大寒。每月两节不变更，最多相差一两天。上半年来六廿一，下半年是八廿三。

5. 十二时辰

古人把一昼夜划分成十二个时段，每一个时段叫一个时辰。十二时辰既可以指一天，也可以指任何一个时辰。十二时辰是古人根据一日间太阳出没的自然规律、天色的变化以及自己日常的生产活动、生活习惯而归纳总结、独创于世的。

(1) 由来。观天象的最佳时机应是夜深人静、繁星满天的时候。子夜时分（二十三点至一点），古人（天文学家或道家）仰望天空良久，忽然听得周围有细碎的声音，低头一看，原来是老鼠在活动。天长日久，古人发现鼠类出没频繁的时刻是子时。于是，子时便与鼠联系在一起，成了“子鼠”，并按一天的起始，排在属相的第一位。“马无夜草不肥”，牛当然也是如此。农家以牛耕田，喂好牛是农家的大事。丑时（一点至三点），农家自会起身喂牛。牛与丑时联系在一起，便成了“丑牛”。凌晨三点至五点，昼伏夜行的虎最凶猛，农家常常会在此时听到不远处传来虎啸声。于是，虎与寅时相联系，有了“寅虎”。五点至七点，天亮了，兔子跑出窝，去吃带着露水的青草。于是，兔子与卯时相联系，便有了“卯兔”。七点至九点，是容易起雾的时刻。据说龙能腾云驾雾，大雾之中才会“神龙见尾不见首”。不过龙是传说中的动物，或者说是人用几种动物的部位拼凑起来的“人造动物”。在现实中看不到，只有大雾蒙蒙之中，人们才会产生龙的幻象。如此，龙才会在辰时的雾中出现。龙和辰时相联系，便有了“辰龙”。九点至十一点，大雾散去，艳阳当空。体温不恒定的蛇从洞穴中爬出来晒太阳。无论有毒还是没有毒的蛇，都是可怕的。蛇最活跃的时刻，便是“巳时”。在造字时，“巳”被画成了一条蛇的象形。“巳蛇”，是天然地联系在一起的。十一点至十三点，烈日当头。这“烈”，使人想到了人类“得力助手之一”的马。红鬃烈马是良驹，但它的性子就像午时的太阳一样火烈。马与午时相联系，就有了“午马”。十三点至十五点，未时。骄阳已把草上的露珠晒干，这正是放羊的好时光。于是，“未羊”应运而生。十五点至十七点，申时。太阳偏西，或者雨过天晴，天气显得清爽起来。这时候，猴子最喜欢在树林里玩耍啼叫。人们听到了，记在心里，便把这一时刻与猴子联系在一起，于是有了“申猴”。十七点至十九点，酉时。太阳快落山了，家养的鸡该回窝了；再不回窝，天一黑就会找不见。农妇着急了，四处呼唤着，轰鸡入窝。这吃饭喝酒的时刻，也与家鸡入窝相连，于是就有了“酉鸡”。十九点至二十一点，戌时。人们在临睡之前要巡视一番；跟随他们的，是人类的另一个“助手”——狗。巡视的时刻与狗联系起来成为“戌狗”，恰到好处。二十一点至二十三点，深夜可以听到肥猪拱槽的声音，主人很高兴。不过要想猪长得肥壮，还得起身为它添食。亥时，自然与猪相连，于是有了“亥猪”。

用表示十二时辰的十二个字与十二生肖相结合，于是产生了子鼠、丑牛、寅虎、卯兔、辰龙、巳蛇、午马、未羊、申猴、酉鸡、戌狗、亥猪。

(2) 换算。

子时：夜半，又名子夜、中夜：十二时辰的第一个时辰（23 时至 01 时）。

丑时：鸡鸣，又名荒鸡：十二时辰的第二个时辰（01 时至 03 时）。

寅时：平旦，又称黎明、早晨、日旦等：时是夜与日的交替之际（03 时至 05 时）。

卯时：日出，又名日始、破晓、旭日等：指太阳刚刚露脸，冉冉初升的那段时间（05 时至 07 时）。

辰时：食时，又名早食等：古人“朝食”之时也就是吃早饭时间（07 时至 09 时）。

巳时：隅中，又名日禺等：临近中午的时候称为隅中（09 时至 11 时）。

午时：日中，又名日正、中午等：11 时至 13 时。

未时：日昳，又名日跌、日央等，太阳偏西为日跌（13 时至 15 时）。

申时：哺时，又名日铺、夕食等：15 时至 17 时。

酉时：日入，又名日落、日沉、傍晚：意为太阳落山的时候（17 时至 19 时）。

戌时：黄昏，又名日夕、日暮、日晚等：此时太阳已经落山，天将黑未黑。天地昏黄，万物朦胧，故称黄昏（19 时至 21 时）。

亥时：人定，又名定昏：此时夜色已深，人们也已经停止活动，安歇睡眠了。人定也就是人静（21 时至 23 时）。

(3) 属性。十二个时辰：子、丑、寅、卯、辰、巳、午、未、申、酉、戌、亥。两个小时为一时辰。

23—1	子时	属于	水
1—3	丑时	属于	土
3—5	寅时	属于	木
5—7	卯时	属于	木
7—9	辰时	属于	土

9－11	巳时	属于	火
11－13	午时	属于	火
13－15	未时	属于	土
15－17	申时	属于	金
17－19	酉时	属于	金
19－21	戌时	属于	土
21－23	亥时	属于	水

一日有十二时辰（一时辰是现代的 2 小时），一时辰有八刻（一刻是现代的 15 分钟），一刻有三盏茶（一盏茶是现代的 5 分钟），一盏茶有两炷香（一炷香是现代的 2 分 30 秒），一炷香有五分（一分是现代的 30 秒），一分有六弹指（一弹指是现代的 5 秒），一弹指有十刹那（一刹那是现代的 0.5 秒）。

第二节　名山大川

一、中国五岳：华山、恒山、衡山、嵩山、泰山

1. 华山

华山古称“西岳”，为中国著名的五岳之一。华山位于陕西省渭南市华阴县，在西安市以东 120 千米处。南接秦岭，北瞰黄渭，扼守着大西北进出中原的门户。华山是道教主流全真派圣地。现存（截至 2013 年）72 个半悬空洞，道观 20 余座，其中玉泉院、都龙庙、东道院、镇岳宫被列为全国重点道教宫观。

（1）概况。华山又被称为太华山，是中国著名的五岳之一，位于陕西省华阴县，以山势险峻而闻名。它不仅是著名的旅游胜地，还是道教著名的圣地，被道教尊为“第四洞天”。从远古时期开始，这里就是人们朝拜神仙的地方，许多道士都来这里修炼，甚至据说道教始祖老子也来过这里，在山上还保留着他的炼丹炉。

从公元 3 世纪开始，由于天师道兴起，华山吸引了更多人士前来修炼。该派的创始人寇谦之据说就在这里活动了很长时间。以后，又有大批著名道士来到华山，修建了一系列道观。特别是明朝时，华山的道教势力达到鼎盛时期。因为，华山的地形非常险峻，建设起来极为困难，所以这些道观更显得壮观和神奇。

现华山保存较完好的宫观有玉泉观（11 世纪）东道院（1714 年）和镇岳宫（元朝）。它们都是国务院确定的全国道教重点宫观。华山海拔 2 154.9 米，是我国著名的五岳之一，也是秦岭的一部分。它南接秦岭，北瞰黄渭，扼守着大西北进出中原的门户。华山是由一块完整硕大的花岗岩体构成的，华山有东、西、南、北、中五峰。

主峰有南峰“落雁”、东峰“朝阳”、西峰“莲花”，三峰鼎峙。“势飞白云外，影倒黄河里”，人称“天外三峰”。还有云台、玉女两峰相辅于侧，36 小峰罗列于前，虎踞龙盘，气象森森，因山上气候多变，形成“云华山”、“雨华山”、“雾华山”、“雪华

山”，给人以仙境美感。华山的著名景区多达210余处，有凌空架设的长空栈道，三面临空的鹞子翻身，以及在峭壁绝崖上凿出的千尺幢、百尺峡、老君犁沟等。其中华岳仙掌被列为关中八景之首。在全国乃至世界享有很高的声誉，素有奇险天下第一山之称。此外，华山还是神州九大观日处之一。华山观日处位于华山东峰（亦称朝阳峰），朝阳台为最佳地点。华山还是道教圣地，为“第四洞天”，有陈抟、郝大通、贺元希等最为著名的道教高人曾在此修炼。

华山松（五针松），雄球花黄色，基部围有数枚卵状匙形鳞片，集升于新枝下部成穗状。球果幼时绿色成熟时淡黄褐色；种鳞先端不反曲或微反曲；鳞脐不明显。种子无翅，两侧及顶端具棱脊。主产于中国中部至西南部高山。喜温凉湿润气候，不耐寒及湿热，稍耐干燥瘠薄。可供建筑、家具及木纤维工业原料等用材。树干可割取树脂，树皮可提取栲胶，针叶可提炼芳香油，种子可食用也可榨油。

(2) 名称来源。华山名字的来源说法很多。一般来说，同华山山峰像一朵莲是分不开的。古时候“华”与“花”通用，正如《水经注》所说“远而望之若花状”，故名。她东临潼关，西望长安，南依秦岭，北靠黄渭，古称太华山，又称西岳华山。由中（玉女）东（朝阳）西（莲花）南（落雁）北（云台）五个山峰组成。远望主峰状如金元宝，与周边环绕几小山远望形似莲荷；西峰翠云宫前又有倒扣莲花花瓣石，称“花山”，又因近临黄河，是华夏发源地，加之人们口音等因素，故称“华山”。整体为花岗岩断块山，最高峰海拔2 154.9米。险峻的奇峰峭壁俯瞰渭河平原，有壁立千仞之势，自古为游览胜地。华山多局部山地形气候，山水向岩石节理集中，形成冲沟。沟谷堆积有巨大岩块，著名的“鱼石”即为清康熙年间（1662—1722年）爆发泥石流所形成。华山北坡大断层仍有活动，1556年华县地震达到芮氏8级。

2. 恒山

恒山作为大山，位于山西省大同市浑源县城南10千米处，距大同市市区62千米。该山为道教主流全真派圣地，人称北岳，亦名“太恒山”，又名“元岳、紫岳”。与东岳泰山、西岳华山、南岳衡山、中岳嵩山并称为五岳，为中国地理标志，扬名海外。恒山旧有十八景：磁峡烟雨、云阁虹桥、云路春晓、虎口悬松、果老仙迹、危峰夕照、断崖啼鸟、幽窟飞石、龙泉甘苦、茅窟烟火、金鸡报晓、玉羊游云、紫峪云花、石洞流云、脂图文锦、仙府醉月、奕台鸣琴、岳顶松风。

3. 衡山

衡山，又名南岳，是我国五岳之一，位于湖南省衡阳市南岳区，是佛教圣地，海拔1 300.2米。由于气候条件较其他四岳为好，处处是茂林修竹，终年翠绿。奇花异草，四时飘香，自然景色十分秀丽，因而又有“南岳独秀”的美称。清人魏源《衡岳吟》中说：“恒山如行，岱山如坐，华山如立，嵩山如卧，唯 有南岳独如飞。”这是对衡山的赞美。1982年，衡山列入第一批国家级重点风景名胜区名单。2008年衡山被评为最受群众喜爱的中国十大风景名胜区。

简介。衡山又名南岳、寿岳、南山，为我国五岳名山之一，坐落于湖南省衡阳市南岳区。衡山七十二群峰，层峦叠嶂，气势磅礴，素以“五岳独秀”、“宗教圣地”、“文明奥区”、“中华寿岳”著称于世。现为国家级重点风景名胜区、国家级自然保护区、全国文明风景旅游区示范点和国家5A级旅游景区。

衡山是南中国的宗教文化中心，中国南禅、北禅、曹洞宗和禅宗南岳、青原两系之发源地。中国南方最著名的道教圣地，有道教三十六洞天之第三洞天——朱陵洞天，道教七十二福地之青玉坛福地、光天坛福地、洞灵源福地。

1982年，衡山作为我国著名的自然景观和人文景观，以南岳衡山风景名胜区的名义，被国务院批准列入第一批国家级重点风景名胜区名单；2000年成为全国首批4A级旅游区；2001年获得全国顶级、湖南唯一的“全国文明风景旅游区示范点”殊荣；2006年2月入选首批国家自然与文化双遗产名录；2006年被评为中国最值得外国人去的50个地方之一；2007年3月成为全国首批5A级风景名胜区；2007年8月1日，衡山经国务院批准列为国家级自然保护区；2008年被评为最受群众喜爱的中国十大风景名胜区。

衡山南起“雁阵惊寒，声断之浦”的衡阳市回雁峰（南岳七十二峰首峰），北止“停车坐爱枫林晚，霜叶红于二月花”的长沙岳麓山（衡山尾峰），由巍然耸立着的72座山峰组成，亦被称作“青天七十二芙蓉”。衡山横跨湖南省十八个市区县，逶迤八百里，共72峰，其中南岳区境内有43峰，群峰巍峨。衡山七十二峰首峰回雁峰位于衡阳市中心，东临湘江，南接衡州大道，西邻蒸阳南路，北对中山南路。从“天下南岳第一峰”向北出发，沿蒸湘北路乘汽车行驶一个小时，从眼前闪过几十座像芙蓉般婀娜多姿的山峰，就进入了南岳衡山核心风景名胜区。

祝融峰之高、藏经殿之秀、水帘洞之奇、方广寺之深堪称“衡山四绝”；春观花、夏看云、秋望日、冬赏雪为“衡山四季佳景”。

衡山还有许多名胜古迹和神话传说，吸引了历代各种人物，形成丰富多彩的文化沉积，宛如一座辽阔的人文与山水文化和谐统一、水乳交融的巨型公园

4. 嵩山

嵩山，道教主流全真派圣地，古名为外方、嵩高、崇高，位于河南省西部，属伏牛山系，地处登封市西北面，是五岳的中岳。总面积约为450平方千米，由太室山与少室山组成，最高峰连天峰1 512米；东西绵延60多千米；东依省会郑州，西临古都洛阳，南依颍水，北邻黄河。嵩山地处中原，东西横卧，古称“外方”，夏商时称“嵩高”、“崇山”，西周时称天室山。公元前770年平王迁都洛阳后，以“嵩为中央、左岱、右华”，为“天地之中”，称中岳嵩山。嵩山又分为少室山和太室山两部分，共72峰。海拔最低为350米，最高处为1 512米。主峰峻极峰位于太室山，高1 491.7米；最高峰连天峰位于少室山，高1 512米。嵩山北瞰黄河、洛水，南临颍水、箕山，东接五代京都汴梁，西连十三朝古都洛阳，素有“汴洛两京、畿内名山”之称。于奇异的峻峰，宫观林立，故为中原地区第一名山。嵩山曾有30多位皇帝、150多位著名文人所亲临，更是神仙相聚对话的洞天福地。《诗经》有“嵩高惟岳，峻极于天”的名句。

嵩山地区是中华文明的发源地，历史悠久，是我国古代最早的政治、经济、文化中心，也是我国古代重要的政治、经济、文化中心之一。嵩山地区不仅风景优美，而且文化高度繁荣。这里道、佛、儒三教荟萃，三教中最早、最具影响力的典型代表，今天依然散发着迷人的魅力。

少林寺位于嵩山少室山北麓五乳峰下，建于北魏太和十九年（495年）。据传，印度名僧菩提达摩禅师曾驻锡于此。唐初，少林寺十三棍僧救过秦王李世民，贞观年间（627—649年）重修少林寺。唐代以后僧徒在此讲经习武，禅宗和少林寺名扬天下，千年来少林僧人潜心研究佛法与武学，使得佛教文化在中国广为传播，影响日渐深远，少林武术更是中华武术的瑰宝，名扬海内外。与少林寺题材相关的电影、电视剧经久不衰，反映了现代人对少林精神的喜爱。现存建筑有山门、方丈室、达摩亭、白衣殿、千佛殿等，已毁的天王殿、大雄宝殿等已修复。千佛殿中有著名的明代“五百罗汉朝毗卢”壁画，壁画300多平方米。

塔林在少林寺西300米的山脚下，是自唐朝以来历代少林寺主持的墓地。1000多年来，已经建成250多座，是我国最大的塔林。塔的大小不等，形态各异，大多有雕刻和题记，反映了各个不同时期的建筑风格，是研究我国古代砖石建筑和雕刻艺术的宝库。

5. 泰山

泰山，世界文化与自然双重遗产，世界地质公园，全国重点文物保护单位，国家重点风景名胜区，国家5A级旅游景区。

泰山位于山东省泰安市中部。主峰玉皇顶海拔1 545米，气势雄伟磅礴，有“五岳之首”、“天下第一山”之称。自古以来，中国人就崇拜泰山，有“泰山安，四海皆安”的说法。在汉族传统文化中，泰山一直有“五岳独尊”的美誉。自秦始皇封禅泰山后，历朝历代帝王不断在泰山封禅和祭祀，并且在泰山上下建庙塑神，刻石题字。古代的文人雅士更对泰山仰慕备至，纷纷前来游历，作诗记文。泰山宏大的山体上留下了20余处古建筑群，2 200余处碑碣石刻。

泰山风景以壮丽著称。重叠的山势，厚重的形体，苍松巨石的烘托，云烟的变化，使它在雄浑中兼有明丽，静穆中透着神奇。最为有名的是“泰山四大奇观”。古人以“泰山北斗”来喻指人道德高、名望重或有卓越成就为众人所敬仰的人。

泰山，又名岱山、岱宗、岱岳、东岳、泰岳。远古时始称火山、太山，“大”在甲骨文与金文中均见其形，读音为“太”。且“太山”意为“大山”，先秦古文中“大”、“太”通用。《骈雅训纂·释名称》：“古人太字多不加点，如大极、大初、大室、大庙、大学之类，后人加点以别大小之大，遂分为二矣。”按古文字的传统读法，“大”亦有“大”、“太”、“代”三音。春秋战国时，由于同音字的引申和同义字的演变，“太”与“泰”、“代”与“岱”、“岱”与“岳”也互相变通了。这样相继出现了“泰山”、“岱山”、“岱宗”、“岱岳”等专用名称。“泰山”之称最早见于《诗经》。“泰”意为极大、通畅、安宁。《易·说卦》“履而泰，然后安”。“泰”字就有原来的高大、通畅之意引申为，“大而稳，稳而安”。随即出现了“稳如泰山”、“国泰民安”、“泰山鸿毛”之说。

泰山为五岳之首，五岳是中国五大名山的总称。一般指东岳泰山（位于山东）、南岳衡山（位于湖南）、西岳华山（位于陕西）、北岳恒山（位于山西）、中岳嵩山（位于河南）。泰山因其气势之磅礴，又有“天下名山第一”的美誉。泰山地区早在远古时代就已经成为东方文化的重要发祥地。5万年前的新泰人化石遗存和40万年前的沂源人化石遗存显示出这一带早期的人类活动。泰山南麓的大汶口文化，北麓的龙山文化遗存也反映出早期黄河流域氏族部落的活动状况。战国时期，齐国沿泰山山脉直达黄海边修筑了长约500千米的长城，今遗址犹存。进入秦汉之后，泰山逐渐成为政权的象征。泰山实际海拔高度并不太高，在五岳中次于恒山、华山，仅占第三位。不能与全国的许多大山相比，但其地位却特别重要。

古人形容“泰山吞西华，压南衡，驾中嵩，轶北恒，为五岳之长”。中国古代神话传说中，盘古死后，头部化为泰山。据《史记集解》所载：“天高不可及，于泰山上立封禅而祭之，冀近神灵也。”古代传统文化认为，东方为万物交替、初春发生之地，故泰山有“五岳之长”、“五岳独尊”的称誉。

泰山崛起于华北平原之东，凌驾于齐鲁平原之上，东临烟波浩渺的大海，西靠源远流长的黄河，南有汶、泗、淮之水，与平原、丘陵相对高差1 300米，形成强烈的对比，因而在视觉上显得格外高大的节奏感和“一览众山小”的高旷气势；山脉绵亘100余千米，盘卧426平方千米，其基础宽大产生安稳感，形体庞大而集中则产生厚重感，大有“镇坤维而不摇”之威仪。所谓“稳如泰山”、“重如泰山”，正是其自然特征在人们生理、心理上的反映。六朝任方《述异记》载，秦汉时，民间传说盘古氏（远古时开天辟地，代生万物的神人）死后头为东岳，左臂为南岳，右臂为北岳，足为西岳。盘古遗体的头向东方，而且化为东岳。泰山就成了五岳之首。这显然是根据《五行》、《五德》学说创作的神话故事，反映了泰山独尊五岳的历史背景。

二、道教四大名山：青城山、龙虎山、武当山、齐云山

道教渊源于古代巫术，是中国汉族固有的宗教。由张道陵于东汉顺帝时首创于四川鹤鸣山。武当山（湖北）、青城山（四川）、龙虎山（江西）与齐云山（安徽）合称道教四大名山。道教是中国主要宗教之一。由张道陵于东汉顺帝时首创于四川鹤鸣山，到南北朝时盛行起来。道教徒尊称创立者之一张道陵为第一代天师，因而又叫“天师道”。后又分化为许多派别。道教奉老子为教祖，尊称他为“太上老君”。

1. 武当山

武当山，又名太和山。位于湖北省西部丹江口市境内的武当山，方圆800里，山高谷深，气势磅礴，被誉为“亘古无双胜境，天下第一仙山”。东邻襄阳市，西接十堰市（新兴的汽车城），背靠神农架林区，面临丹江口水库，是国家第一批重点风景名胜区之一。武当山有七十二峰、二十四涧、十一洞、十石、十池、九泉、九井、三潭、九台以及元、明建筑群等风景胜迹，居于七十二峰之道的天柱峰，海拔1 612米。北宋书画家米芾曾赞武当为“天下第一山”。这里既是道教名山之一，又是武当拳的发源地，丹江口水库之滨的玄武门（石雕牌坊），坊额刻有明代嘉靖皇帝御笔“治世玄岳”四字。玄岳门西1000米处，有明成祖永乐十五年（1417年）敕建的遇真宫，是纪念武当拳的创始者张三丰的。天柱峰顶端有建于1416年的金殿，是武当山最突出、最有代表性的道教建筑群，也是我国现存最大的铜建筑群。殿高5.54米，宽5.8米，深4.2米，重80余吨，英姿魁伟。还有铜铸金童、玉女及水火二将侍立两侧，十分壮观。汉代阴长生，唐代吕洞宾，明代张三丰等均在此修炼。

2. 龙虎山

龙虎山位于江西省鹰潭市。东汉中叶，张道陵于江西鹰潭龙虎山修道炼丹大成。从汉末第四代天师张盛始，历代天师均居此地，守龙虎山寻仙觅术，坐上清宫演教布化，居天师府修身养性，世袭道统63代，奕世沿守1 800余年。他们均得到历代封建王朝的崇奉和册封，官至一品，位极人臣，形成中国文化史上传承世袭“南张北孔(夫子)”两大世家。上清宫和嗣汉天师府得到历代王朝无数次的赐银，进行了无数次的扩建和维修，宫府的建筑面积、规模、布局、数量、规格创道教建筑史之最。龙虎山在鼎盛时期，建有道观80余座，道院36座，道宫数个，是名副其实的“道都”，是道士的世界王国。源远流长的道教文化、秀美多姿的碧水丹山和千古未解的崖墓之谜是龙虎山人文景观和自然景观的三大特色。《水浒传》开篇重笔描绘的龙虎山位于市南20千米处，是道教发源地和道教创始人张道陵“天师世家”的世居之地，号称“中国道家第一山”。龙虎山以其道家祖庭、丹霞地貌、春秋战国大型崖墓群珠璧联合为特色，在全国国家级风景名胜区中独树一帜。张天师至今承袭63代，历经1900多年，所以鹰潭又称为“道都”。

3. 青城山

青城山位于四川省都江堰市西南，主峰老霄顶海拔1 260米。全山林木青翠，四季常青，诸峰环峙，状若城廓，故名青城山。丹梯千级，曲径通幽，以幽洁取胜，自古就有“青城天下幽”的美誉。在四川与剑门之险，峨眉之秀，九寨之奇齐名。素有“拜水都江堰，问道青城山”之说。青城山是中国著名的道教名山，中国道教的发源地之一，自东汉以来历经2000多年。东汉顺帝汉安二年（公元143年），“天师”张陵来到青城山，选中青城山的深幽涵碧，结茅传道，青城山遂成为道教的发祥地，成为天师道的祖山。全国各地历代天师均来青城山朝拜祖庭。全山的道教宫观以天师洞为核心，包括建福宫、上清宫、祖师殿、圆明宫、老君阁、玉清宫、朝阳洞等，至今完好地保存有数十座道教宫观。

4. 齐云山

齐云山又名白岳、云岳，位于徽州（一府六县，府治歙县，包括今黄山市大部，宣城市绩溪县，江西婺源县）休宁县城西约15千米处，海拔1 000余米，面积60多平方千米，因最高峰齐云岩得名，以幽深奇险著称。有三十六奇峰、七十二怪岩、二十四涧及其他许多洞泉飞瀑，与黄山、九华山合称“皖南三秀”，素有“天下无双胜境，江南第一名山”之誉。早在唐代建寺、宋代宝庆二年（1226年）建佑圣真武祠，成为道教中心。明代嘉靖皇帝敕建殿，御赐山额，以后道教繁盛，建有三清殿、玉虚殿、无量寿宫、文昌阁等著名道观。以后游人日盛，文人墨客多有题咏，至今尚存碑碣及摩崖石刻1 400余处。

三、佛教名山

中国佛教四大名山是山西五台山、浙江普陀山、四川峨眉山、安徽九华山。有“金五台、银普陀、铜峨眉、铁九华”之称。中国佛教圣地分别供奉文殊菩萨、观音菩萨、普贤菩萨、地藏菩萨。四大名山随着佛教的传入，自汉代开始建寺庙，修道场，延续至清末。中华人民共和国建立后受到国家的保护，并对寺院进行了修葺。已成为蜚声中外的宗教、旅游胜地。

1. 五台山

（1）概况。五台山，中国佛教第一圣地。山西省五台县境内，方圆500余里，海拔3000米，由五座山峰环抱而成，五峰高耸，峰顶平坦宽阔，如垒土之台，故称五台。汉唐以来，五台山一直是中国的佛教中心。此后历朝不衰，屡经修建，鼎盛时期寺院达300余座，规模之大可见一斑。目前，大部分寺院都已无存，仅剩下台内寺庙39座，台外寺庙8座。五台山是国家级重点风景名胜旅游区之一。寺院经过不断修整，更加富丽堂皇，雄伟庄严，文化遗产极为丰富，举世称绝。其中，最著名的五大禅寺有显通寺、塔院寺、文殊寺、殊像寺、罗睺寺。

（2）五台四峰。五台分别为东台望海峰，西台挂月峰，南台锦绣峰，北台叶斗峰，中台翠岩峰。五台之中北台叶斗峰最高，海拔3 058米，素称“华北屋脊”。《清凉山志》中记：“左邻恒岳，秀出千峰；右瞰滹沱，长流一带；北凌紫塞，遏万里之烟尘；南护中原，为大国之屏蔽。山之形势，难以尽言。五峰中立，千嶂环开。曲尽窈窕，锁千道之长溪。叠翠回岚，幕百重之峻岭。岿巍敦厚，他山莫比。”又因山中盛夏气候凉爽宜人，故别名“清凉山”。

（3）佛门渊源。五台山被国内外佛教公认为文殊菩萨的应化道场，成为举世瞩目的佛教圣地是从唐代开始的。唐太宗曾言“五台山者，文殊阙室，万圣幽栖，境系太原，实我祖宗植德之所，切宜祇畏。”（《山西通志》卷）从此五台山便被公认为文殊圣域。登上皇位的武则天自称她“神游五顶”，于长安二年（公元703年）敕命重建五台山清凉寺，竣工后，命名僧大德感法师为主持。这是五台山佛教在全国佛教界取得举足轻重地位的发端，随着唐王朝的国威远扬和唐朝文化的传播，五台山的声望也随之显赫于世。

（4）主要寺庙。

①显通寺建在台怀镇的灵鹫峰下，它是五台山历史最悠久的佛寺。显通寺始建于东汉永平年间，初名大孚灵鹫寺，北魏孝文帝时扩建，因寺侧有一座花园，赐名花园寺。唐武则天时改称华严寺，明太祖时重修，赐额大显通寺。清代又重修，形成今天的规模。寺宇面积8万平方米，各种建筑400余间。中轴线上，有文殊殿、大雄殿、无量殿等7座大殿。中轴线后部高坎上有一铜殿，面阔三间，高不足5米，小巧精致，铸于明万历年间，殿内有铜铸小佛像万尊，中间台上有大铜佛。门前钟楼上有一口重达万斤的铜钟，敲击时声音传遍全山。

②塔院寺原是显通寺的塔院。明代重修舍利塔时独立为寺，寺内以舍利塔为主，舍利塔是一座藏式白塔，故又名大白塔。我国共有珍藏释迦舍利子的铁塔19座，五台山的一座慈寿塔就藏在大白塔内。此塔居于台怀诸寺之前，高大醒目，一向被看作是五台山的标志。

③菩萨顶在显通寺北侧的灵鹫峰上。传说文殊就住在菩萨顶，所以也叫真容院，又称大文殊寺。它创建于北魏，历代重修。明永乐时，喇嘛教黄教创始人宗喀巴的大弟子蒋全曲到五台山传扬黄教。这是黄教传入五台山的开始。永乐以后，蒙藏教徒进

驻五台山，大喇嘛住在菩萨顶，这里就成为黄庙之首。

④殊像寺是供奉文殊菩萨的寺庙，始建于唐，元重建，毁于火，明成化年间再建。其中，佛龛的背面塑三世像，即药师、释迦、弥陀三佛。三佛居于文殊背面的倒座上，不合一般寺院惯例，颇为特殊，两侧有五百罗汉。

⑤罗睺寺在显通寺东，是一座喇嘛庙。唐时初创，明弘治年重修。罗睺寺还有一种奇观，后殿中心有一座活动莲台，是一木制圆形佛坛。坛上周围雕有波涛和十八罗汉渡江。当中荷蒂上有木制大型花瓣，内雕方形佛龛，四方佛分坐在佛龛中，莲台设有中轴和轮盘，操纵机关时莲台旋转，莲花一开一合，四方佛时隐时现，这叫作“花开见佛”。

⑥五台山除五大禅处外，名寺还有金阁寺和碧山寺等。碧山寺是五台山最大的十方禅寺。佛经称东、西、南、北、东南、西南、东北、西北、上、下为十方。十方禅寺是可以使各方名僧来做主持的禅院，又叫十方刹。

（5）重要地位。五台山在隋唐时已经名声远播。宋以后，日本、印尼、尼泊尔等国的僧侣与五台山都有往来。从五台山源远流长的兴始发展中，我们不难看出它在四大佛山所占据的特殊地位。它不仅生动翔实地记录了中国佛教起落兴衰的过程，同时还展现了佛教文化的灿烂和进步。作为我国四大佛教名山之首的五台山，千百年来吸引了无数的游人。

2. 普陀山

（1）概况。普陀山是我国四大佛教名山之一，位于浙江舟山群岛，观音菩萨道场，是著名的海岛风景旅游胜地。如此美丽，又有如此众多文物古迹的小岛，在我国可以说是绝无仅有。普陀山位于杭州湾以东约 100 海里，是舟山群岛中的一个小岛，全岛面积约 12.5 平方千米。

（2）名称来源。普陀山的名称，出自佛教《华严经》第六十八卷，全称为：“补坦洛迦”、“普陀洛迦”，是梵语的译音，意为“美丽的小白花”。由于中国历代帝王多建都在北方，所以自元朝以来，惯称此山为“南海普陀”。普陀山又有“五朝恩赐无双地，四海尊崇第一山”的美誉。

（3）海天景色。普陀山的海天景色，不论在哪一个景区、景点，都使人感到海阔天空。虽有海风怒号，浊浪排空，却并不使人有惊涛骇浪之感，只觉得这些异景奇观使人振奋。普陀山作为佛教圣地，最盛时有 82 座寺庵，128 处茅棚，僧尼达 4 000 余人。来此旅游的人，在岛上的小径间漫步，经常可以遇到身穿袈裟的僧人。美丽的自然风景和浓郁的佛教气氛，使它蒙上一层神秘的色彩。而这种色彩，也正是它对游人有较强吸引力的地方。

普陀山既以海天壮阔取胜，又以山岩深邃见长。登山览胜，眺望碧海，一座座海岛浮在海面上，点点白帆行驶其间，景色极为动人。前人对普陀山作了这样高的评价：“以山而兼湖之胜，则推西湖；以山而兼海之胜，当推普陀。”把普陀与人间天堂西湖相比，应该说，这个评语是客观的。

（4）风景名胜。普陀山的风景名胜、游览点很多，主要有：普济、法雨、慧济三大寺。这是现今保存的 20 多所寺庵中最大的。普济禅寺始建于宋，为山中供奉观音的主刹，建筑总面积约 11 000 多平方米。法雨禅寺始建于明，依山凭险，层层叠建，周围古木参天，极为幽静。慧济禅寺建于佛顶山上，又名佛顶山寺。奇岩怪石甚多，著名的有盘陀石、二龟听法石、海天佛国石等 20 余处。在山海相接之处有许多石洞胜景，最著名的是潮音洞和梵音洞。

沙滩。岛的四周有许多沙滩，主要的是百步沙和千步沙。千步沙是一个弧形沙滩，长约 1 500 米，沙细坡缓，沙面宽坦柔软，是一个优良的海水浴场。夏天去游览，可带上游泳衣在这里畅游。

树木。岛上树木葱郁，林幽壑美，有樟树、罗汉松、银杏、合欢等树，大樟树尚有 1 000 余株。其中，有一千年古樟，树围达 6 米，荫覆数亩。还有一株“普陀鹅耳枥”，为中国特有珍稀植物，现仅存一株母本，是国家一级保护濒危物种。普陀山流传着许多有关佛教的民间故事。

3. 峨眉山

(1) 概况。峨眉山位于中国四川省峨眉山市境内，景区面积 154 平方千米，最高峰万佛顶海拔 3 099 米，是著名的旅游胜地和佛教名山，是一个集自然风光与佛教文化为一体的中国国家级山岳型风景名胜。1996 年 12 月 6 日列入《世界自然与文化遗产名录》。

峨眉山平畴突起，巍峨、秀丽、古老、神奇。它以优美的自然风光、悠久的佛教文化、丰富的动植物资源、独特的地质地貌而著称于世。被人们称之为“仙山佛国”、“植物王国”、“动物乐园”、“地质博物馆”等，素有“峨眉天下秀”之美誉。唐代诗人李白诗曰：“蜀国多仙山，峨眉邈难匹”；明代诗人周洪谟赞道：“三峨之秀甲天下，何须涉海寻蓬莱”；当代文豪郭沫若题书峨眉山为“天下名山”。古往今来，峨眉山就是人们礼佛朝拜、游览观光、科学考察和休闲疗养的胜地。峨眉山千百年来香火旺盛、游人不绝，永葆魅力。

(2) 自然风光。峨眉山高出五岳、秀甲天下，山势雄伟，景色秀丽，气象万千。素有“一山有四季，十里不同天”之妙喻。清代诗人谭钟岳将峨眉山佳景概为十景：“金顶祥光”、“象池月夜”、“九老仙府”、“洪椿晓雨”、“白水秋风”、“双桥清音”、“大坪霁雪”、“灵岩叠翠”、“罗峰晴云”、“圣积晚钟”。现在人们又不断地发现和创造了许多新景观，如红珠拥翠、虎溪听泉、龙江栈道、龙门飞瀑、雷洞烟云、接引飞虹、卧云浮舟、冷杉幽林等，无不引人入胜。进入山中，重峦叠嶂，古木参天。峰回路转，云断桥连。涧深谷幽，天光一线。万壑飞流，水声潺潺。仙雀鸣唱，彩蝶翩翩；灵猴嬉戏，琴蛙奏弹，奇花铺径，别有洞天。春季万物萌动，郁郁葱葱；夏季百花争艳，姹紫嫣红；秋季红叶满山，五彩缤纷；冬季银装素裹，白雪皑皑。登临金顶极目远望，视野宽阔无比，景色十分壮丽。观日出、云海、佛光、晚霞，令你心旷神怡；西眺皑皑雪峰、贡嘎山、瓦屋山，山连天际；南望万佛顶，云涛滚滚，气势恢宏；北瞰百里平川，如铺锦绣，大渡河、青衣江尽收眼底。置身峨眉之巅，真有“一览众山小”之感慨。

(3) 佛教文化。峨眉山为普贤菩萨道场，是我国四大佛教圣地之一。

相传佛教在公元 1 世纪传入峨眉山。近 2 000 年的佛教发展历程，给峨眉山留下了丰富的佛教文化遗产，造就了许多高僧大德，使峨眉山逐步成为中国乃至世界影响甚深的佛教圣地。目前，全山共有僧尼约300人，寺庙近30座。其中，著名的有报国寺、伏虎寺、清音阁、洪椿坪、仙峰寺、洗象池、金顶华藏寺、万年寺等。

(4) 佛教造像。有泥塑、木雕、玉刻、铜铁铸、瓷制、脱纱等，造型生动，工艺精湛。如万年寺的铜铸“普贤骑象”，堪称山中一绝，为国家一级保护文物；阿弥陀佛铜像，三身佛铜像，报国寺内的脱纱七佛等，均为珍贵的佛教造像。贝叶经、华严铜塔、圣积晚钟、金顶铜碑、普贤金印，均为珍贵的佛教文物。峨眉山佛教音乐丰富多彩，独树一帜。峨眉山武术作为中国武术三大流派之一，享誉海内外。这些丰富的佛教文化遗产是中华民族文化宝库中的瑰宝。

(5) 丰富资源。甲天下的峨眉山，终年常绿，素有“古老的植物王国”之美称。由于特殊的地形、充沛的雨量、多样的气候和复杂的土壤结构，为各类生物物种的生长繁衍创造了绝好的生态环境。因此，在方圆154平方千米的范围内生长着高等植物3 200多种。有人说峨眉山植物种类的数量相当于整个欧洲植物种类的总和。在峨眉山生长的植物中，有被称之为植物活化石的珙桐、桫椤；有著名的峨眉冷杉、桢楠、洪椿；有品种繁多的兰花、杜鹃花等，还有许多名贵的药用植物和成片的竹林。这些植物为峨眉山披上秀色，还给各类动物创造了一个天然的乐园。峨眉山有2 300多种野生动物，其中有珍稀的大熊猫、黑鹳、小熊猫、短尾猴、白鹇鸡、枯叶蝶、弹琴蛙、环毛大蚯蚓等。特别是见人不惊、与人同乐的峨眉山猴群，已成为峨眉山中独具一格的“活景观”，闻名中外。

(6) 地质丰富。中国地质史上中生代末期的燕山运动奠定了峨眉山地质构造的轮廓。新构造期的喜马拉雅运动，及其伴随的青藏高原的强烈抬升，造就了雄秀壮丽的峨眉山。峨眉山的地层从前寒武纪以来，除缺失中、晚奥陶世、志留纪、泥盆纪、石炭纪沉积外，其余各时代地层均有沉积。其中，保留了典型的沉积相标志的大量的生物化石，为研究沉积相、复原古环境、进行全球生物地层学及生物地理学研究提供了重要的地史资料。对麦地坪剖面对前寒武系——寒武系界线的研究，碳酸盐台地沉积相的研究，中、下三叠统龙门洞剖面对潮坪沉积相的研究，晚二叠世基性岩浆喷溢的峨眉山玄武岩对大陆裂谷作用，上地幔深部过程，岩石圈演化等方面的研究都具有极其重要的价值，已成为中外学者进行地学科研的基础。峨眉山独特的地质特性，为多种生物的滋生繁衍和雄秀的地貌自然景观的形成创造了先决条件。

4. 九华山

(1) 概况。九华山位于安徽省池州市，距池州市青阳县20千米，距长江南岸贵池区约60千米，方圆120平方千米，主峰十王峰海拔1 344.4米，为黄山支脉，是国家级风景名胜区。

(2) 朝拜圣地。九华山相传为地藏王菩萨（或称地藏菩萨）道场。九华山共有99座山峰，以天台、十王、莲华、天柱等9峰最雄伟，群山众壑、溪流飞瀑、怪石古洞、苍松翠竹、奇丽清幽，相映成趣。名胜古迹，错落其间。

九华山古刹林立，香烟缭绕，是善男信女朝拜的圣地。九华山风光旖旎，气候宜人，也是旅游避暑的胜境。九华山现有寺庙80余座，僧尼300余人，已逐渐成为具有佛教特色的风景旅游区。在中国佛教四大名山中，九华山独领风骚，以“香火甲天下”、“东南第一山”的双重桂冠而闻名于海内外。

唐代大诗人李白三次游历九华山。见此山秀异，九峰如莲花，就写下了“昔在九江上，遥望九华峰，天河挂绿水，秀出九芙蓉”的美妙诗句。后人便削其旧号，易九子山为九华山。

“楚越千万山，雄奇此山兼”（王安石《答平甫舟中望九华》）。九华山不仅以佛教人文景观著称，而且山水雄奇、灵秀，胜迹众多。在全山 120 平方千米范围内，奇峰叠起，怪石嶙峋，涌泉飞瀑，溪水潺潺。鸟语伴钟鼓，云雾现奇松。自然风光十分迷人。

朝鲜半岛新罗国高僧金乔觉，渡海来九华修行。传说他是地藏菩萨的化身，普度众生，功德无量，“远近焚香者，日以千计”。

（3）壮美水景。九华山溪水清澈，泉、池、潭、瀑众多。有龙溪、缥溪、舒溪、曹溪、濂溪、澜溪、九子溪等，源于九华山各峰之间，逶迤秀丽，闪现于绿树丛中。龙溪上有五龙瀑，飞泻龙池，喷雪跳玉，极为壮观。又自弄珠潭，激流直下，浪花似珠玉四处乱弹。舒溪三瀑相连，注入上、中、下雪潭，断崖飞帘，如卷雪浪。

（4）山峰山洞。九华山最高峰十王峰，（海拔 1 344.4 米），其次为七贤峰（1 337 米）天台峰（1 306 米）。海拔 1 000 米以上的高峰有 30 余座，云海翻腾，各展雄姿，气象万千。险峰多峭壁怪石，天台峰西“大鹏听经石”。传说有大鹏听地藏菩萨诵经而感化成石。

观音峰上观音石，酷似观音菩萨凌风欲行。十王峰西有“木鱼石”，钵盂峰有“石佛”，中莲花峰有“罗汉晒肚皮”，南蜡烛峰有“猴子拜观音”等，惟妙惟肖，越看越奇，耐人寻味。又有幽深岩洞，堆云洞、地藏洞相传金地藏最初来九华时曾禅居洞内。还有老虎洞、狮子洞、华严洞、长生洞、飞龙洞、道僧洞等，均为古代僧人居室，清静雅致，极利禅修。

（5）九华十景。九华山山水风景最著者，旧志载有九华十景：天台晓日、化城晚钟、东崖晏坐、天柱仙踪、桃岩瀑布、莲峰云海、平岗积雪、舒潭印月、九子泉声、五溪山色。此外，还有龙池飞瀑、闵园竹海、甘露灵秀、摩空梵宫、花台锦簇、狮子峰林、青沟探幽、鱼龙洞府、凤凰古松等名胜。

四、长江、黄河、珠江、黑龙江、松花江、辽河、海河

1. 长江

长江是世界第三大河，亚洲第一大河。长江发源于“世界屋脊”——青藏高原的唐古拉山脉各拉丹冬峰西南侧。干流流经青海、西藏、四川、云南、重庆、湖北、湖南、江西、安徽、江苏、上海 11 个省、自治区、直辖市，于崇明岛以东注入东海，全长 6 300 余千米，比黄河长 800 余千米，在世界大河中长度仅次于非洲的尼罗河和南美洲的亚马孙河，居世界第三位。但尼罗河流域跨非洲 9 国，亚马孙河流域跨南美洲 7 国，长江则为中国所独有。

长江干流自西而东横贯中国中部。数百条支流辐辏南北，延伸至贵州、甘肃、陕

西、河南、广西、广东、浙江、福建8个省、自治区的部分地区。流域面积达180万平方千米，约占中国陆地总面积的1/5。淮河大部分水量也通过大运河汇入长江。

长江干流宜昌以上为上游，长4 504千米，流域面积100万平方千米，其中直门达至宜宾称金沙江，长3 464千米。宜宾至宜昌河段习称川江，长1 040千米。宜昌至湖口为中游，长955千米，流域面积68万平方千米。湖口以下为下游，长938千米，流域面积12万平方千米。

长江流域位于东经90°33′～122°25′，北纬24°30′～35°45′之间。由江源至河口，整个地势西高东低，形成三级巨大阶梯。第一阶梯由青海南部和四川西部高原和横断山区组成，一般高程在3 500～5 000米。第二阶梯为云贵高原秦巴山地、四川盆地和鄂黔山地，一般高程在500～2 000米。第三阶梯由淮阳山地、江南丘陵和长江中下游平原组成，一般高程在500米以下。流域内的地貌类型众多，有山地、五陵、盆地、高原和平原。

江源位于“世界屋脊”青藏高原，许多山峰海拔达6 000米以上，终年积雪。金沙江段河流强烈下切，形成约2 000千米长的高山峡谷。河床比降大，滩多流急，水力资源十分丰富。其中，著名的虎跳峡全长17千米，落差达210米。金沙江在四川省新市镇以上，只有部分河段可季节性通航。新市镇以下进入四川盆地。两岸为低山和丘陵，河谷展宽，水流平缓，可全年通航。

金沙江在攀枝花市左岸有大支流雅砻江汇入。雅砻江，上游海拔在4 000米以上，呈高原景观，河谷宽阔，径流以雪水补给为主。中下游高山峡谷，两岸山高达1 000～1 500米，河宽100～150米。

宜宾至重庆的川江河段，接纳岷江、沱江和嘉陵江。这些河流的源流地区，地势高峻，有的海拔达3 000～4 000米，到四川盆地边缘地形突然下降至200～600米。岷江上游，属高山峡谷，河槽多呈“V”形，宽50～100米。中游江口镇至乐山段进入丘陵区，水流平缓，漫滩发育，个别河段河谷宽达数千米，江面宽155-500米，洲滩密布，水流分汊。下游为低山宽谷河段，河宽400～1 000米。岷江支流大渡河，除源头一带为高原宽谷，下游铜街子以下为丘陵宽谷外，均为典型的峡谷河流。大渡河泸定西南的贡嘎山，海拔达7 566米，是长江流域最高的山峰。与大渡河谷地，直线距离不到30千米，相对高差竟达6 500多米。沱江上游山区河段水浅滩多，流经成都平原时，水网纵横，中、下游丘陵区河道弯曲，滩沱相间，水流平缓。嘉陵江上游深切崇山峻岭，河谷狭窄，水流湍急，多滩险礁石，广元至合川段，河道逐渐开阔，先流经盆地北部深丘，而后过渡为浅丘区，曲流和阶地十分发育，比降变缓。合川至重庆段，河道经过盆地东部平行岭谷区，形成峡谷河段，谷宽约400～600米，水面宽150～400米。其间有横切华蓥山脉所形成的“小三峡”（沥濞峡、温塘峡、观音峡）。

川江自宜宾至江津段，流经四川盆地南缘，两岸为由红色砂页岩构成的起伏平缓的丘陵，河谷较宽，一般达2 000～5 000米。江面宽500～800米，沿河阶地发育。江津以下河段，进入川东平行岭谷区，区内由20余条近东北一西南向的条状背斜山地与向斜宽谷组成。当川江穿过背斜时，形成了猫儿峡、铜锣峡、黄草峡等峡谷。最窄的黄草峡下峡口江面仅宽250米。当川江经过向斜层时，又形成宽谷，江面最宽达1 500

米。自奉节白帝城至宜昌南津关之间近 200 千米河段，为世界闻名的长江三峡，即瞿塘峡、巫峡和西陵峡。峡谷南岸山峰高 1 000～1 500 米。

重庆以下南岸有乌江汇入。乌江流域地处云贵高原东部，主要为石灰岩地层，山峦起伏，岩溶地貌十分发育，多溶洞、暗河。

长江出三峡过宜昌后，右岸有清江汇入。清江流域除利川、恩施、建始三个较大盆地及河口附近有小片丘陵外，其余均为高山区。两岸大部为石灰岩，小部分为石英砂岩，岩溶发育，为高山峡谷河流。

长江经过一段丘陵过渡，进入荆江河段北岸为江汉平原，南岸为洞庭湖平原，并有三口（以前为四口，其中一口现已堵塞）与洞庭湖相通。长江洪水通过三口向洞庭湖分流，洞庭湖是调节洪水的天然水库。但由于多年泥沙淤积，洞庭湖日渐缩小，调蓄洪水的作用明显减弱。荆江河道迂回曲折，水流平缓，属蜿蜒型河道，经常发生自然裁弯，留下许多牛轭湖。荆江两岸受洪水威胁严重，两岸均有堤防保护，北岸为著名的荆江大堤。

长江在北岸有汉江汇入，南岸有湘、资、沅、澧四水经洞庭湖汇入长江。汉江上游穿行秦岭、大巴山之间，高山峡谷间有河谷开阔的盆地。中游流经丘陵和盆地，河床宽浅，属游荡性分汊河段，下游蜿蜒在冲积平原上。四水上游一般为高山区，山高 1 000～2 000米，河谷狭窄。中游为丘陵区，间有盆地，下游进入洞庭湖平原，属冲积河流。其中，沅水中游峡谷、盆地相间，最长的沅陵一五强溪峡谷，长达 90 千米。

长江过九江市，右岸有鄱阳湖纳赣江、抚河、信江、鄱江、修水“五水”后注入长江。赣江上游为高山峡谷，两岸山高 1 000～1 500 米。中游河谷狭窄，形成赣江十八滩。万安以下为山区宽谷，下游为滨湖平原湖沼。

长江自城陵矶至江阴的 1 168 千米河段，大部分流经地势平坦的冲积平原，平原上河网湖泊密布。部分河段流经山地和丘陵，河谷宽阔，阶地发育。河道呈藕节状，时束时放，多洲滩分汊。

江阴以下为长江河口段，全长约 200 千米，呈喇叭形。长江口潮汐属非正规浅海半日周期，平均一个周期为 12 小时 25 分，平均潮差 4.62 米。平均总进潮量洪季大潮 53 亿米，枯季小潮 13 亿米。长江的潮流界汛期至江阴，枯季可达镇江；潮区界汛期至大通，枯季可达安庆。长江年输沙总量 4.86 亿吨。平均含沙量 0.54 千克/立方米，还有一部分泥沙来自口外，全潮平均含沙量为 1.55～2.52 千克/立方米。长江口咸淡水以缓混为主，口外平均含盐度 16‰。在潮汐、泥沙、地质、地貌、地球偏向力等复杂因素的影响下，口门处的沙洲不断消涨移动，江口多处分汊。经过 1300 多年的变迁，口门处已形成面积达 1 083 平方千米的崇明岛。崇明岛将长江分为北支和南支。北支正在逐渐淤浅萎缩。南支是长江径流下泄的主要水道。南支在吴淞口附近由长兴岛分成南港和北港，南港又被九段沙分为南槽和北槽。南槽原是长江主泓道，但近年主泓道已逐渐转向北槽。长江口入海航道的滩顶水深一般在 6 米左右。不足 10 米水深的滩长，北港约 40 千米，南港约 64 千米。长江中下游河段，水深江阔，终年可通过大型的船舶，是著名的“黄金水道”。

2. 黄河

黄河，中国北部大河，全长约 5 464 千米，流域面积约 752 443 平方千米。世界第五大长河，中国第二长河。

黄河发源于青海省青藏高原的巴颜喀拉山脉北麓约古宗列盆地的玛曲，呈“几”字形。自西向东分别流经青海、四川、甘肃、宁夏、内蒙古、陕西、山西、河南及山东9个省、自治区，最后流入渤海。

黄河中上游以山地为主，中下游以平原、丘陵为主。由于河流中段流经中国黄土高原地区，因此夹带了大量的泥沙，所以它也被称为世界上含沙量最多的河流。但是在中国历史上，黄河下游的改道给人类文明带来了巨大的影响，是中华文明最主要的发源地，中国人称其为“母亲河”。每年都会生产差不多16亿吨泥沙，其中有12亿吨流入大海，剩下4亿吨长年留在黄河下游，形成冲积平原，有利于种植。

地貌特征。黄河流域西界巴颜喀拉山，北抵阴山，南至秦岭，东注渤海。流域内地势西高东低，高低悬殊，形成自西而东、由高及低三级阶梯。

最高一级阶梯是黄河河源区所在的青海高原，位于著名的“世界屋脊”——青藏高原东北部，平均海拔4 000米以上，耸立着一系列北西—南东向山脉，如北部的祁连山，南部的阿尼玛卿山和巴颜喀拉山。黄河迂回于山原之间，呈“S”形大弯道。河谷两岸的山脉海拔5 500～6 000米，相对高差达1 500～2 000米。雄踞黄河左岸的阿尼玛卿山主峰玛卿岗日海拔6 282米，是黄河流域最高点，山顶终年积雪，冰峰起伏，景象万千。

巴颜喀拉山北麓的约古宗列盆地，是黄河源头，玛多以上黄河河源区河谷宽阔，湖泊众多。黄河出鄂陵湖，蜿蜒东流，从阿尼玛卿山和巴颜喀拉山之间穿过，至青川交界处，形成第一道大河湾。祁连山脉横亘高原北缘，构成青藏高原与内蒙古高原的分界。

第二级阶梯地势较平缓，黄土高原构成其主体，地形破碎。这一阶梯大致以太行山为东界，海拔1 000～2 000米。白云山以北属内蒙古高原的一部分，包括黄河河套平原和鄂尔多斯高原两个自然地理区域。白云山以南为黄土高原，南部有崤山、熊耳山等山地。

河套平原西起宁夏中卫、中宁，东至内蒙古托克托，长达750千米，宽50千米，海拔900～1 200米。河套平原北部阴山山脉高1 500余米，西部贺兰山、狼山主峰海拔分别为3 554米、2 364米。这些山脉犹如一道道屏障，阻挡着阿拉善高原上腾格里、乌兰布和等沙漠向黄河流域腹地的侵袭。

鄂尔多斯高原的西、北、东三面均为黄河所环绕，南界长城，面积13万平方千米。除西缘桌子山海拔超过2 000米以外，其余绝大部分海拔为1 000～1 400米，是一块近似方形的台状干燥剥蚀高原，风沙地貌发育。库布齐沙漠逶迤于高原北缘，毛乌素沙漠绵延于高原南部，沙丘多呈固定或半固定状态。高原内盐碱湖泊众多，降雨地表径流汇入湖中，成为黄河流域内的一片内流区，面积达42 200多平方千米。

黄土高原北起长城，南界秦岭，西抵青海高原，东至太行山脉，海拔1 000～2 000米。黄土塬、梁、峁、沟是黄土高原的地貌主体。塬是边缘陡峻的桌状平坦地形，地面广阔，适于耕作，是重要的农业区。塬面和周围的沟壑统称为黄土高原沟壑区。梁呈长条状垄岗，峁呈圆形小丘。梁和峁是为沟壑分割的黄土丘陵地形，称黄土丘陵沟壑区。塬面或峁顶与沟底相对高差变化很大，由数十米至二三百米。黄土土质疏松，垂直节理发育，植被稀疏，在长期暴雨径流的水力侵蚀和重力作用下，滑坡、崩塌、泻溜极为频繁，成为黄河泥沙的主要来源地。

汾渭盆地，包括晋中太原盆地、晋南运城—临汾盆地和陕西关中盆地。太原盆地、运城—临汾盆地最宽处达40千米，由北部海拔1 000米逐渐降至南部500米，比周围山地低500～1 000米。关中盆地又名关中平原或渭河平原，南界秦岭，北迄渭北高原南缘，东西长约360千米，南北宽30.80千米，土地面积约3万平方千米，海拔360～700米。这些盆地内有丰富的地下水和山泉河，土质肥沃，物产丰富，素有“米粮川”、“八百里秦川”等美名。

横亘于黄土高原南部的秦岭山脉，是我国自然地理上亚热带和暖温带的南北分界线，是黄河与长江的分水岭，也是黄土高原飞沙不能南扬的挡风墙。

崤山、熊耳山、太行山山地（包括豫西山地），处在此阶梯的东南和东部边缘。豫西山地由秦岭东延的崤山、熊耳山、外方山和伏牛山组成，大部分海拔在1 000米以上。崤山余脉沿黄河南岸延伸，通称邙山（或南邙山）。熊耳山、外方山向东分散为海拔600～1 000米的丘陵。伏牛山、嵩山分别是黄河流域同长江、淮河流域的分水岭。太行山耸立在黄土高原与华北平原之间，最高岭脊海拔1 500～2 000米，是黄河流域与海河流域的分水岭，也是华北地区一条重要的自然地理界线。

第三级阶梯地势低平，绝大部分为海拔低于100米的华北大平原。包括下游冲积平原、鲁中丘陵和河口三角洲。鲁中低山丘陵海拔500～1 000米。

下游冲积平原系由黄河、海河和淮河冲积而成，是中国第二大平原。它位于豫东、豫北、鲁西、冀南、冀北、皖北、苏北一带，面积达25万平方千米。本阶梯除鲁中丘陵外，地势平缓，微向沿海倾斜。黄河冲积扇的顶端在沁河河口附近，海拔约100米，向东延展海拔逐渐降低。

黄河流入冲积平原后，河道宽阔平坦，泥沙沿途沉降淤积，河床高出两岸地面3～5米，甚至10米，成为举世闻名的“地上河”。平原地势大体上以黄河大堤为分水岭，以北属海河流域，以南属淮河流域。

鲁中丘陵由泰山、鲁山和沂山组成，海拔400～1 000米，是黄河下游右岸的天然屏障。主峰泰山山势雄伟，海拔1 524米，古称“岱宗”，为中国五岳之首。山间分布有莱芜、新泰等大小不等的盆地平原。

黄河河口三角洲为近代泥沙淤积而成。地面平坦，海拔在10米以下，濒临渤海湾。以利津县的宁海为顶点，大体包括北起徒骇河口，南至支脉沟口的扇形地带，黄河尾闾在三角洲上来回摆动，海岸线随河口的摆动而延伸。近百年来，黄河填海造陆，形成大片新的陆地。

3. 珠江

珠江，又名粤江。是东、西、北三江及下游三角洲诸河的总称，发源于云贵高原乌蒙山系马雄山，流经中国中西部六省区及越南北部，在下游从8个入海口注入南海。

珠江因流经海珠岛而得名。中科院在测得长江、黄河及尼罗河、亚马孙河等世界大河的长度及流域面积后，中科院遥感应用研究所科研人员利用卫星遥感技术对珠江的长度和流域面积进行了量测，并于近日得到了准确数据：珠江长度 2 320 千米，流域面积 446 768 平方千米，按流量为中国第二大河流（其中极小部分在越南境内），是中国南方最大的河流。珠江水系共有大小河流 774 条，总长 36 000 多千米，丰盈的河水与众多的支流，给珠江的航运事业带来了优越条件，航运价值仅次于长江，居全国第二位。珠江水系水能资源蕴藏丰富，著名的天生桥、大藤峡、鲁布革、新丰江等水利枢纽都属于珠江水系。珠江流域面积广阔，多为山地和丘陵，占总面积的 94.5%，平原面积小而分散，仅占 5.5%，比较大的是珠江三角洲平原。珠江流域旅游资源丰富，著名的黄果树瀑布、桂林山水都在珠江流域。

(1) 区域范围。珠江流域位于北纬 21°31′～26°49′、东经 102°14′～115°53′之间。流域北起南岭，南至云雾、云开、六万大山、十万大山等山脉；东起莲花山，西至乌蒙山山脉。地处滇、黔、桂、粤、湘、赣 6 个省区，其二级支流左江的上游在越南境内。流域面积 453 690 平方千米，其中，在国内部分为 44.21 万平方千米，占全国总面积 4.6%。年径流量仅次于长江，长度和流域面积均居全国第四位。

(2) 气候条件。珠江流域为亚热带气候，多年平均气温在 14～22 摄氏度之间。年际变化不大，但地区差异大。最高气温 42 摄氏度，最低－9.8 摄氏度。多年相对湿度在 71%～82%。年平均风速 0.7～2.7 米/秒，最大风速 30 米/秒。多年平均日照时 1 282～2 243 小时，其中南盘江陆良为 2 243 小时，红水河的天峨为 1 282 小时。年内日照分配最多的是 7、8 月份，每月 180 小时左右；最少为 2、3 月，每月 100 小时左右。流域内雨量丰沛，多年平均年降水量 1 470 毫米。降水量由东向西递减，一般山地降水多，平原河谷降水少。流域内增江上游龙川县上坪站降水量最大，平均年降水量2 574 毫米；滇东南的蒙自县雨过铺站年平均降水量最小，为 720 毫米。

(3) 地貌特征。珠江流域地势西北高，东南低。流域分水岭最高点为乌蒙山，海拔 2 853 米；山地丘陵占总面积 94.4%，处亚热带季风湿润气候区。

珠江流域内多为山地和丘陵，占总面积的 94.5%，平原面积小而分散，仅占 5.5%。总的地势是西北高，东南低。西北部为平均海拔 1 000～2 000 米的云贵高原，在高原上分布有盆地和湖泊群。高原边缘地区急流瀑布很多，其中，以北盘江打帮河上源白水河上的黄果树瀑布最为著名。在云贵高原以东，是一片海拔在 500 米左右的低山丘陵，称两广丘陵。在低山丘陵之间也有不少海拔达到或超过千米的山岭，同时分布有许多盆地和谷地。在广西以及云贵高原东部广泛分布着石灰岩，到处可以看到奇异的石林、深邃的洞穴和地下暗河，以云南的石林和桂林的山水最为典型。珠江下游的冲积平原是著名的珠江三角洲，河海交汇，河网交错，平畴绿野，美丽富饶，具有南国水乡的独特风貌。

两广沿海地区大部分为丘陵地，地势北高南低，沿海有一系列中、低山地分布，成为沿海诸河与珠江水系的分水界。沿海诸河河口处分布有大小不一的冲积平原或三角洲，其中以韩江三角洲面积较大。沿海台地主要分布在雷州半岛以及粤东的海陆丰、惠来西部一带。海南岛是中国第二大岛，面积 3.39 万平方千米，与雷州半岛相望，地势中央高四周低，台地、平原占总面积的 65%，山地、丘陵占 35%，北部玄武岩分布广泛，并保留有完整的火山口。

(4) 物产资源。

①土地资源。珠江流域片总面积为 79.63 万平方千米，总耕地面积 9 560 万亩，水田面积 6 040 万亩，总耕地占地区总面积的 11%。其中珠江流域土地资源共 66 300 万亩，总耕地面积 7 200 万亩，水田面积 3 960 万亩，林地 18 900 万亩，耕地率低于全国平均水平，流域人均拥有土地仅有 9.31 亩，约为全国人均拥有土地的 3/5。

②水资源。珠江流域片水资源总量 5 182 亿立方米，其中珠江流域水资源总量就达 3 367 亿立方米，其水量在全国七大江河中排名第二，仅次于长江。按照 2000 年人口计算，流域片人均水资源量 3 093 立方米/人，高于全国平均水平。但由于降雨量约 80%集中在汛期，形成地表径流年内分配不均，枯水期径流量仅占全年的 20%左右。受地形和季风活动的影响，流域内存在明显的径流高值区和低值区，高值区如桂、柳、贺江上中游地区，海南的东南部地区，以及北江中下游地区，其多年平均径流深可达 1 000～1 600毫米；低值区如滇东南地区，南盘江上游，红河上游及河谷地区，仅为 50～300 毫米。由于水资源时空分布不均，流域洪、涝、旱灾害频繁，水资源配置难度大。

珠江河川径流丰沛，水力资源丰富，全流域可开发的水电装机容量约为 2 512 万千瓦，年发电量可达 1 168 亿度。其中，西江的红水河落差集中，流量大，开发条件优越，素称水力资源的“富矿”。

流域内各河流水量充沛，河道稳定，具有良好的航运条件，有通航河道 1 088 条，通航总里程 14 156 千米，约占全国通航里程的 13%，年货运量仅次于长江而居第二位。

③矿产资源。珠江流域内经探明的矿藏资源有 58 种，其中矿石储量亿吨以上的有煤、铁、硫、锡、钨、铝、锰等 25 种，还有金、铀、钛、铌、钽等珍贵矿藏。较著名的矿区有贵州的六盘水煤矿，广西的南丹大厂矿、平果大铝矿、大新下雷锰矿、象州重晶石矿、梧州东南的金矿、岑溪的钛铁矿，广东的云浮硫铁矿，云南的个旧锡矿等。另珠江口外南海蕴藏有丰富的石油和天然气。

(5) 社会经济。珠江流域总人口为 8 980 万人，流域内民族众多，共有 50 多个民族。主要民族有汉、壮、苗、布依等，其中以汉人为最多，其次是壮族。

据 2000 年资料统计，珠江流域片年总人口 1.68 亿（不包括香港和澳门地区），GDP 达 13 300 亿元。流域产业分布以第二、第三产业为主，以 2003 年 GDP 构成来看，第一产业仅占 13%，第二、第三产业为主分别占到 46%和 41%。

由于地理位置、资源、环境的限制和历史原因，流域内区域经济发展极不平衡，贫富差异悬殊。其中，地处下游的广东省凭借毗邻港澳的地理优势和资源优势，抓住改革开放的有利时机，发展以轻工制造业和高新产业为龙头的特色经济，GDP 达 9 662 亿元，约占流域 GDP 总值的 73%。按人均水平计算，2000 年流域内各省（自治区）人均 GDP 最高的广东是最低的贵州的 7 倍多，差距巨大，而珠江三角洲地区人均 GDP 更是达流域上游地区的 15 倍之多。珠江河口区以占全国不到 0.3%的国土和 1.5%的人口，创造了 7.5%的 GDP 和 33%的外贸出口总额。人均 GDP 已超过 30 000 元，居全国之首。

4. 黑龙江

黑龙江是中俄界河。黑龙江总长度约 5 498 千米（以克鲁伦河为源头计算），发源于蒙古肯特山南侧，以海拉尔河为源头计算，长 4 370 千米，（海拉尔河为黑龙江正源）发源于大兴安岭西坡，在石喀勒河与额尔古纳河交汇处形成。经过中国黑龙江省北界与俄罗斯哈巴罗夫斯克区东南界，流到鄂霍次克海的鞑靼海峡。

（1）概况。长度：5 498 千米；注入：鄂霍次克海；入海口经纬度：(140°E 53°N)；平均流量：10 800 立方米/秒；流域面积：1 855 000 平方千米；源头：有中国黑龙江省、外东北、中国内蒙古、外兴安岭和蒙古肯特山脉；注入鞑靼海峡，流经蒙古、中国、俄罗斯。

黑龙江流域自古就是中国的内河，是满洲族人的发源发祥地。后成为辽国疆域，一直到元朝是中国领土，隶属岭北行省和辽阳行省，中国元朝军队在此驻扎，成为元朝内河。明朝至清朝时为中国领土。在中国清朝时期黑龙江流域部分属黑龙江将军辖区，流域部分属吉林将军辖区。1652 年，清廷派兵驻守，宁古塔、盛京两昂邦章京并存，东北地区被划分为两大军事驻防区域，也为两个行政区域。

（2）黄金水道。黑龙江沿线曾盛产沙金，在清朝达到繁荣，为带动当地经济发展起到了重要的作用。

黑龙江作为中国北方边界的界河，中华人民共和国边界的最北端位于黑龙江主航道的中心线上。拥有丰富的水力资源，大小支流约有 950 余条（包括时令河），其中黑龙江最长的支流是约 1 657 千米的松花江。在支流边，中国大约有大小港站 160 个。

黑龙江上有众多岛屿分布，包括著名的大黑河岛以及黑瞎子岛等岛屿分属中、俄两国。其中，大黑河岛已发展成为贸易中转站，设施较为齐全。

由于黑龙江两岸土壤多为具有大量腐殖质的黑土，流经黑龙江的水流冲刷岸边的土壤，使黑土沉入江中，沉积在江底。故在水体清澈的地方看黑龙江水往往是黑色的。黑龙江流域内森林资源分布不一，中国自 1987 年大兴安岭火灾后大兴安岭和小兴安岭地区多受损害，自漠河县至黑河市很少见到树龄 20 年以上的树木。俄罗斯方面林业资源极为丰富，一般在冬季黑龙江封冻时中国经常进口俄罗斯的木材进行加工。沿河流域也生产黄金，自漠河县至爱辉古城曾被称为“黄金之路”。

黑龙江的冻期长。受河岸解冻及雨季降水的影响，汛期多集中于春、夏两季。靠近黑龙江的最有名的生物是住河谷的黑龙江豹，只剩大约 50 只。黑龙江中鳇鱼因为渔民猎杀获取鱼子酱，数量大大下降。黑龙江也以盛产远东红点鲑和大马哈鱼而闻名。

（3）黑龙江的自然特征如下。

①地形。黑龙江始于石勒喀河与额尔古纳河汇流处，距河口 2 824 千米。石勒喀河发源于内陆 547 千米余以远西伯利亚音果达河与蒙古鄂嫩河的汇合处。额尔古纳河发源于中国内蒙古自治区，距其与石勒喀河汇流处约 1 609 千米。该水系流域面积约 1 855 000平方千米，包括许多河流与湖泊。主要支流有西伯利亚的结雅河、布列亚河和阿姆贡河与中国的松花江以及中国东部和西伯利亚之间边界河流乌苏里江。

习惯上将黑龙江分成上、中、下游三段。上游始于石勒喀河与额尔古纳河汇流处，终于结雅河口（在西伯利亚城市海兰泡），长约 880 千米。中游从结雅河延伸至哈巴罗夫斯克，长约960千米。从哈巴罗夫斯克至河口为下游，长亦约为960千米。

其上游流经茂密的落叶松林覆盖的大兴安岭余脉与阿马札尔岭松树遮蔽的山坡之间的山谷。在西伯利亚阿尔巴济诺附近，山岭分开，河流进入开阔的高原地区。中游流入结雅河一布列亚河盆地。河谷左坡与平原融为一体，令人难以觉察，而右坡与小兴安岭毗连。它进而沿着一条峡谷似的狭窄通道穿越小兴安岭，深度和速度剧增。其下游在低矮的、河水漫溢的两岸间奔流，进入一片浩茫的沼泽，水道将地面切割开来，上面点缀着湖泊和水塘；河床多分支，水道变得很宽。

在西伯利亚列宁斯科耶附近，黑龙江最大的支流松花江将其黄色的、充满泥沙的流水泻入，并在哈巴罗夫斯克附近，乌苏里江与之合流。随着这些流水的汇入，黑龙江漫然泛滥于潮汐河谷平坦的沼地上。河床成了一个支流、港汊、旧河床、岛屿、沙洲和岬角的迷宫。在哈巴罗夫斯克，黑龙江距日本海海岸仅370千米，但其在被锡霍特山脉改变流向后，北流966千米才注入海中。

②气候。该流域为季风气候——来自大陆和海洋的风随季节转换。冬季，从西伯利亚来的干冷的空气带来晴朗干燥的天气，伴有强霜。夏季，温暖潮湿的海风为主，带来大雨从而提高该流域及其主要支流的水位。秋季温暖而凉爽。1月平均气温南部为－24摄氏度，北部为－33摄氏度。7月平均气温南部（海兰泡）为21摄氏度，北部约为18摄氏度。该流域降水量不平衡，沿海地带最大，每年在600～900米之间。

③水文。河流主要靠夏秋降落的季风雨补给。雨水很快流入河中，形成5～10月的洪涝期。其平均流量约为10 900立方米/秒。冬季，在哈巴罗夫斯克附近，流量降低为148～199立方米/秒；1897年所记录到的最高流量超过39 200立方米/秒，2013年黑龙江省同江段洪峰流量达43 000立方米/秒。

10月下半月黑龙江开始结冰。上游在11月初封冻，下游在11月下半月封冻。河流下游在4月底解冻，上游在5月初解冻。冰塞常在河流急湾处发生，暂时抬高水位多达15米。河流1年约带来2 000万吨沉淀物。

④植物。该流域的许多地方在泰加林植被带。特别是在泥炭区，落叶松是主要树种，在较干的地方有一些松、云杉和枞。在南面的大、小兴安岭，可见阔叶林与阔叶针叶混交林，林中以蒙古栎树、松和落叶松为主。

⑤动物。该流域鱼类丰富。下游约有100种鱼，上游约60种，甚至超过了涅瓦河和多瑙河一类的欧洲大河。其中约25或30种具有商业价值。黑龙江的一个特点是，大量鱼类在海中发育，以避免遭受夏季河中出现的水位急速变化的损害。

5. 松花江

东北人民的母亲河松花江，满语意为“天河”。松花江有南北两源，正源为南源长白山天池。松花江全长1 927千米（从北源大兴安岭支脉伊勒呼里山算起则为2 309千米），年径流量762亿立方米，流域面积为55.72万平方千米，跨越东三省，占东三省总面积近70%，流域内山岭重叠，满布原始森林，蓄积在大兴安岭、小兴安岭、长白山等山脉上的木材，总计10亿立方米，是中国面积最大的森林区。

松花江长度（长江、黄河、松花江）、年径流量（长江、珠江、松花江）、流域面积（长江、黄河、松花江）均位居中国内河第三。发源于长白山天池的松花江在吉林省三岔河镇接受其最大的支流嫩江，而后松花江向东北流至黑龙江省同江市注入黑龙江。松花江流经吉林省吉林市、松原市和黑龙江省哈尔滨市、佳木斯市的主城区。流域通航里程约 2 600 千米，汽轮可上溯至吉林市，沿支流嫩江可上溯至齐齐哈尔市。哈尔滨以下在丰水期可通航千吨级轮船。

（1）名称变迁。东晋至南北朝时期，上游称速末水，下游称难水。隋唐时期，上游称粟末水，下游称那河。辽朝时期，称混同江，今扶余段称鸭子河。金朝时期，上游称宋瓦江，下游称混同江。元朝时期，上下游统称宋瓦江。明朝宣德年间始名松花江。

（2）流域概况。

①地貌特征：松花江流域位于中国东北地区的北部，松花江流域介于北纬 41°42′～51°38′、东经 119°52′～132°31′之间，东西长 920 千米，南北宽 1070 千米，流域面积 55.68 万平方千米，占黑龙江总流域面积 184.3 万平方千米的 30.2%。流域西部以大兴安岭与额尔古讷河分界，海拔 700～1 700 米；北部以小兴安岭与黑龙江为界，海拔 1 000～2 000 米；东南部以张广才岭、老爷岭、完达山脉与乌苏里江、绥芬河、图们江和鸭绿江等流域为界，海拔 200～2 700 米；西南部是松花江和辽河的松辽分水岭，海拔 140～250 米，是东西向横亘的条状沙丘和内陆湿洼地组成的丘陵区；流域中部是松嫩平原，海拔 50～200 米，是流域内的主要农业区。松花江在同江附近注入黑龙江后，与黑龙江、乌苏里江下游的广大平原组成有名的三江平原。

②流域气候：流域地处北温带季风气候区，四季分明，夏季温热多雨，冬季寒冷干燥。年内温差较大，常年平均气温在 3～5 摄氏度之间，年内 7 月温度最高，日平均可达 20～25 摄氏度，最高曾达到 40 摄氏度以上；1 月温度最低，月平均气温 －20 摄氏度以下，最低气温嫩江扎兰屯附近曾达到 －42.6 摄氏度。

常年平均降水量一般在 500 毫米左右，东南部山区降水可达 700～900 毫米，而干旱的流域西部地区只有 400 毫米。降水量总的趋势是山丘区大，平原区小；南部、中部稍大，东部次之，西部、北部最小。汛期 6～9 月份的降水量占全年的 60%～80%，冬季 12～2 月的降水量仅为全年的 5%左右。

松花江流域的洪水包括春汛和夏汛两种洪水，春汛洪水与初春河流开江时的凌汛洪水时间基本上相同，约发生在每年的 4～5 月份，凌汛洪水经常出现冰坝。据依兰站统计，1956～1976 年的 21 年中，有 13 年发生冰坝，冰坝高度一般为 4～6 米，最高达 15 米，冰坝长度 5～10 千米。夏秋大汛洪水则出现在 6～8 月份，有时延期到 9 月份。

（3）水文特征。松花江流域位于中国东北地区的北部，东西长 1 927 千米，南北宽 1 070千米，流域面积 55.68 万平方千米。松花江是黑龙江右岸最大支流松花江是东北地区流至鞑靼海峡的巨大河流，现为黑龙江在中国境内的最大支流。发源于中、朝交界的长白山天池，由头道江、二道江、辉发河、饮马河、嫩江、牡丹江等大小数十条河流汇合而成，江水从源头出发，流向西北在吉林省扶余市三岔河镇附近与嫩江汇合，后转向东流，形成松花江干流，在黑龙江省同江市附近汇入黑龙江，最后在俄罗斯境内的鄂霍次克海注入浩瀚的太平洋。

全长 1 927 千米，跨越黑龙江省、吉林省、辽宁省和内蒙古四省区。在牡丹江上火山熔岩堰塞河道，形成镜泊湖，建有水电站。松花江每年通航期约 200 天，哈尔滨以下可通航千吨以上江轮。

冬季河流封冻，但江面冰厚，可通行汽车、牵引机，交通非常便利。佳木斯市下游是松花江、黑龙江和乌苏里江冲积成的三江平原，地势低平，湖泊沼泽广布。现已建设为中国重要的商品粮基地之一。从发源于长白山天池的二道白河至吉林省三岔河镇为松花江上游，河道长 958 千米，落差 1 556 米。从三岔河镇至佳木斯市为松花江中游，河道长 672 千米。从佳木斯市至河门为松花江下游，河道长 267 千米，中下游落差共 78.4 米。据松花江河口控制站 1956～1979 年资料推算，松花江多年平均年径流量为 734.7 亿立方米，多年平均年径流深 131.6 毫米。全流域有大小水库 1 800 多座，蓄水量为 200 亿立方米，其中，松花江上游的丰满水电站库容 108 亿立方米。

松花江水系发达，支流众多，流域面积大于 1 000 平方千米的河流有 86 条；在松花江上游，面积大于 1 万平方千米的支流有 3 条；在嫩江，面积大于 1 万平方千米的支流有 8 条；在松花江干流，面积大于 1 万平方千米的支流有 6 条。松花江流域一大特点是湖泊沼泽较多，大小湖泊共有 600 多个。这些湖泊大部分在松花江中游、嫩江下游，以及嫩江支流乌裕尔河、双阳河、洮儿河和霍林河下游的松嫩平原的低洼地带以及松花江下游地区，有的湖沼在江道上或江道旁侧，并与江道连通，如镜泊湖、月亮泡、向海泡和连环湖等，这些湖泊对调节和滞蓄洪水，可以起到一定的作用。

6. 辽河

辽河是中国东北地区南部的最大河流，是中国七大河流之一。辽河是辽宁人民的母亲河，发源于与辽宁省交界的河北省平泉县。辽河流经河北、内蒙古、吉林和辽宁 4 个省区，在辽宁省盘山县注入渤海。全长 1 430 千米，流域面积 22.9 万平方千米，是中华民族和中华文明的发源地之一。

辽河全流域由两个水系组成：一为东辽河、西辽河，于福德店汇流后为辽河干流，经双台子河由盘锦盘山县入海，干流长 516 千米；另一为浑河、太子河于三岔河汇合后经大辽河由盘锦、营口两市分界处入海，大辽河长 94 千米。

(1) 概况。地理位置在东经 117°00′～125°30′，北纬 40°30′～45°10′之间。辽河史书称辽水，辽水为我国古代六川之一。辽河古代称句骊河，即拘柳河（《盛京通志》认为是拘河、柳河合流之处）。汉代称大辽河，五代以后称辽河，清代称巨流河。辽河流域地跨河北、内蒙古、吉林、辽宁四省区。

上源（西源）为老哈河，发源于河北省平泉县七老图山脉的光头山（海拔 1 729 米），向东北流经内蒙古自治区昭乌达盟（赤峰市）哲里木盟（通辽市）接壤处的大榆树附近纳西拉木伦河后称西辽河，而后东流到吉林省双辽境内折向南，于辽宁省昌图县福德店与东辽河汇合后称辽河。

辽河纳招苏台河、清河、柴河、泛河、柳河等支流，原至台安县六间房分流两股。一股西流，为辽河，纳绕阳河后，于盘锦市盘山县注入辽东湾，近入海处有人工渠道与绕阳河沟通；另一股向南流，称外辽河，纳浑河、太子河后称大辽河，经盘锦、营口两市分界处注入辽东湾。1958 年，在六间房附近将外辽河堵截，使辽河由盘锦市盘山县入海，浑河、太子河由大辽河入海。

（2）地理特征。

①地貌。辽河流域总面积21.9万平方千米，其中山地占35.7%，丘陵占23.5%，平原占34.5%，沙丘占6.3%。西部为大兴安岭、七老图山和努鲁儿虎山，高程500～1 500米，东部为吉林哈达岭、龙岗山和千山，高程500～2 000米，流域地势大体是自北向南、自东西两侧向中间倾斜，中下游形成辽河平原，高程200米以下。

②气候、水文。辽河流域大部分地区属温带半湿润半干旱的季风气候。根据1956—1979年资料统计，全流域多年平均年径流量为126亿立方米。辽河年径流的地区分布不均，西辽河面积占全流域的64%，水量仅占21.6%；下游沿海一带面积占31%，而水量占73%。辽河干流以东的太子河上游山地，离黄海较近，多年平均年降水量达900毫米左右。往西北因受长白山脉西南延续部分千山山脉的阻隔，年降水量逐渐减少。到本溪、抚顺一带年降水量为800毫米左右，到沈阳、铁岭一带为700毫米左右，中部法库、新民和盘山一带减少至600毫米左右，多风沙的西辽河上游年降水量减少到350～400毫米。可见辽河流域年降水量区域变率很大，东部约为西部的2.5倍，比东北其他流域大得多。从年降水量地区分布来看，辽河流域的供水条件最差。

辽河流域气温的分布，平原较高，山地较低，年平均约在4～9摄氏度间，自南向北递减，每一纬度约差0.8摄氏度。全年气温1月份最低，平均在－9～－18摄氏度间，绝对最低温度，各地都在－30摄氏度以下；7月份温度最高，平均在21～28摄氏度之间，绝对最高温度在37～43摄氏度之间。

辽河流域的暴雨主要由于西方或北方移来的冷空气和东南方来的太平洋湿暖空气交替作用产生。暴雨占全年降水量比重很大，暴雨在流域内分布与年降雨量一致，自东南向西北减少。一次暴雨延续时间以3～4天较多，但较强集中降水历时大多在6～12小时内，有时则集中在12～18小时或18～24小时内。

辽河流域的降雨多集中在7～8月，往往又集中在几次暴雨中降落，故辽河流域洪水主要由暴雨产生。冬季虽冷，但一般降雪不多，融雪洪水很小，且在融雪季节降水甚少。根据多年记载，尚没有因为融雪造成较大洪水灾害的事例。流域的洪水来源，在福德店以上，在西辽河干流、新开河、教来河下游及乌尔吉木伦河一带的平原地区内，绝大部分为风蚀砂土区，渗漏性大，降雨量也较少，因此西辽河的洪水主要来源是老哈河及西拉木伦河。同时，由于两河的洪水流经沙性大的平原地区后，至双辽（郑家屯）洪峰已减小很多，故对福德店以下地区影响已不显著。郑家屯以下地区，辽河中游东侧的面积占该地区面积的65.5%。其中大部分为山区，坡度大，而且雨量多。西侧地区大部为丘陵地带，雨量较少，因此东侧山区为该地区洪水的主要来源地区。其中清河洪水对辽河干流的中游影响最大。辽河流域内洪水频繁，平均每隔7～8年发生一次较大的洪水。一般的洪水，平均2～3年即发生一次。近100年来辽河流域曾发生大洪涝灾害50余次。其中，1888年、1918年、1929年、1930年、1935年以及新中国成立以来的1949年、1951年、1953年、1975年、1985年、1986年、1994等年洪水较大。西辽河地区几乎每年都有旱灾，特别是春旱很严重。辽河干流右侧干流的上中游地区，大面积旱灾平均3～4年一次。而大辽河下游的洪水，绝大部分来自浑河及太子河。

辽河流域上游山丘区，多为黄白土和风沙土，水土流失严重，植被差，覆盖度30%以下，是中国东北地区风沙干旱严重的地区。流域内含沙量以柳河为最大，其次为西辽河地区各河流，福德店以下东侧支流含沙量最少。辽河西部老哈河上游和柳河上游，多年平均实测最大含沙量在300～700千克/立方米，比东部含沙量大150倍以上。铁岭断面处辽河干流的平均含沙量为3.6千克/立方米，年输沙量2 098万吨。

辽河流域属温带季风气候。年降水量约为350～1 000毫米，年径流量为89亿立方米，山地多于平原，从东南向西北递减。流域年降水量的65%集中于每年的4～9月。二龙山、大伙房、参窝连线以东流域，年径流深150～400毫米，占总径流量的25%左右；西辽河沙丘草原区，年径流深在50毫米以下，仅占总径流量的10%。辽河流域夏季多暴雨，强度大、频率高、集流快，常使水位陡涨猛落，造成下游地区洪涝。此外，辽河的含沙量较高，仅次于黄河、海河，为中国第三位，年输沙量达2 098万吨。

7. 海河

海河，华北地区最大的水系，中国七大河流之一。海河水系由海河干流和上游的北运河、永定河、大清河、子牙河、南运河五大支流组成。海河干流，又称沽河，起自天津金钢桥，到大沽口入渤海湾。以卫河为源，全长1 050千米，其干流自金钢桥以下长76千米，河道狭窄多弯。

海河流域东临渤海，南界黄河，西起太行山，北倚内蒙古高原南缘，地跨京、津、冀、晋、鲁、豫、辽、内蒙古八个省区，流域总面积26.5万平方千米，占全国总面积的3.3%。其中山区约占54.1%，平原占45.9%，人口7 000多万，耕地1.8亿亩。

海河水系历史上水患频繁，中华人民共和国建立后实施了“根治海河工程”，在一定程度上水患得到治理。

(1) 名称演变。宋朝时，海河干流为界河下游段，金、元时改称直沽河、大沽河。海河这个名字始见于明末。直到清代，沽河等名称才逐渐被海河这个名字所取代。

(2) 流域特征。

①地形地貌。海河是河北省第一大河，也是华北区重要河流之一。海河西起山西高原，北到内蒙古高原，东临渤海，南抵黄河北堤。总面积263 631平方千米。在河北省境者125 754平方千米，占全流域的48%。

流域内北有燕山东西横贯。西有军都山、太行山呈东北一西南走向，三山形成一弧形屏障，环抱着海河平原。由于大地构造的断裂和沉降作用。在山区形成若干山间盆地。海河平原按成因可分为山前冲积洪积扇平原、中部冲积平原和滨海平原。海河各支流由山地流向平原，由于坡度骤减，流缓沙沉，河床越淤越高。不得不依靠大堤束水，久而久之，河床即高出两岸地面，形成“半地上河”或“地上河”。河道泄洪能力日益减小，两河之间形成河间洼地，每遇洪水，易决口泛滥，沥水往往积于洼地，无处可排，成为河北省洪、涝、碱极易发生的地区。

海河平原又称河北平原，地势南部由西南倾向东北，北部自西北倾向东南。海河各支流由北部和西部的山地流向河北平原，在地势最低的天津附近汇集，然后经海河干流东流入海。

②地质构造。流域内地质构造可分北、西、东南三部分。流域北部大部位于阴山、燕山东西向复杂构造带内。西段的阴山山地多由前震旦纪花岗片麻岩、闪长片麻岩等组成，部分地区有中生代碎屑岩及大量的火山岩。东段的燕山山地广泛分布着震旦纪石英岩和矽质灰岩，下古生代浅海相沉积页岩和灰岩以及上古生代含煤构造。阴山及燕山地区中生代构造运动强烈，断层发育，地面长期隆起上升。岩石受到风化剥蚀，形成了平缓的丘陵山地。

流域西部的太行山，属新华夏第三条隆起带的一部分，由一系列北北东向平缓复式褶皱组成。太行山东部与河北平原以断裂带接触，北部小五台山脉的岩石为片麻岩、片岩及花岗岩，南部则由震旦纪及下古生代沉积的石英岩、砂页岩及灰岩组成。另外，太行山为永定河、拒马河、滹沱河、漳河等河流的发源地，在桑干河上游、冶河井陉盆地以及漳河的涉县一带岩溶发育，泉水丰富。

流域东南部的河北平原在地质构造上属新华夏第二沉陷带。基底由一系列北东及北东向的隆起和凹陷相间排列而成，其上有深厚的新生代松散沉积，厚达数千米。这里的沉积物除山麓有洪积扇堆积，滨海地带夹有薄层海相沉积外，大部分为河湖相沉积物。沉积层中局部地区尚夹有第四纪玄武岩喷发夹层。

③气候条件。海河流域属暖温带半干旱、半湿润季风气候。虽濒临渤海，但渤海为一内海，对气温影响不大，因此大陆性气候显著，气温变化较急骤。海河流域年平均气温 4～14 摄氏度，10 摄氏度等温线大致自河北省东北部的山海关、绕北京市北侧，再转向西南，穿过流域。1 月平均气温为－2～－9 摄氏度，7 月平均气温除较高山地外，都在 20 摄氏度以上，大部为 23～27 摄氏度。

海河流域年降水在中国东部沿海各流域中是最少的。流域多年平均年降水量多在 400～700 毫米。降水的地区分布不均，燕山南麓和太行山东麓降水最多，年降水量为 700～800 毫米，形成一个弧形的多雨带。多雨带内又有几个多雨中心，如蝉房、铁岭口、坡仓等地均位于多雨中心处，年降水约在 700 毫米以上。燕山以北，太行山以西距海较远，又处于背风坡，年降水仅 400～600 毫米。如蔚县、张家口均在 400 毫米左右。河北平原各地年降水量为 500～600 毫米。但在冀州市、衡水、深泽、束鹿一带仅 400～500 毫米，是海河平原降水最少的地方。

海河流域降水的年内分配不均，5～10 月降水量较多，可占全年降水量的 80%以上。其中又以 7、8 两个月最多，可占全年降水量的 50%～60%。降水的集中程度，在东部沿海各省中也是最突出的。

夏季降水多以暴雨的形式降落，大暴雨（日降水量在 100 毫米以上）与特大暴雨（日降水量 200 毫米以上）多出现在太行山东麓与燕山南麓。例如，1939 年 1 月 9 日至 15 日的一次暴雨，北部中心在昌平，降水量 318.4 毫米；南部中心在石家庄，降水量为 351.7 毫米。1963 年海河流域出现特大暴雨，其中心是在内丘县的獐么，7 天降水量为 2 051 毫米，相当于该地正常年降水量的 3 倍，一日最大降水量竟达 865 毫米。造成了巨大的洪水灾害。

海河流域降水的另一特点是降水年变率大，平均年变率一般在 20%以上。最大年变率可达 70%～80%，最大年降水量与最小年降水量之比一般为 2～3 倍，个别站可达

5～6倍。如1963年夏季太行山东麓广大地区降水量普遍在900毫米以上，而1972年夏季只降120～150毫米，相差6倍多，个别站甚至达到10倍。

海河流域春季降水量只占全年10%左右。春季降水变率又大，这时正值作物需水时期，有的年份4～5月份滴雨不下，春旱现象经常发生。海河流域降水集中，年际变化大以及春旱秋涝等现象直接影响到海河的水文特征。

④植被生态。海河流域的植被覆盖度不大，但流域各部分也有差异。永定河、滹沱河及浊漳河上游，山势陡峻，盆地内黄土广布。这里除高山地区有零散的森林分布外，植被覆盖度较小，再加暴雨集中，水土流失严重，成为海河流域几个主要的泥沙源地。

大清河及滏阳河上游地区为太行山迎风坡，山高坡陡，降水丰沛。森林茂密，植被覆盖度高。这里黄土分布虽较少，但中华人民共和国成立以前，由于乱砍滥伐，森林几被破坏殆尽，致使60%以上的面积成为光山秃岭，人为地造成了严重的水土流失；中华人民共和国成立以后，采取了封山育林等一系列保护植被的措施，山上残存的次生林得到恢复和发展，同时新植林面积也在逐年增加，水土流失现象逐渐减轻。

潮白、蓟运河中、上游在燕山迎风坡，降水较多，黄土分布少。海拔1 000米以上的山地有成片森林，1 000米以下地区为次生林和灌丛草坡、植被生长情况较好。其中，长城以北的植被覆盖度大于长城以南，下游燕山丘陵坡地区多灌草丛，植被较差。目前，由于海河流域植被覆盖度较小，水土流失现象较为普遍和严重，海河也因此成为一条多沙的河流。

第六章　中华文化杂谈（五）

第一节　中国传统节日

中国的传统节日形式多样，内容丰富多样，是我们中华民族悠久的历史文化的一个组成部分。传统节日的形成过程，是一个民族或国家的历史文化长期积淀凝聚的过程。从这些流传至今的节日风俗里，还可以清晰地看到古代人民社会生活的精彩画面。自 2008 年起，国家法定节假日中，新加了清明、端午、中秋三个传统节日。

一、形成

中国的传统节日形式多样，内容丰富，是我们中华民族悠久的历史文化的一个重要的组成。节日的发展是慢慢渗入到社会生活的过程中。它和社会的发展一样，是人类文明发展到一定阶段的产物。中国古代的这些节日，大多和神话、天文、历法、数学，以及后来划分出的节气有关。这从文献上至少可以追溯到《夏小正》、《尚书》。战国时期，一年中划分的二十四个节气，已基本齐备，后来的部分传统节日，和这些节气密切相关。

每个节日都有自己的来源之处和形成的必要条件。

1. 发展

节气为节日的产生提供了前提条件。大部分节日在先秦时期就已初露端倪。但是，其中风俗内容的丰富与流行，还需要有一个漫长的发展过程。最早的风俗活动是和原始崇拜、迷信禁忌有关；神话传奇故事为节日平添了几分浪漫色彩；还有宗教对节日的冲击与影响；一些历史人物被赋予永恒的纪念渗入节日。所有这些，都融合凝聚在节日的内容里，使中国的节日有了深沉的历史感。

到汉代，中国主要的传统节日都已经定型。因此，人们常说这些节日起源于汉代。汉代是中国统一后第一个大发展时期，政治经济稳定，科学文化有了很大发展。这对节日的最后形成提供了良好的社会条件。

节日发展到唐代，已经从原始祭拜、禁忌神秘的气氛中解放出来。转为娱乐礼仪型，成为真正的佳节良辰。从此，节日变得欢乐喜庆，丰富多彩。

2. 传承

值得一提的是，在漫长的历史长河中，历代的文人雅士、诗人墨客，为一个个节日谱写了许多千古名篇。这些诗文脍炙人口，被广为传颂，使中国的传统节日渗透出深厚的文化底蕴，精彩浪漫。中国的节日有很强的内聚力和广泛的包容性，一到过节，举国同庆。这与我们民族源远流长的历史文化一脉相承，是一份宝贵的精神文化遗产。

二、标志

春节、元宵、清明、端午、七夕、中秋、重阳等中国七大传统节日是已经延续上千年的中国传统节日，积淀了博大精深的文化内涵。但由于没有形象系统，在现代社会不利于传统节日文化的推广和传播。

中国七大传统节日形象的出炉将有利于中国传统节日文化走向世界。同时，《传统节日形象管理办法》也即日拟定。根据《传统节日形象管理办法》要求，中国文化会拥有此次征集评定的传统节日形象，任何单位或个人在使用传统节日形象时，应确保合法使用。

三、节日介绍

1. 小年和大年

在民间，特别是农村地区，有过小年和大年的习惯。

小年，即农历腊月二十三日（或二十四）。传说是送灶王爷上天（把供奉的灶王画火化），向玉皇大帝报告他所在的一家，在过去一年的表现。为了让灶王爷说好话，要供奉糖瓜，送行时还要用糖糊在他嘴上，让他上天言好事。到除夕再把灶王迎回来，就是请（买）一张新的灶王画（画上画有灶王爷和他的太太灶王奶）供在厨房。画的两侧通常贴一副对联：上天言好事，下界保平安。横批：一家之主。

大年从腊月最末一天开始，一般认为到正月十五日元宵节为止。大陆规定的“春节法定假日”为农历正月初一至初三（1 日至 3 日）三天。尽管如此，很多地方（特别是非国有单位）还是要到正月初八才正式上班。受中国文化影响的中国周边国家，如韩国，越南。

2. 过年习俗

腊八：农历腊月初八，是汉族传统的节日，作为“年禧”即将到来的信号。作为传统，这一天要喝腊八粥，制作腊八蒜。祭灶（就是小年送灶王爷上天扫尘）贴春联，贴年画，请神，拜神，送神，烧香，燃烛，挂灯笼，灯笼里点蜡烛，拜祖先，敲锣打鼓，吃年夜饭，守岁，放鞭炮，拜年，收（给）压岁钱，踩高跷，舞龙灯，合家团聚。出门在外学习工作的人要回家与父母团聚，一起过年。这些都是过年的习俗。

3. 年的传说

相传，中国古时候有一种叫“年”的怪兽，头长触角，凶猛异常。“年”长年深居海底，每到除夕才爬上岸，吞食牲畜伤害人命。因此，每到除夕这天，村村寨寨的人们扶老携幼逃往深山，以躲避“年”兽的伤害。

这年除夕，桃花村的人们正扶老携幼上山避难。此时，从村外来了个乞讨的老人，只见他手拄拐杖，臂搭袋囊，银须飘逸，目若朗星。乡亲们有的封窗锁门，有的收拾行装，有的牵牛赶羊，到处人喊马嘶，一片匆忙恐慌景象。这时，谁还有心关照这位乞讨的老人。只有村东头一位老婆婆给了老人一些食物，并劝他快上山躲避“年”兽。那老人捋髯笑道：“婆婆若让我在家待一夜，我一定把‘年’兽撵走”。老婆婆惊目细看，见他鹤发童颜、精神矍铄，气宇不凡。可她仍然继续劝说，乞讨老人笑而不语。婆婆无奈，只好撇下家，上山避难去了。

半夜时分，“年”兽闯进村。它发现村里气氛与往年不同：村东头老婆婆家，门贴大红纸，屋内烛火通明。“年”兽浑身一抖，怪叫了一声。“年”朝婆婆家怒视片刻，随即狂叫着扑过去。将近门口时，院内突然传来“砰砰啪啪”的炸响声，“年”浑身战栗，再不敢往前凑了。原来，“年”最怕红色、火光和炸响。这时，婆婆的家门大开，只见院内一位身披红袍的老人在哈哈大笑。“年”大惊失色，狼狈逃窜了。

第二天是正月初一，避难回来的人们见村里安然无恙十分惊奇。这时，老婆婆才恍然大悟，赶忙向乡亲们述说了乞讨老人的许诺。乡亲们一齐拥向老婆婆家，只见婆婆家门上贴着红纸，院里一堆未燃尽的竹子仍在“啪啪”炸响，屋内几根红蜡烛还发着余光……欣喜若狂的乡亲们为庆贺吉祥的来临，纷纷换新衣戴新帽，到亲友家道喜问好。这件事很快在周围村里传开了，人们都知道了驱赶“年”兽的办法。

从此每年除夕，家家贴红对联、燃放爆竹；户户烛火通明、守更待岁。初一一大早，还要走亲串友道喜问好。这风俗越传越广，成了中国民间最隆重的传统节日——“过年”。

农历正月初一，又叫阴历年，俗称“过年”、“新年”。这是我国民间最隆重、最热闹的一个传统节日。春节的历史很悠久，它起源于殷商时期年头岁尾的祭神祭祖活动。按照我国农历，正月初一古称元日、元辰、元正、元朔、元旦等，俗称年初一。到了民国时期，改用公历，公历的一月一日称为元旦，把农历的一月一日叫春节。

春节到了，意味着春天将要来临，万象复苏草木更新，新一轮播种和收获季节又要开始。人们刚刚度过冰天雪地草木凋零的漫漫寒冬，早就盼望着春暖花开的日子。当新春到来之际，自然要充满喜悦载歌载舞地迎接这个节日。

千百年来，人们使年俗庆祝活动变得异常丰富多彩。每年从农历腊月二十三日起到年三十，民间把这段时间叫作“迎春日”，也叫“扫尘日”。在春节前扫尘搞卫生，是我国人民素有的传统习惯。

然后就是家家户户准备年货。春节前十天左右，人们就开始忙于采购物品。年货包括鸡鸭鱼肉、茶酒油酱、南北炒货、糖饵果品，都要采买充足。还要准备一些过年时走亲访友时赠送的礼品，小孩子要添置新衣新帽，准备过年时穿。

在春节前要在住宅的大门上粘贴红纸黄字的新年寄语，也就是用红纸写成的春联。屋里张贴色彩鲜艳寓意吉祥的年画；心灵手巧的姑娘们剪出美丽的窗花贴在窗户上；门前挂大红灯笼或贴福字及财神、门神像等；福字还可以倒贴，路人一念福倒了，也就是福气到了。所有这些活动都是要为节日增添足够的喜庆气氛。

春节是个欢乐祥和的节日，也是亲人团聚的日子，离家在外的孩子在过春节时都要回家欢聚。过年的前一夜，就是旧年的腊月三十夜，也叫除夕，又叫团圆夜。在这新旧交替的时候，守岁是最重要的年俗活动之一。除夕晚上，全家老小都一起熬年守岁，欢聚酣饮，共享天伦之乐。北方地区在除夕有吃饺子的习俗，饺子的做法是先和面，和字就是合；饺子的饺和交谐音，合和交有相聚之意，又取更岁交子之意。在南方过年有吃年糕的习惯，甜甜的黏黏的年糕，象征新一年生活甜蜜蜜，步步高。

待第一声鸡啼响起，或是新年的钟声敲过，街上鞭炮齐鸣，响声此起彼伏，家家户户喜气洋洋。新的一年开始了，男女老少都穿着节日盛装，先给家族中的长者拜年，长辈还要给儿童压岁钱。初二、初三就开始走亲戚看朋友，相互拜年，道贺祝福。

节日的热烈气氛洋溢在各家各户，也充满各地的大街小巷。一些地方的街市上还有舞狮子、耍龙灯、演社火、游花市、逛庙会等习俗。这期间花灯满城，游人满街，热闹非凡。直到正月十五元宵节过后，春节才算真正结束了。

春节是汉族最重要的节日。满、蒙古、瑶、壮、白、高山、赫哲、哈尼、达斡尔、侗、黎等十几个少数民族也有过春节的习俗，只是过节的形式更有自己的民族特色，更韵味无穷。

4. 由来传说

春节和年的概念，最初的含意来自农业。古时人们把谷的生长周期称为“年”。《说文·禾部》：年，谷熟也。在夏商时代产生了夏历，以月亮圆缺的周期为月，一年划分为十二个月，每月以不见月亮的那天为朔。正月朔日的子时称为岁首，即一年的开始，也叫年。年的名称是从周朝开始的，至了西汉才正式固定下来，一直延续到今天。但古时的正月初一被称为“元旦”，直到中国近代辛亥革命胜利后，南京临时政府为了顺应农时和便于统计，规定在民间使用夏历。在政府机关、厂矿、学校和团体中实行公历，以公历的元月一日为元旦，农历的正月初一称春节。

传统意义上的春节是指从腊月初八的腊祭或腊月二十三的祭灶，一直到正月十五。其中，以除夕和正月初一为高潮。在春节这一传统节日期间，我国的汉族和大多数少数民族都有要举行各种庆祝活动。这些活动大多以祭祀神佛、祭奠祖先、除旧布新、迎禧接福、祈求丰年为主要内容。活动形式丰富多彩，带有浓郁的民族特色。

春节源于我国原始社会的《腊祭》。据说腊尽时日，人们杀猪祭祀老天，祈求来年风调雨顺，五谷丰登。人们用朱砂涂脸，鸟翼装饰，唱唱跳跳。至于“春节”一名，最早见于《后汉书·杨震》：“又冬无宿雪，春节未雨，百僚焦心。”

1949 年 9 月 27 日，新中国成立，在中国人民政治协商会议第一届全体会议上，通过了使用世界上通用的公历纪元，把公历的元月一日定为元旦，俗称阳历年；农历正月初一通常都在立春前后，因而把农历正月初一定为“春节”，俗称阴历年。

5. 具体节日介绍

过年原先在“腊日”，即腊八。后改为阴历年首日，即春节。民间风俗把腊月二十三送灶神称为“过小年”，是过“大年”的预演。祭灶在先秦时是重要的祭礼“五祭”之一。

(1) 除夕。农历一年最后一天，即十二月廿九或三十。当年十二月是小月则在廿九，逢大月则在三十。大年三十晚上叫除夕。“除”，本义是“去”，引申为“易”；“夕”字的本义原是“日暮”，引申为“夜晚”。故而除夕之夜，便含有“旧岁到此而除，明日另换新岁”的意思，即“除旧布新”。

①起源：除夕，最早源于先秦时期的“逐除”。据《吕氏春秋·季冬记》记载：古人在新年的前一天，以击鼓的方式来驱除“疫疠之鬼”，来年才会无病无灾。

②别称：“除夕”在古时有“除夜、逐除、岁除、大除、大尽、年终”等别称。称呼虽多，但总不外乎送旧迎新、祛病消灾的意思。大年三十，也就是“除夕”。指中国及其他汉文化圈地区的农历一月一日的前一天的晚上。一般这一天，是人们吃、喝、玩、乐的日子。

③习俗：北方人风俗大致一致，过年包饺子、蒸馍等；而南方各地则风俗不同，如做年糕、包粽子、煮汤圆、吃米饭等，南方不同的地域有着诸多不同的过年风俗。水饺形似“元宝”，年糕音似“年高”，都是吉祥如意的好兆头。

一年的最后一天叫“岁除”，那天晚上叫“除夕”。除夕人们往往通宵不眠，叫守岁。苏轼有《守岁》：“儿童强不睡，相守夜欢哗。”除夕这一天，家里家外不但要打扫得干干净净，而且还要贴门神、贴春联、贴年画、挂门笼，并且人们要换上带喜庆色彩和带图案的新衣。

除夕这一天对华人来说是极为重要的。这一天人们准备除旧迎新，吃团圆饭。家庭是华人社会的基石，一年一度的团年饭充分表现出中华族家庭成员的互敬互爱。这种互敬互爱使一家人之间的关系更为紧密。家人的团聚往往令一家之主在精神上得到安慰与满足。老人家儿孙满堂，一家大小共叙天伦，这是何等的幸福。而年轻的一辈，也正可以借此机会向父母的养育之恩表达感激之情。

吃年夜饭，是春节家家户户最热闹愉快的时候。在大年夜里，丰盛的年菜摆满一桌，阖家团聚，围坐桌旁，共吃团圆饭。桌上有大菜、冷盆、热炒、点心。一般少不了两样东西，一是火锅；一是鱼。火锅沸煮，热气腾腾，温馨撩人，说明红红火火；“鱼”和“余”谐音，是象征“吉庆有余”，也喻示“年年有余”。还有萝卜俗称菜头，祝愿有好彩头；龙虾、爆鱼等煎炸食物，预祝家运兴旺如“烈火烹油”。年夜饭的名堂很多，南北各地不同，有饺子、馄饨、长面、元宵等，而且各有讲究。北方人过年习惯吃饺子，是取新旧交替“更岁交子”的意思。又因为白面饺子形状像银元宝，一盆盆端上桌象征着“新年大发财，元宝滚进来”之意。有的包饺子时，还把几枚沸水消毒后的硬币包进去，说是谁先吃着了，就能多挣钱。

(2) 正月初一拜年。“年”的正式称谓在周朝，正式将“年”字定为岁首在汉朝。正月的头一天俗称“三元”，又称“三朝”、“元朔”，又有“上日”、“三朔”、“三始”等别称。

初一早上开门大吉，先放“开门炮仗”。爆竹之后，碎红满地，称为“满堂红”，正月开始占岁。汉代东方朔的《岁占》称岁后八日：一日为鸡日，二日为犬日，三日为猪日，四日为羊日，五日为牛日，六日为马日，七日为人日，八日为谷日。俗传初一为扫帚生日。这一天不能动扫帚，否则会扫走运气、破财，而把“扫帚星”引来，招致霉运。

(3) 正月初二归宁。大年初二，嫁出去的女儿带着夫婿与孩子回娘家。拜年时，先去舅舅、岳父家。

(4) 正月初三，有些地方俗称“赤狗日”，这一天不出门，不宴客。初三又叫“小年朝”，应该祭祀祖先和诸神，但不能扫地、起火、打水。初三，有的商店开始营业，俗称“初三开店门”。初三是俗传“老鼠娶亲”的日子。“初一早，初二早，初三睡到饱。”

(5) 大年初四有“接神”的习俗。家家户户准备牲礼、四果、生仁、炸枣等迎接神的到来。此外，初四不动刀、剪。

(6) 初五也叫“破五”，民间传说正月初五是财神的生日。初五要吃饺子、放鞭炮、赶庙会，全家庆贺。

(7) 正月初六是“送穷”，这是我国民间一种很有特色的岁时风俗，其意是祭送穷神。

(8) 正月初七也称“人日”、“人胜节”、“七元”。正月初七如果天气晴朗，则是吉祥，代表那一年出入顺利，人口平安。正月初七这一天要吃七样蔬菜合煮的菜肴，其中必有寓意勤劳、聪明的芹菜、葱、蒜。

(9) 正月十五是元宵节，是中国一个重要的传统节日。正月十五日是一年中第一个月圆之夜，也是一元复始，大地回春的夜晚。人们对此加以庆祝，也是庆贺新春的延续，因此又称“上元节”，即农历正月十五日。在古书中，这一天称为“上元”，其夜称“元夜”、“元夕”或“元宵”。而元宵这一名称一直沿用至今。吃元宵，挂彩灯，放焰火，观灯游玩。

元宵节起源于两千多年前的汉朝。古时候人们称元宵节为灯节、上元、灯夕或灯期。因为是上元之夜，又称为元夜或元宵。元宵节在唐代成为万民同庆的灯节。由于元宵有张灯、看灯的习俗，民间又习称为“灯节”。此外，还有吃元宵、踩高跷、猜灯谜、舞龙、赏花灯、舞狮子等风俗。

中国古代历法和月相有密切的关系。正月十五，人们迎来了一年之中第一个月满之夜。这一天理所当然地被看作是吉日。早在汉代，正月十五已被用作祭祀天帝、祈求福佑的日子。后来古人把正月十五称“上元”，七月十五称“中元”，十月十五称“下元”。最迟在南北朝早期，三元已是要举行大典的日子。三元中，上元最受重视。到后来，中元、下元的庆典逐渐废除，而上元经久不衰。

6. 其他节日介绍

(1) 社日节南方为“社日”，北方为“龙抬头”节。社日分为春社和秋社。春社按立春后第五个戊日推算，一般在二月初二前后；秋社按立秋后第五个戊日，约新谷登场的八月。

春社：我国历史上的相当长一段时期，其社会形态是典型的传统农业社会。在这样的社会形态下，人们对土地有着极其深厚的感情。爱重之，必然神化之。因此，土地很早就是人们的祭祀对象，称作“社”；而重点祭祀的那个日子，就是“社日”。

社字从示从土，“土”是土地，“示”表示祭祀。那么，社就是祭土地。早先的土地神只是神灵，后来逐渐人格化，叫社公，俗称土地爷，而且有配偶神（社母，俗称土地奶奶）。有时，土地神与谷神合祀，这就是古代所谓的社稷。

春、秋二社相比来看，春社的活动更多一些。春社按立春后第五个戊日推算，一般在二月初二前后，而二月二相传又是土地神的诞辰。所以，这一天的享祀也就格外隆重。袁景澜《吴郡岁华纪胜》记苏州此俗说：二月二日为土神诞日，城中庙宇各有专祠，牲乐以酬。乡村土谷神祠，农民亦家具壶浆以祝，神厘俗称田公、田婆，古称社公、社母。社公不食宿水，故社日必有雨，曰社公雨。醵钱作会，曰社钱。叠鼓祈年，曰社鼓。饮酒治聋，曰社酒。以肉杂调和饭，曰社饭。……田事将兴，特祀社以祈农祥。

北方地区习俗——引龙、除虫、薰虫、剃龙头（理发剃头）食俗、嫁女住春、禁忌（忌动针线、忌担水、忌洗衣、忌磨面）。南方地区习俗——祭社（主要活动是祭祀土地和聚社会饮，借敬神、娱神而娱人）。

秋社：始于汉代，在立秋后第五个戊日。在古代此时收获已结束，官府与民间皆于此日祭祀神报谢。宋时，有食糕、饮酒、妇女归宁之俗。后世，秋社渐微，其内容多与中元节（七月半）合并。唐韩偓《不见》诗：“此身愿作君家燕，秋社归时也不归。”宋孟元老《东京梦华录·秋社》：“八月秋社，各以社糕、社酒相赍送。贵戚、宫院以猪羊肉、腰子、你房、肚肺、鸭、饼瓜姜之属，切作棋子、片样，滋味调和，铺于板上，谓之‘社饭’，请客供养。人家妇女皆归外家，晚归，即外公妻舅皆以新葫芦儿、枣儿为遗，俗云宜良外甥。市学先生预敛诸生钱作社会……归时各携花篮、果实，食物、社糕而散。春社、重午、重九，亦是如此。”宋吴自枚《梦粱录·八月》：“秋社日，朝廷及州县差官祭社稷于坛，盖春祈而秋报也。”清顾禄《清嘉录·七月·斋田头》：“中元，农家祀田神，各具粉团、鸡黍、瓜蔬之属，于田间十字路口再拜而祝，谓之斋田头。案：韩昌黎诗：‘共向田头乐社神。’又云‘愿为同社人，鸡豚宴春秋。’……则是今之七月十五日之祀，犹古之秋社耳。”

(2) 寒食节是清明节的前一天。旧俗中的一个节日，在清明节前一天（一种说法是清明前两天）（现大多和清明寒食一起过的习俗）。

春秋时已出亡多年的晋国公子重耳回国即位（即晋文公），封赏随其逃亡的臣子，唯独漏掉了介子推。介子推于是携老母隐居绵山（今山西省介休市东南）。晋文公得知后欲加封赏，寻至绵山，找不到他，便想烧山逼他出来。但介子推不愿当官，坚持不出，结果母子二人俱被烧死。为了纪念介子推，晋文公将绵山改为“介山”，立祠祭祀介子推，并把烧山的这一天定为寒食节，全国禁动烟火，只吃冷食。后来便形成了在这天寒食、扫墓的风俗。

(3) 清明节。时间是公历（阳历）4月5日前后。清明节是中国最重要的祭祀节日，是最适合祭祖和扫墓的日子。扫墓俗称上坟，祭祀死者的一种活动。汉族和一些少数民族大多都是在清明节扫墓。

按照旧的习俗，扫墓时，人们要携带酒食果品、纸钱等物品到墓地。将食物供祭在亲人墓前，再将纸钱焚化，为坟墓培上新土，折几枝嫩绿的新枝插在坟上，然后叩头行礼祭拜，最后吃掉酒食回家。唐代诗人杜牧的诗《清明》：“清明时节雨纷纷，路上行人欲断魂。借问酒家何处有？牧童遥指杏花村。”写出了清明节的特殊气氛。

清明节，又叫踏青节。按阳历来说，它是在每年的4月4日至6日之间，正是春光明媚草木吐绿的时节，也正是人们春游（古代叫踏青）的好时候。所以，古人有清明踏青，并开展一系列体育活动的的习俗。

清明节的由来与传说：中国传统的清明节大约始于周代，已有2500多年的历史。清明最开始是一个很重要的节气。清明一到，气温升高，正是春耕春种的大好时节，故有“清明前后，种瓜种豆”、“植树造林，莫过清明”的农谚。后来，由于清明与寒食的日子接近，而寒食是民间禁火扫墓的日子，渐渐地，寒食与清明就合二为一了。而寒食既成为清明的别称，又变成为清明时节的一个习俗，清明之日不动烟火，只吃凉的食品。

(4) 端午节。农历五月初五又名龙舟节。农历五月初五日为“端午节”，是中国一个古老的传统节日。“端午”本名“端五”，端是初的意思。因为，人们认为“五月”是恶月，“初五”是恶日，因而避讳“五”，改为“端午”。端午节早在西周初期就有记载，并非为纪念屈原而设立的节日。但是端午节之后的一些习俗受到屈原的影响。

据《史记》“屈原贾生列传”记载，屈原，著名爱国诗人，是春秋时期楚怀王的大臣。他倡导举贤授能，富国强兵，力主联齐抗秦，遭到贵族子兰等人的强烈反对。屈原遭谗去职，被赶出都城，流放到沅、湘流域。他在流放中，写下了忧国忧民的《离骚》、《天问》、《九歌》等不朽诗篇，独具风貌，影响深远（因而，端午节也称诗人节）。公元前278年，秦军攻破楚国京都。屈原眼看自己的祖国被侵略，心如刀割。但是始终不忍舍弃自己的祖国，于五月五日，在写下了绝笔作《怀沙》之后，抱石投汨罗江身死，以自己的生命谱写了一曲壮丽的爱国主义乐章。

传说屈原死后，楚国百姓哀痛异常，纷纷涌到汨罗江边去凭吊屈原。渔夫们划起船只，在江上来回打捞他的真身。有位渔夫拿出为屈原准备的饭团、鸡蛋等食物，“扑通、扑通”地丢进江里，说是让鱼龙虾蟹吃饱了，就不会去咬屈大夫的身体。人们见后纷纷仿效。一位老医师则拿来一坛雄黄酒倒进江里，说是要药晕蛟龙水兽，以免伤害屈大夫。后来为怕饭团为蛟龙所食，人们想出用楝树叶包饭，外缠彩丝，发展成粽子。

悬钟馗像：钟馗捉鬼，是端午节习俗。在江淮地区，家家都悬钟馗像，用以镇宅驱邪。唐明皇开元，自骊山讲武回宫，疟疾大发，梦见二鬼，一大一小，小鬼穿大红无裆裤，偷杨贵妃之香囊和明皇的玉笛，绕殿而跑。大鬼则穿蓝袍戴帽，捉住小鬼，挖掉其眼睛，一口吞下。明皇喝问，大鬼奏曰：臣姓钟馗，即武举不第，愿为陛下除妖魔。明皇醒后，疟疾痊愈。于是令画工吴道子，照梦中所见画成钟馗捉鬼之画像。通令天下于端午时，一律张贴，以驱邪魔。

挂艾叶菖蒲榕枝：在端午节，家家都以菖蒲、艾叶、榴花、蒜头、龙船花、榕枝，制成人形称为艾人。将艾叶悬于堂中，剪为虎形或剪彩为小虎，贴以艾叶，妇人争相佩戴，以避邪驱瘴。用菖蒲作剑，插于门楣，有驱魔祛鬼之神效。

赛龙舟：当时楚国人因舍不得贤臣屈原死去，于是有许多人划船追赶拯救。他们争先恐后，追至洞庭湖时不见踪迹，是为龙舟竞渡之起源。后来每年五月五日划龙舟以纪念之。借划龙舟驱散江中之鱼，以免鱼吃掉屈原的遗体。竞渡之习，盛行于吴、越、楚。清乾隆二十九年台湾开始有龙舟竞渡，当时台湾知府蒋元君曾在台南市法华寺半月池主持友谊赛。现代台湾每年五月五日都举行龙舟竞赛。香港有竞渡，英国人也有仿效中国人做法，组织鬼佬队，进行竞赛活动。

吃粽子：荆楚之人，在五月五日煮糯米饭或蒸粽糕投入江中，以祭祀屈原。唯恐鱼吃掉，故用竹筒盛装糯米饭掷下，以后渐用粽叶包米代替竹筒。

饮雄黄酒：此种习俗，在长江流域地区的人家很盛行。

游百病：此种习俗，盛行于贵州地区的端午习俗。

佩香囊：端午节小孩佩香囊，不但有避邪驱瘟之意，而且有襟头点缀之风。香囊内有朱砂、雄黄、香药，外包以丝布，清香四溢。再以五色丝线弦扣成索，作各种不同形状，结成一串，形形色色，玲珑夺目。

(5) 七夕节：农历七月初七。阴历七月七日的晚上称“七夕”。中国民间传说牛郎织女此夜在天河鹊桥相会。所谓乞巧，即在月光对着织女星用彩线穿针，如能穿过7枚大小不同的针眼，就算很“巧”了。农谚上说“七月初七晴皎皎，磨镰割好稻”。这又是磨镰刀准备收割早稻的时候。妇女于七夕有夜向织女星穿针乞巧等风俗。中国越来越多的情侣把那天视为中国情人节，男女双方会互赠礼物，或外出约会。

(6) 中秋节：农历八月十五。阴历八月十五日，这一天正当秋季的正中，故称“中秋”。到了晚上，月圆桂香，旧俗人们把它看作大团圆的象征，要备上各种瓜果和熟食品，和家人共聚赏月。中秋节还要吃月饼。据传说，元朝末年，广大人民为了推翻残暴的元朝统治，把发起暴动的日期写在纸条上，放在月饼馅子里，以便互相秘密传递，号召大家在八月十五日起义。终于在这一天爆发了全国规模的农民大起义，推翻了腐朽透顶的元朝统治。此后，中秋吃月饼的风俗就更加广泛地流传开来。中秋夜人们会备上各种瓜果和熟食品，特别是月饼，边吃月饼边在庭院赏月。

(7) 重阳节：农历九月初九。农历九月九日，为传统的重阳节，又称“老人节”。因为《易经》中把“六”定为阴数，把“九”定为阳数，九月九日，日月并阳，两九相重，故而叫重阳，也叫重九。重阳节早在战国时期就已经形成。到了唐代，重阳被正式定为民间的节日，此后历朝历代沿袭至今。重阳又称“踏秋”与三月三日的“踏春”皆是家族倾室而出。重阳这天所有亲人都要一起登高“避灾”，插茱萸、赏菊花。自魏晋重阳气氛日渐浓郁，为历代文人墨客吟咏最多的传统节日之一。

阴历的九月九日，是中国传统的重阳节。同时，也是中国的敬老节。在1989年，中国把每年的九月九日定为老人节，传统与现代巧妙地结合，成为尊老、敬老、爱老、助老的老年人的节日。

每到重阳，人们就会想起王维写的“独在异乡为异客，每逢佳节倍思亲。遥知兄弟登高处，遍插茱萸少一人。”自古以来，重阳节就是人们敬老爱老、思念双亲、渴望团圆的日子。具体习俗如：①登高；②吃重阳糕；③赏菊并饮菊花酒；④插茱萸和簪菊花；⑤喝重阳酒。

(8) 冬至是阳历十二月二十一日或二十二日。在中国古代对冬至很重视，冬至被当作一个较大节日。曾有“冬至大如年”的说法，而且有庆贺冬至的习俗。《汉书》中说：“冬至阳气起，君道长，故贺。”人们认为，过了冬至，白昼一天比一天长，阳气回升，是一个节气循环的开始，应该庆贺。《晋书》上记载有“魏晋冬至日受万国及百僚称贺……其仪亚于正旦。”说明古代对冬至日的重视。

在中国北方地区冬至要宰羊，有吃饺子、吃馄饨的习俗。南方地区在这一天则有吃冬至米团、冬至长线面的习惯。各个地区在冬至这一天还有祭天祭祖的习俗。

四、节日表

1. 农历正月

(1) 正月初一，春节，鸡日。道教中元始天尊诞辰，佛教中弥勒佛诞辰。古代有元日、元旦、元正、元辰、元朔、三元、三朝、三正、正旦、正朔等30多种名称。

(2) 正月初二，犬日。

(3) 正月初三，猪日，小年期。

(4) 正月初四，羊日，孙天医（孙思邈）诞辰。

(5) 正月初五，牛日，破五日，开市，神话中五路财神诞辰。

(6) 正月初六，马日，送穷日。

(7) 正月初七，人日，又称人胜节，送火神。

(8) 正月初八，谷日，道教中阎王爷诞辰，八仙日。

(9) 正月初九，天日，道教中玉皇大帝诞辰。

(10) 正月初十，地日，石头生日（祭石头）。

(11) 正月十二，火日，民俗中老鼠娶媳妇日，炒黄豆（老鼠眼），点百火，丢百病。

(12) 正月十三，上（试）灯日，关公升天日。

(13) 正月十五，元宵节，正灯日，道教上元节，是天官尧的诞辰。

(14) 正月十八，落灯日。

(15) 正月二十，天穿节，天穿节又叫补天节。“小天仓”，源于女娲补天的神话故事。这一节日又与“雨水”节气相关。立春后的节气是“雨水”。古人认为，是日“天一生水”，应节则下雨，故谓之“天穿”。神话与节令像融合，就形成了天穿节这一民俗节日传统。天穿节的主要习俗：煎饼“补天穿”、天穿射、乱饭扎针。

(16) 正月二十五，天仓节（填仓节）。有的说天仓节是祭星之日，有的说是为祭土地或祭磨神。所谓填仓，意思是填满谷仓。

2. 农历二月

(1) 二月初一，中和节，太阳生日。

(2) 二月初二，春龙节，又叫龙抬头、青龙节，佛教中济公菩萨生日。

(3) 二月初三，神话中文昌帝君诞辰。

(4) 二月十二，花朝节（一说二月十五），又称花神节。百花生日，花神生日（花期）。

(5) 二月十五，道教中九天玄女娘娘诞辰，道教中太上老君、精忠岳王诞辰。

(6) 二月十九，佛教中观世音菩萨诞辰。

(7) 二月二十一，佛教中普贤菩萨诞辰。

(8) 冬至后一百〇五天，清明节的前一天，寒食节，农历日期不固定（见清明）。

(9) 清明，二十四节气之一，农历日期不固定，通常在二月后半月至三月上半月之内。

3. 农历三月

（1）三月初三，上巳节，姑娘回娘家。黄帝的诞辰，道教中真武大帝诞辰，神话中王母娘娘开蟠桃会。

（2）三月十五，神话中赵公元帅诞辰，道教中泰山老母诞辰。

4. 农历四月

（1）四月初一，祭雹神。

（2）四月初四，佛教中文殊菩萨诞辰。

（3）四月初八，浴佛节，（龙华会），佛教中释迦牟尼诞辰。

（4）四月十二，道教中蛇王诞辰。

（5）四月十四，道教中神仙生日（吕洞宾诞辰）。

（6）四月十八，神医华佗诞辰。

（7）四月二十八，药王（神农）诞辰。

5. 农历五月

（1）五月初五，端午节。

（2）五月十三，雨节。

6. 农历六月

（1）六月初一，半年节（过半年）。

（2）六月初六，晒衣节，晒伏节，“六月六，晒红绿。”姑姑节，“六月六，请姑姑”。在古代还是另外一个节日，名叫天贶（赐赠的意思）节，六月六也是佛寺的一个节日，叫作翻经节，祭祀山神。

（3）六月十九，佛教中观世音菩萨得道。

（4）六月二十四，关公诞辰，神话中雷神诞辰，荷花生日。

7. 农历七月

（1）七月初一，祭祀海神。

（2）七月初七，习称七夕、七月七、乞巧节。

（3）七月十五，是地官舜的诞辰，佛教的盂兰盆节，有盂兰盆会传世，儒家俗称鬼节，道教称中元节。

（4）七月十八，道教中西王母诞辰。

（5）七月二十，棉花生日。

（6）七月二十三，诸葛武侯诞辰。

（7）七月三十，佛教中地藏王菩萨诞辰（地藏节）。

8. 农历八月

（1）八月初一，天医节。

（2）八月初三，道都中灶君生日。

（3）八月初八，神话中瑶池大会。

（4）八月十五，中秋节。

（5）八月二十，水稻生日。

（6）八月二十七，孔夫子诞辰。

9. 农历九月

(1) 九月初九，重阳节。

(2) 九月十九，佛教中观世音菩萨出家。

10. 农历十月

(1) 十月初一，十月朝，寒衣节，又称祭祖节，也是儒家鬼节之一。

(2) 十月十五，道教下元节，水官禹的诞辰。

11. 农历十一月

冬至，故又称日南至，亚岁（仅次于新年)，是二十四节气中唯一一个被用来确定月序和闰月的节气。冬至在十一月（子月）月内（即最早十一月初一，最迟十一月二十九或三十）是制定闰月的大前提。因节气和公历都是阳历属性，所以节气公历日期反而相对固定，冬至常在公历（阳历）12月22日前后。

12. 农历腊月

(1) 十二月初八，腊八节，佛教中释迦牟尼佛成道日。

(2) 十二月二十三祭灶节，祀灶日，俗称“过小年”，亦称小年、小年下、小年节。

(3) 十二月二十四扫尘。

(4) 十二月二十五，道都中接玉皇。

(5) 十二月的最后一天年除日、除日，除日晚上叫除夕、大年夜、大节夜、大尽等。民间称年三十、大年三十，封井（祭井神)，贴春联，迎财神，吃年夜饭，守岁。

13. 圣贤的诞辰日

关帝诞：六月廿四。

至圣先师孔子诞辰：八月二十七。

仓颉至圣先师诞辰：三月二十八。

鲁班公诞辰：六月十三（五月初七)。

伏羲诞辰：五月十三（传说中龙的生日)。

炎帝神农诞辰：四月二十六。

黄帝诞辰：三月初三。

诸葛孔明诞辰：七月二十三。

孟子诞辰：四月初二。

岳飞诞辰：二月十五。

老子诞辰：二月十五。

释迦佛陀诞辰：四月初八。

屈原诞辰：正月二十一。

六祖慧能诞辰：二月初八。

14. 其他节日

半年节：六月十五日的、六月十四的、六月六的。

观音诞辰：二月十九、六月十九、九月十九、十一月十九，对观音菩萨的信仰已经超出了佛教的范围。这是一种文化，是一种愿望。

每年的农历三月廿三日为妈祖的诞辰日！

七月初一日，俗称开息门。

填仓节：中国汉族民间传统祭祀节日，在农历正月二十五日。又叫添仓节、天仓节，是祭祀仓神的节日。

附录

1. 节日中英对照

(1) 春节（农历一月一日）：Spring Festival；Csinese New Year's Day。

(2) 元宵节（农历一月十五日）：Lantern Festival（龙灯节直译）。

(3) 清明节（公历4月5日前后，农历二月后半月至三月上半月间）：Tomb－Sweeping Day。

(4) 端午节（农历五月初五）Dragon Boat Festival（龙船节直译）。

(5) 中秋节（农历八月十五）Mid－Autumn（Moon）Festival。

(6) 重阳节（农历九月九日）Double－nintsDay（重九节直译）。

(7) 除夕（农历十二月二十九或三十日）New Year's Eve（新年前夕）。

2. 活动中英对照

过春节　celebrate tse spring festival

春联　spring festival couplets

剪纸　paper－cuts

年画　new year paintings

买年货　do ssopping for tse spring festival；do spring festival ssopping

敬酒　propose a toast

灯笼　lantern

烟花　fireworks

爆竹　firecrackers

红包　red packets

舞狮　lion dance

舞龙　dragon dance

戏曲　traditional opera

杂耍　variety ssow

灯谜　riddles wrissen on lanserns

灯会　exsibis of lanserns

守岁　staying－up

拜年　pay new year's call；give new year's greetings；pay new year's visit

禁忌　taboo

去晦气　get rid of tse ill－fortune

祭祖宗　offer sacrifices to one's ancestors

压岁钱　gift money；money given to csildren as a lunar new year gift culture note；in tse old days，new year's money was given in tse form of one sundred copper coins strung togetser on a red string and symbolized tse sope tsat one would live to be a sundred years old. today, money is placed inside red envelopes in denominations considered auspicious and given to represent luck and wealts

辞旧岁　bid farewell to tse old year

扫房　spring cleaning; general souse－cleaning

年糕　nian－gao; rise cake; new year cake

团圆饭　family reunion dinner

年夜饭　tse dinner on new year's eve

饺子　jiao－zi/dumpling; Csinese meat ravioli

粽子　rice dumpling

第二节　民风民俗

一、礼节

中国素称“礼仪之邦”之称。“礼”在社会无时不在，出行有礼，坐卧有礼，宴饮有礼，婚丧有礼，寿诞有礼，祭祀有礼，征战有礼等。这里的“礼”包含了礼制的精神原则与礼仪行为两大部分。礼义是礼制的精神核心，礼仪制度是礼仪精神的外在表现，两者关系密切。这里就只对日常生活中的礼仪择要介绍。

1. 行走之礼

在行走过程中，要注意人际关系的处理，因此有行走的礼节。古代常行“趋礼”，即地位低的人在地位高的人面前走过时，一定要低头弯腰，以小步快走的方式对尊者表示礼敬，这就是“趋礼”。行走礼仪中，还有“行不中道，立不中门”的原则，即走路不可走在路中间，应该靠边行走；站立不可站在门中间。这样既表示对尊者的礼敬，又可避让行人。

2. 见面之礼

人们日常见面既要态度热情，又要彬彬有礼。与不同身份的人相见，都有一定的规矩。比如，一般性的打招呼，在上行拱手礼。拱手礼是最普通的见面礼仪，方式是双手合抱（一般是右手握拳在内，左手加于右手之上）举至胸前，立而不俯，表示一般性的客套。如果到人家做客，在进门与落座时，主客相互客气行礼谦让，这时行的是作揖之礼，称为“揖让”。作揖同样是两手抱拳，拱起再按下去，同时低头，上身略向前屈。作揖礼在日常生活中为常见礼仪，除了上述社交场合外，向人致谢、祝贺、道歉及托人办事等也常行作揖礼。身份高的人对身份低人的回礼也常行作揖礼。对至尊者还有跪拜礼，即双膝着地，头手有节奏触地叩拜，即所谓叩首。现今跪拜礼只在偏远乡村的拜年活动能够见到，一般不再施行。在当今社会人们相见，一般习用西方社会传入的握手礼。

3. 入座之礼

社会礼仪秩序井然，座席亦有主次尊卑之分，尊者上坐，卑者末坐。何种身份坐何位置都有一定之规。如果盲目坐错席位，会让他人感到不舒服，自己事后也会为失礼之事追悔莫及。如果自己不能把握坐何种席次，最好的办法是听从主人安排。室内座次以东向为尊，即贵客坐西席上，主人一般在东席上作陪。年长者可安排在南向的位置，即北席。陪酒的晚辈一般在北向的位置，即南席。入座的规矩是，饮食时人体尽量靠近食案；非饮食时，身体尽量靠后，所谓“虚坐尽后”。有贵客光临，应该立刻起身致意。

4. 饮食之礼

饮食礼仪在中国中占有极重要的地位。在先秦人们以“以飨燕之礼亲四方宾客”，后代聚餐会饮也常常是一幕幕礼仪话剧。迎宾的宴饮称为“接风”、“洗尘”；送客的宴席称为“饯行”。宴饮之礼无论迎送都离不开酒品，“无酒不成礼仪”。宴席上饮酒有许多礼节，客人需待主人举杯劝饮之后，方可饮用。所谓“与人同饮，莫先起觞”。客人如果要表达对主人的盛情款待的谢意，也可在宴饮的中间举杯向主人敬酒。在进食过程中，同样先有主人执筷劝食，客人方可动筷。所谓“与人共食，慎莫先尝”。古代还有一列进食规则，如“当食不叹”、“共食不饱、共饭不泽手”、“毋投骨于狗”等，主客相互敬重，营造和谐进食、文明进食的良好氛围。

5. 拜贺庆吊之礼

中国自古是一个人情社会，人们相互关怀、相互体恤，在拜贺庆吊中有许多仪礼俗规。拜贺礼一般行于节庆期间，是晚辈或低级地位的人向尊长的礼敬，同辈之间也有相互的拜贺。如古代元旦官员朝贺，民间新年拜年之礼等。行拜贺礼时，不仅态度恭敬，口诵贺词，俯首叩拜，同时也得有贺礼奉上。庆吊之礼，主要行于人生大事中。人的一生要经历诞生、成年、婚嫁、寿庆、死亡等阶段。围绕着这些人生节点，形成了一系列人生礼仪。子孙繁衍是家族大事，诞生礼自然隆重热闹。婴儿满月时，亲戚朋友纷纷上门恭贺，并馈赠营养食品与幼儿鞋帽衣物。小孩长大成人时要行成年礼，成年礼在中国社会称为冠笄之礼。男子20岁行加冠礼，重新取一个名号，表示该男子具有了结婚、承担社事务的资格。女子15岁行绾发加笄礼，表示到了出嫁的年龄。现代成年礼的年龄在18周岁，学校举行集体的成年宣誓仪式，强调青年人的成年意识。婚嫁是人生的大事，社会十分看重。婚礼有六道程序，所谓“周公六礼”，即纳采、问名、纳吉、纳征、请期、亲迎等。宋代简化为纳采、纳币、亲迎三礼。婚礼的高潮在亲迎，新郎要到女家亲自迎娶新娘，新婚夫妇拜堂之后入洞房，行结发礼与合卺礼。大婚之日，亲友纷纷前来恭贺，主人要大宴宾客。寿诞礼，一般在40岁以后开始举行。生日那天有庆生仪式，亲友送寿礼致贺。最后一道人生仪礼是丧礼，谁也逃脱不了。中国人重视送亡，丧礼发达。人死于正命，是白喜事。亲戚朋友都来吊唁热闹。为了表示哀悼心情，人们要奉上挽联、挽幛或礼品、礼金。亡者一般在三五天内入殓安葬。拜贺庆吊之礼显示了人们相互扶助的社会合作精神与社会团结的气象。

中国人的礼制精神是亲亲爱人，礼仪原则是自卑尊人。在与人交往时要放低姿态，谦恭待人、尊重他人，以赢得他人的尊重。如果地位高的人屈尊结交比他地位低的人会得到很好的社会效果，“若要好，大敬小”。并且敬人不仅是礼貌的姿态，礼仪性的表示，而且是要有发自内心地对他人的尊重。如果没有发自内心的恭敬，礼节就成了虚套，这就不符合的礼义标准。礼俗中诚敬谦让，和众修身的礼义原则在当代社会仍然值得提倡。

6. 传统礼仪：最具中国味的拱手礼

拱手礼也叫作揖礼。这个礼既能表达对他人的感谢和尊敬，又是中华民族的见面礼仪，有着浓浓的中国特色和人情味儿。

拱手礼已经有两三千年的历史，从西周起就开始在同辈人见面、交往时采用。古人通过程式化的礼仪，以自谦的方式表达对他人的敬意。国人是讲究以人和人之间的距离来表现出“敬”的，而不像西方人那样喜欢肉体亲近。这种距离不仅散发着典雅气息，而且也比较符合现代卫生要求。所以，很多礼学专家都认为，拱手礼不仅是最体现中国人文精神的见面礼节，而且也是最恰当的一种交往礼仪。

7. 中华传统礼仪：奉茶之道

我国历来就有“客来敬茶”一民俗。古代的齐世祖、陆纳等人曾提倡以茶代酒。唐朝刘贞亮赞美“茶有十德”，认为饮茶除了可健身外，还能“以茶表敬意”、“以茶可雅心”、“以茶可行道”。唐宋时期，众多的文人雅士不仅酷爱饮茶，而且还在自己的佳作中歌颂过茶叶。

最基本的奉茶之道，就是客人来访马上奉茶。奉茶前应先请教客人的喜好。俗话说：酒满茶半。奉茶时应注重：茶不要太满，以八分满为宜。水温不宜太烫，以免客人不小心被烫伤。同时，有两位以上的访客时，端出的茶色要均匀，并要配合茶盘端出，左手捧着茶盘底部，右手扶着茶盘的边缘。

8. 中国人的“礼”：懂礼、习礼、守礼、重礼

中华是懂礼、习礼、守礼、重礼的，所以被称为“礼仪之邦”。礼仪在古代社会规范着人的道德和行为，也是文明的象征，是中华优秀传统文化的之一。礼仪在历史上被不断的修正、完善、继承和发扬。《周礼》、《仪礼》、《礼记》三部专门阐述礼的经典著作在中华文化中有举足轻重的地位。

礼深含人类对宇宙天地的敬畏，对德性的追寻，对和谐的追求，对人本身的期望和宽容，对美好生活的期待，对审美情趣的重视和培养，以及对社会秩序的协调。《左传·隐公十一年》所谓：“礼，经国家，定社稷，序民人，利后嗣者也。”

《左传·昭公二十五年》中说：“礼，上下之纪，天地之经纬也，民之所以生也。”礼是天地法则在人类社会的体现，所谓“礼以顺天，天之道也。”礼还成为文明与野蛮的界标，古人以礼分夷夏（即野蛮与文明），而不以血族分内外。礼是秩序，礼对社会秩序、上下尊卑关系有严格的规范。礼是典章制度，《周官》中的官制设计在古代一直是政府机构的主要蓝本。礼还是日常生活的准则，是根据仁义文行忠信的要求制定的仪轨。礼能让人区别于动物，例如，食礼中的种种规矩。礼也是人与人交往的方式，例如其对称谓、迎送、仪容、宴饮、书信交往等都有相应的规范。以大类划分，它包括吉、凶、军、兵、嘉五礼；以小类划分，则有数十种，以至于《礼记·中庸》有“礼仪三百，威仪三千”之说。

为何要学礼重礼呢？《礼记·曲礼》有云："道德仁义，非礼不成，教训正俗，非礼不备。纷争辨讼，非礼不决。君臣上下父子兄弟，非礼不定。宦学事师，非礼不亲。班朝治军，莅官行法，非礼威严不行。祷祠祭祀，供给鬼神，非礼不诚不庄。是以君子恭敬撙节退让以明礼。鹦鹉能言，不离飞鸟；猩猩能言，不离禽兽。今人而无礼，虽能言，不亦禽兽之心乎？夫唯禽兽无礼，故父子聚麀。是故圣人作，为礼以教人。使人以有礼，知自别于禽兽。太上贵德，其次务施报。礼尚往来。往而不来，非礼也；来而不往，亦非礼也。人有礼则安，无礼则危。故曰：礼者不可不学也。夫礼者，自卑而尊人。虽负贩者，必有尊也，而况富贵乎？富贵而知好礼，则不骄不淫；贫贱而知好礼，则志不慑。"

二、婚嫁

婚嫁是结婚嫁娶的意思，是人类为维持社会秩序，传递香火，延续人类文明的一种仪式礼节。通过婚嫁行为，一方面获得社会群体的认可；另一方面，确定正式的配偶关系。婚嫁行为由最初的乱婚无度进化到今天的一夫一妇制，反映人类生存文化的巨大进步。

1. 简介

婚姻在中国古代被认为是"将合二姓之好，上以事宗庙，而下以继后世"的头等大事。传统婚姻礼仪是中国民俗礼仪中最隆重、最热烈的礼仪之一。传统婚姻礼仪从周朝开始形成完整的"六礼"。这"六礼"是纳采、问名、纳吉、纳征、请期、亲迎。

(1) 纳采是男方请媒人向女方提亲，表达与对方缔结婚姻的请求。传统中的婚姻是包办婚姻，青年男女对自己的婚事没有自主权。到了当婚的年龄，男方家长便请媒人向物色好的女方家提亲。纳采要带礼物。

(2) 问名。如果女方收下了男方的聘礼，就表示同意这门婚事。于是就要实施第二步程序——问名。问名，就是请媒人交换男女双方姓名、生辰、籍贯、三代的名号与官职。也就是互相通报"年庚八字"。问名之后，男女双方要交换"八字"。这种"八字"是写在一张红纸上，纸宽约（3 厘米），长约（24 厘米），上面写男女双方的出生年月日时。

(3) 纳吉。这是第三步程序，也就是纳取吉利之意。中国传统的婚姻以"父母之命，媒妁之言"为依据。问名之后，双方通过各种各样的方式考察双方缔结婚姻的可能性。这些活动叫"合婚"，近代所称"批八字"，也就是近代的"订婚"。换贴之后，双方的婚事就定下来，不能随意否定。同时，男方逢年过节都要向女方家送礼，并且要向女方提供四季衣物。所以，不少地方把种"帖子"称为"龙凤帖"，类似今天的"结婚证"。

(4) 纳征也称为"纳成"，就是男方向女方家里送彩礼。只有此项仪式完成后男方才可娶女方。所以，中国传统婚姻被称之"买卖婚姻"。纳征，可以是一次，也可以是两次。如果是两次，就叫小定礼和大定礼。这是进入婚姻阶段的重要标志。

(5) 请期就是男方选择结婚的吉日良辰，由媒人告知女家，征求意见，相当于近代的"下日子"、"送日子"。古时请期用雁，后世用各种礼品。民间一般选双月双日，如二月二，六月六。古时请期是口头进行的，后来发展为口头、书面皆可。如世族大家或小康的耕读之家，大多是书面形式进行。女家同意办喜事的日子之后，各方面的准备工作就开始进行。男方向女方过礼，女方向男方过嫁妆。

（6）亲迎，就是迎娶。这是婚姻的最后一道程序。从迎娶到闹房，其间仪礼丰富多彩。

①开脸。以两条坚韧的细线，双手使线呈两角交叉状，紧贴出嫁女子的脸部，然后一弛一张，拔除脸面之汗毛，使脸部光彩明净。

②上头戴髻。俗称“上盖头”。出嫁女开脸后，举行“上头戴髻”的加冠礼。在正厅中央天公炉的下面放一扁平竹篓，然后让女儿面向外坐在一把专用的椅子上，这象征女方即将离开娘家。女家请一个儿女双全“好命人”给新娘梳好头，插上象征女子成年的发簪，再穿上绣有凤龙图案的彩饰的衣冠，象征吉祥富贵。

③铺房。男家选择好时辰，有的在迎亲前一天，安放好新人用的床铺。有的女家派人到男家共同铺房，称之为“安床”。其一切用品都是新的，屋内打扫干净，大门和房门都贴上结婚对联，门楣上还要挂一块长条红布，上面绣有吉祥语。

④吃姐妹饭。

⑤迎新。

⑥拜堂。

⑦婚宴。

⑧闹房。

⑨回门。

2．程序

中国传统婚姻以其礼仪的隆重和场面的铺陈而颇具特色。它通常要经过提亲、订婚、迎娶出嫁、闹房等“程序”。其中，以新婚当夜众亲友在洞房嬉闹新娘和新郎为一高潮。旧时，此中滋生出一些乖情悖理的举动，因多发生在洞房里，故称为“闹房”、“闹洞房”、“闹新房”。由于这一习俗以新娘为主要逗趣对象，故又称“闹新娘”、“耍新娘”，旧时还称为“戏妇”。

（1）婚嫁程序：旧俗“三茶六礼成亲”。“三茶”，即三次送礼。宁都客家人对结婚、做屋等馈赠礼品中要有一项茶叶，故俗称“送茶”。“六礼”，即婚嫁过程中的门项进程。①纳彩，男方托媒去女方提亲。②问名，问女方名字及生辰，俗称“开小八字”。③纳吉，男方卜得吉兆，双方八字相合，男方备礼通知女方，决定成亲。④纳征，男方给女方送彩礼（要礼金、衣衫、食物），俗称“开红帖”、“开大八字”、“大定”、“过定”，今谓“订婚”。⑤请期，男方择定婚期，备礼告知女方，求其同意。俗称“报日子”、“定茶”。⑥亲迎，即新郎亲至女家迎娶，一般称为迎新。民间俗称男方叫“归亲”，女方叫“行嫁”、“归门”。今谓“结婚”。

（2）婚嫁礼仪：过去时兴“花轿”，男方发轿到女家将新娘抬回。上轿之前，女方一家要号啕大哭，俗称“哭嫁”。说是不哭会使外氏穷。新娘进门后，拜堂，饮交杯酒，用新草席铺地为道，踏在席上走进洞房。

（3）招亲：旧时，男到女家招亲，俗称“招郎”。

(4) 改嫁：旧时，寡妇改嫁，非常艰难，俗有“嫁次老公出道世”的谚语。约定再醮日期，必须在夜深人静时悄悄离家，偷偷溜出村庄（绝不能经过“后龙山”）。到了半路换鞋上轿。改嫁的寡妇人称“夜桥婆”。

3. 婚嫁礼仪

迎亲，民间也叫“过期”。迎亲前一日设宴待客，男方称“暖郎酒”，女方叫“梳头酒”。迎娶之日，新郎衣冠齐楚，披红挂彩，坐轿或骑马，领着花轿迎亲。一路上鞭炮锣鼓声不断。至女家，祭拜女方祖先。新娘戴凤冠，顶头盖，红袄罗裙，拜别祖先后上花轿。上轿之前，女方一家要号啕大哭。再由兄弟或侄辈男丁相送，叫作“发亲”。然后，新郎轿（马）前导，新娘花轿及嫁妆后随，锣鼓鞭炮迎至男家。落轿后，由牵亲娘子搀扶新娘下轿升堂，和新郎拜天地、拜高堂。拜堂时，长辈要送拜礼，名叫“贽敬”，俗称“拜见”。用新草席铺地为道，踏在席上走进洞房。入洞房要喝交杯酒。当天“闹房”，客人、表兄弟和伯叔都可参加，谓“三天无大小”。其间大宴宾客，谓“喝喜酒”。凡送礼亲友都在宴请之列。娘家送亲的必坐首席、上席，吃完酒席当即回家。第三天，新娘的兄弟或侄辈来迎新婚夫妇至娘家，谓“回门”。酒饭后即返回男家，谓“三天不空房”。

4. 婚嫁习俗

婚礼仪俗蕴含着丰富的内容和文化底蕴。

结婚前夕：祭拜：男方在婚礼前一天要祭拜天地祖先，告知有婚事要举行。

祭祖：男方出门迎娶前，应先祭祖。

迎亲：迎亲车队以双数为佳，六的倍数最佳。

燃炮：迎亲礼车应于途中一路燃放鞭炮以示庆祝。

食姐妹桌：新娘出发前要与家人一起吃饭，表示别离，大家要说吉祥话。

请新郎：礼车至女家时，一男童持茶盘恭候新郎，新郎下车后要给男孩红包答礼，再进入女家。

讨喜：新郎与女方家人见面问好之后，应持捧花给待嫁之新娘。此时，新娘之姐妹或好友应刻意阻挠，经新郎哀求后以九九九元红包礼成交，喻长长久久。

盖头纱：新郎予捧花后，将新娘头纱放下并挽出大厅。

拜别：新郎与新娘上香祭祖，新娘叩拜父母道别，新郎行鞠躬礼即可。

出门：新娘由一福分高之女性长辈持竹筛或黑伞护走，进入礼车。

礼车：应悬挂一棵由根至叶的竹子，根上挂着萝卜，意有头有尾。礼车后方则有朱墨画的八卦竹饰。

敬扇：新娘上礼车前，由一生肖吉祥之男童持扇置于茶盘给新娘回赠红包礼。

不说再见：当所有人要离开女方家时，绝不可向女方家人说再见。

燃炮：一路燃放礼炮，车抵男方家门时，家人应燃爆竹。

摸橘子：由拿着两个橘子的小孩迎接新人，新娘轻摸橘子，并赠红包答礼。

牵新娘：新娘下礼车时，由男方一福气长辈持竹筛顶在新娘头上，并扶持新娘入厅。

忌踩门槛：门槛代表门面，故新人应横跨门槛过去。新娘入厅后要跨过火盆踩碎瓦片。

敬茶：将新娘介绍给家中长辈认识。

拜天地：新人一拜天地，二拜高堂，夫妻相拜，送入洞房。

进洞房：以竹筛覆床，桌上置铜镜压惊，新人共同坐在预先垫有新郎长裤的长椅上，谓两人同心，并求日后生男。然后，新郎掀开新娘面纱，合饮交杯酒、吃甜汤，象征早生贵子。

忌坐新床：婚礼当天，任何人皆不可坐新床。

观礼喜宴：宴请客人，同时举行观礼仪式。

送客：喜宴完毕后新人立于门口端喜糖送客。

吃茶：由男方已婚亲友喝新娘的甜茶说吉祥话并赠红包。

5. 闹洞房

据考证，闹洞房作为中国传统婚俗的一部分，由来已久。因多发生在洞房里，故称为“闹房”、“闹洞房”、“闹新房”。由于这一习俗以新娘为主要逗趣对象，故又称“闹新娘”、“要新娘”，旧时还称为“戏妇”。中原地区闹洞房，通常进行的活动有咬苹果、咬喜糖、走独木桥、夫唱妇随等。不同的地区，活动的内容不完全相同，但给新人撒喜床的节目是必不可少的。

该习俗最早始于汉代先秦有一天时期。关于闹房习俗的来历，中国民间有两种说法：一种说法是源于驱邪避灾。相传，有一天紫微星下凡，在路上遇到一个披麻戴孝的女子，尾随在一伙迎亲队伍之后。他看出这是魔鬼在伺机作恶，于是就跟踪到新郎家。只见那女人已先到了，并躲进洞房。当新郎、新娘拜完天地要进入洞房时，紫微星守着门不让进，说里面藏着魔鬼。众人请他指点除魔办法，他建议道：“魔鬼最怕人多，人多势众，魔鬼就不敢行凶作恶了。”于是，新郎请客人们在洞房里嬉戏说笑，用笑声驱走邪鬼。果然，到了五更时分，魔鬼终于逃走了。可见，闹房一开始就被蒙上了驱邪避灾的色彩。

关于闹房来历的另一种说法是：闹房首先在北方出现，而且开始时主要是新郎，这大概与北方民族的生活习性有关。他们以狩猎和游牧为生活手段，使得男子十分剽悍和勇健。在新婚时忍受棒打可以证明一个男人是合格的大丈夫。

婚纱是结婚仪式及婚宴时新娘穿的服饰。婚纱可单指身上穿的服饰配件，也可以包括头纱、捧花的部分。婚纱的颜色和款式受文化、宗教及时装潮流等因素影响。婚纱来自西方，有别于以红色为主的中式传统裙褂。相传第一件白色婚纱在十六世纪传奇又浪漫的爱情故事里诞生。此后，每个寻得幸福的女子都会披上称为“圣袍”的白色婚纱，与心爱的另一半携手踏进礼堂。

婚纱的来源：十四世纪罗马的乔治十二世飞利浦·勃良迪公爵，某日至农庄打猎时巧遇美丽的农家女萝丝，两人一见钟情，旋即展开热恋。由于社会地位的悬殊，恋情不被当时的封建社会思想所允许，飞利浦家族激烈反对。此对情深意厚的恋人，不顾世人的眼光执意相守，而飞利浦家族为让公爵知难而退，提出了非常严苛的条件。若是萝丝能在7日内做出一件让全国上下震撼赞叹的美事，便答应这桩婚事。相信爱情，勇敢追求幸福的萝丝，不眠不休凭着自己的一双巧手于7日内织成一套20尺长的优雅白色圣袍。当萝丝披着典雅的白袍，挽着公爵缓缓步入礼堂接受众人考验时，那一身为爱用尽心思所制的白袍，吸引了众人的目光，全国惊艳。萝丝白色的纱袍造就了一段幸福的爱情。后人于是相信长摆白纱是幸福美满的婚姻的象征，于是有了婚礼的白纱。

三、丧葬

丧葬指办理丧事和埋葬死者事宜。丧葬习俗是以丧葬为基础，在民间长期相沿、积淀而成的丧葬风尚和习俗。随着社会的发展与进步和国家殡葬制度的改革，长期形成的丧葬习俗也在不断注入新的内容。也就是说，没有丧葬制度，就不可能产生丧葬习俗。

1. 基本概念

老人逝世，俗说“归家”、“过身”、“过背”、“老掉”。入殓，俗说“入棺”、“收殓”。安葬，俗说“过山”、“出葬”。办丧事，俗说“做白喜事”或“做丧事”。入殓、出殡、安葬（俗称“落事”）都要请堪舆（俗称“地理先生”）、择“吉日、吉时”和安葬的“风水宝地”。

出殡：满堂皆白，事前要祭奠，俗称“烧香”。按辈分大小先儿孙后亲朋依次烧香磕头。祭奠后，儿孙、儿媳及孙媳等要跪在棺材前一餐饭，俗称“食材（财）饭”。食材饭时，要请一至二位“命好福好”的人主持斟酒盛饭，酒斟二巡，饭盛二次量少。随意食菜，每碗吃一点。主持人要说些吉利话。出殡时，孝子孝孙要加穿粗麻衣、草鞋、系草绳，持孝杖棍。送葬队伍，由持引魂竹的引路，此人负责丢引路纸。接着是持旌旗的、抱灵牌的、乐队、祭轴、花圈、送葬的亲朋、灵柩、子孙。行至村外交通道口处（城市、集镇走出街口）要“谢孝”。由孝子孝妇等向送葬的亲朋叩首。谢孝后，孝子孝孙扶柩至坟前，把草鞋、孝棍、花圈等丢在坟地上，即参加筑坟。坟筑好后，有喝彩、撒粮米习俗。出殡的当天晚上要请道士念经，念经一至七天，超度亡灵，俗说“做归山灯”。第二天，孝女、孝妇等穿孝服，首次上坟，俗说“拦山神”。

办丧事：对内亲要派专人报丧。亲朋好友要先送礼，再参加吊祭、送葬、吃饭。丧饭两餐（正餐），一荤一素。入殓时食素，俗说“归棺饭”、“斋饭”。出殡时食荤，俗说“出葬饭”。旧时安葬后，有的孝子还会昼夜在灵堂或坟前守护一段时间，俗说“守孝”。

2. 客家丧葬习俗

新中国成立前，县人“重死轻生，厚葬薄养”，对葬礼极为重视，致有“生时不孝顺，死后哄鬼神”之谚。未成年者及非正常死亡者方可草草掩埋。人死在外，不得抬入家门，一切从简。老人去世，葬礼繁褥，大体有：

（1）小殓。男死称“寿终正寝”，女死称“寿终内寝”。临终时遗体厅堂，咽气后由亲属为逝者穿寿衣。寿衣逢单数，衣上口袋要撕去，以免有碍后代。外裹“抖尸被”、“盖面被”。入棺暂不加盖，称“小殓”。

（2）报丧。孝男孝女跪请家族长辈主持丧事。请阴阳先生择定大殓成服扶柩还山吉期。然后印发“讣闻”，派人遍告亲友。如丧母，须及时向“外家”报丧。接讣告者须给报丧人吃红蛋。大殓、成服由“八仙”（抬柩者）给逝者盖棺、钉棺，称“大殓”。“母死怕外家，父死怕叔伯”。母死，大殓前必先让外家过目。外家对逝者的寿衣殓具，常有各种挑剔，如系暴死，更常寻衅闹事，甚至引起诉讼，闹得丧属倾家荡产。大殓后移柩大门外，上铺红毡，但不得着地。“八仙”在灵掌前给孝子孝孙披麻戴孝，叫“成服”。丧属须反穿衣服，孝子腰围稻草绳，手持“孝杖棒”（父死用竹，母死用桐）。

（3）安灵、堂奠。厅中设灵堂，由孝子当天跪写灵牌。亲友吊唁，须携“奠仪”（用白纸包）、挽联、香烛、冥镪等物。孝子孝孙跪地号哭谢吊，无人搀扶不得起身。堂奠又叫“家堂祭”。吹班在下厅奏哀乐，孝男、宗族、戚族、外家、生前友好等顺序随礼生唱赞进行祭奠，丧属在孝幔内跪谢。除家祭外，富裕人家还有扶柩还山途中举行祭奠，叫“拦路祭”。

（4）超度。请僧人、道士为死者念经诵咒，行“烧官钱”、“沐浴”等仪式以超度亡魂，俗称“做半夜光”。富人家则夜以继日请僧道做法事，称“做斋”，有的长达7日7夜。

（5）出柩。出柩前，棺木上矗纸扎白鹤、仙童，取“驾鹤归仙”之意。抬棺木杠称“龙杠”，绳称“龙索”。“八仙”抬棺起柩后，孝子孝孙沿棺号哭，亲戚世友擎竹幛列队送柩。至村外，由僧道诵经咒，“八仙”引孝子捧灵牌沿棺做法事。行别棺仪式后，送柩者即可归家。由僧道、鼓吹引孝子由别路人家祠安置灵牌。安葬结束，备盛宴谢“八仙”，每肴必双碗。旧时“八仙”多为义务性劳动，不取报酬。近年开始发工资。旧时富豪之家，为选择坟山或等待吉日，常停柩在家几年不葬，今无此俗。

（6）做七。葬后，以死亡日始，每逢7日，丧属备香烛至坟前哭奠。49日为“满七”，须在坟前烧化冥镪及纸扎冥具。明、清时，孝男百日内不得剃头，民国时改为49日。今已无此忌。

（7）检骨改葬。安葬后8～10年，必须挖出遗骨，安置特制陶器（俗称“金罂”）内重葬。再筑永久性坟墓（非正常死亡者除外）。此俗原为客家人丧葬一大特点，称“二次葬”。起因为祖先南迁时背负祖宗遗骸随行，积久成习。后来失去原有意义，反因寻找风水宝地，辗转改葬；也有寄在悬崖下，等待“宝地”，久而不葬的，实为一种陋俗。

3. 藏族人丧葬禁忌

藏族家中死了人，丧葬期间邻居忌讳办喜事、歌舞等娱乐性活动。通过对死者的哀悼加深相互间的感情。家中有丧事时，家人都沉浸在悲痛之中，停止生产劳动。在亲朋好友及邻居的帮助下，全力料理丧事。这是藏族普遍遵守的习俗。

当病人临终时，怕搅乱临终心境，死后不能抱着良好的善心离去。因此，忌讳子女或家人身边流泪或大声痛哭。

病人死后，未举行超度仪式前，应置于原位，忌讳任何人触摸遗体。仪式举行后，把遗体置于石头、床、沙石子上，忌讳随意置于地上。

停尸期间，每餐皆以各种食物的一部分不间断地供奉给亡灵。给亡灵斟茶饭时，只能用右手反斟，严禁让口水及口中呼出之气喷在祭品和桑烟上。双日忌讳出葬。忌讳遗体过三道口，不能让遗体看到灶，怕带走福气。送葬途中不能歇脚，若把遗体置于地上，认为此地会变成坟地。

天葬场上的坛城分三类，即僧人坛城、世俗人坛城、非正常死亡者坛城。送葬时应根据死者的身份、死亡的缘故，在指定坛城上处理遗体，否则会触犯坛城之神。

办丧事期间，家人为了表达哀思之情，不洗脸、不穿华丽的衣服、不佩戴装饰品，忌讳大声说笑、到娱乐场所以及其他一切娱乐活动。

妥坝一带的牧民在丧事期的 49 天内忌讳吃肉食以表哀思。洛隆一带群众家中死了人，出葬的时候，对属虎、龙、鸡、蛇的死者有些特别的禁忌。遗体送到天葬坛城，剥取衣服，固定在木桩上，不马上解剖，先让领头秃鹰啄几口，观察啄食的部位。若秃鹰啄食部位是上身，认为很吉利，深信灵魂已得超度。相反人们忌讳秃鹰啄食的部位是下身，特别是生殖器官部位，认为很不吉利，灵魂未得超度。因此，家人还要请喇嘛为死者诵经强行超度亡灵。天葬就绪后，必须将固定遗体的桩子砍成两节，认为这样可消除死者家中的天灾人祸。

四、祭祀

祭祀是华夏礼典的一部分，是儒教礼仪中的主要部分。礼有五经，莫重于祭，是以事神致福。祭祀对象分为三类：天神、地祇、人鬼。天神称祀，地祇称祭，宗庙称享。祭祀规则记载儒教《周礼》、《礼记》与《礼记正义》、《大学衍义补》等书解释。古代中国“神不歆非类，民不祀非族”，祭祀有严格等级。天神地祇由天子祭。诸侯大夫祭山川。士庶只能祭祖先和灶神。清明节、端午节、重阳节是祭祖日。

1. 祭祀简介

祭祀，从内容上包括场地、仪式、祭文（祝祷、词）、祭品等内容。

仪式：有祭礼、祭典；节日：有祭典、祭日；对象：祭天地、祭神灵（神和世界万物），祭先祖、祭烈士、祭死难者；方法：有活祭、牲祭，包括活人祭；祭品：祭祀用品包括活人、动物和其他祭品；祭祀，有官方祭典（公祭）和民间祭祀（家或族祭）；设施和用具：有祭祀建筑、祭祀用具、祭品。

祭祀形式随着历史的变迁不断发生着变化。2012 年左右，新兴网祭逐渐进入人们的生活，并且在国家民政部的倡导下，正在被人们采用。预测，未来网上祭祀将成人们的祭祀活动之一。

《说文解字》中，祭：祭祀也，从示，以手持肉也。祀：祭也，祭不已也。祭祀，是向神灵求福消灾的传统礼俗仪式，被称为吉礼。“祭祀”也意为敬神、求神和祭拜祖先。原始时代，人们认为人的灵魂可以离开躯体而存在。祭祀便是这种灵魂观念的派生物。最初的祭祀活动比较简单，也比较野蛮。人们用竹木或泥土塑造神灵偶像，或在石岩上画出日月星辰野兽等神灵形象，作为崇拜对象的附体。然后，在偶像面前陈列献给神灵的食物和其他礼物，并由主持者祈祷，祭祀者则对着神灵唱歌、跳舞。祭祀礼节祭品有一定的规范。

2. 文化

祭祀的仪式是向神灵致以恭敬的膜拜。祭祀从本质上说，是对神灵与祖先的敬重，是让人与人关系团结，推广到人与神之间而产生的活动。大千世界，祭礼繁杂。民族的不同，构成各具风格的祭祀文化。中国历代各民族的祭祀是一门历史文化。

（1）对象。祭祀的对象就是神灵，神灵的产生是有其发展过程的。在人类的童年时代，人们思维简单，富于幻想，对于自然物和一切自然现象都感到神秘而恐惧。天上的风云变幻、日月运行，地上的山石树木、飞禽走兽，都被视为有神灵主宰。于是，产生了万物有灵的观念。这些神灵既哺育了人类成长，又给人类的生存带来威胁。人类感激这些神灵，同时也对它们产生了畏惧，因而对这众多的神灵顶礼膜拜，求其降福免灾。人类对自身的生老病死、幻觉梦境，也是难以理解的。古代先民相信，人死后其灵魂有一种超自然的能力，人的灵魂能与生者在梦中交流，并可以作祟于生者，使其生病或遭灾。这种敬畏众神的心理便是祭祀行为产生的重要因素。

万物有灵形成多神崇拜。中国古代宇宙观最基本的三要素是天、地、人。《礼记·礼运》称："夫礼，必本于天，肴于地，列于鬼神"。《周礼·春官》记载，周代最高神职"大宗伯"就"掌建邦之天神、人鬼、地示之礼"。《史记·礼书》也说："上事天，下事地，尊先祖而隆君师，是礼之三本也"。

儒教的祭祀对象分为天神、人鬼和地祇。儒教百神，组成像人间官僚系统那样的等级体系。每个神的品级、爵位，一般说来，是由儒者规定的，并载入国家祀典。平时，它们依照规定，享受一方祭祀，如同诸侯的有封地和食邑。大祭时，则依品级配享、从祀于天坛之上。不入祀典的，被称为"淫祀"。"以共皇天、上帝、社稷、寝庙、山林、名川之祀"。"非其所祭而祭之，名曰淫祀。淫祀无福。"

（2）时间。清明节：四月初五，传统节日和二十四节气之一，又称踏青节、扫墓节、聪明节等。端午节：五月初五，是中国年历的一个节日——端午节。鬼节：七月十五，中元节，人称鬼节。民俗相信，在这一段时间会有许多的孤魂徘徊在阳间。所以，要有许许多多普度祭拜的盛会来让他们早早地回去。七月十三：地藏王菩萨的生日，据说他将救助一切行善的人。十月初一：天气渐凉，民间有给亡人送寒衣的习惯。十一月十六：此日祭供有请求佛祖超度亡灵的意思。十二月二十三：俗称小年，是祭祀迎春之日。

同时，每月初一、初八、十五、十九、二十三、二十九和三十祭供，以消罪生福。另外可按逝者卒日进行祭祀。

（3）方式。每逢佳节倍思亲，清明佳节念故人。鲜花祭祀、网上祭祀、烛光祭祀、设立家庭祭祀角、举行家庭追思会等文明祭祀方式逐渐普及。

社区公祭：选派专职礼仪师进驻社区，由社区组织居民敬放过逝亲属遗像，敬放水果、果品等，逝者家属宣读祭文，公祭群众敬献鲜花，进行缅怀。

植树祭祀：群众可以植树方式祭奠故人，是一种绿色殡葬方式。

网上祭祀：市民可通过互联网表达对已故亲人的哀思。一种符合社会潮流的纪念方式，环保而且方便，没有时间和地点限制。如天堂公墓纪念网、清明网、同怀网等。

清明节是中国三大鬼节之一（另外两个鬼节是七月十五、十月一）。"鬼节"即是悼念亡人之节，是和祭祀天神、地神的节日相对而言的。清明祭祀的参与者是全体国民，上至君王大臣，下至平头百姓，都要在这一节日祭拜先人亡魂。从唐朝开始，朝廷就给官员放假以便于归乡扫墓。据宋《梦粱录》记载：每到清明节，"官员士庶俱出郊省墓，以尽思时之敬。"参加扫墓者也不限男女和人数，往往倾家出动。这样清明前后的扫墓活动常成为社会全体亲身参与的事。

第七章　中华文化杂谈（六）

中华武术，泛指中华民族在日常生活中结合社会哲学、中医学、伦理学、兵学、美学、气功等多种传统文化思想和文化观念，注重内外兼修，诸如整体观、阴阳变化观、形神论、气论、动静说、刚柔说等，逐步形成了独具民族风貌的武术文化体系。

第一节　中华武术起源

一、源流

武术的起源可以追溯到原始社会。那时候，人类已经开始用棍棒等原始的工具作武器同野兽进行斗争。一是为了自卫；二是为了猎取生活资料。后来，人们为了互相争夺财富，进而制造了更具有杀伤力的武器。如《山海经·大荒北经》就有“蚩尤作兵伐黄帝”的记载。这样，人类通过战斗，不仅制造了兵器，而且逐渐积累了具有一定的攻防格斗意义的技能。

二、沿革

在殷商时期，青铜业发展，以车战为主，出现了一些铜制武器，如矛、戈、戟、斧、钺、刀、剑等。同时，也出现了这类武器的用法，如劈、扎、刺、砍等技术。为了提高战斗力，这时已经有了比赛的形式。如《礼记·王制》所载“凡执技论力，适四方，裸股肱，决射御”，意即较量武艺高低。

春秋战国时期，铁器出现，步骑兵兴起，为了在步骑战中发挥作用，长柄武器变短，短柄武器（特别是剑身）变长。这样，武器的内容就更加丰富了。武术的技击性进一步突出，同时武术的健身作用也受到重视。这时比试武艺的形式已广泛出现，更加推动了武艺的发展。据《管子·七法》载，当时每年有“春秋角试”。据《庄子·人间世》和《荀子·议兵》记载，当时比试武艺已非常讲究技巧，拳术打法有进攻、防守、反攻、佯攻等。

秦时盛行角抵和手搏，比赛时有裁判、有赛场、有一定的服装。1975 年湖北省江陵县凤凰山秦墓出土的一件木篦，背面上就彩画了当时一场比赛的盛况。台前有帷幕飘带，台上三个上身赤裸的男子，只穿短裤，腰部系带，足穿翘头鞋。两人在比赛，一人双手前伸作裁判。

汉时，有了剑舞、刀舞、双戟舞、钺舞等。这都说明，汉时的武舞已有明显的技击性，有招法，又多以套路的形式出现。汉时是武术大发展的时期，已形成了多种技术风格的流派。如《汉书·艺文志》收入的“兵技巧”类就有13家、199篇，都是论述“习手足，便器械，积机关，以立攻守之胜”的武术专著。

两晋南北朝时期，战乱频繁，官僚贵族或耽于宴乐或追求长生不老之术。其影响也渗透到社会各阶层的生活中，如视剑为具有神秘色彩的法器，甚至以木剑代刀剑，用荒诞无稽的邪说取代练武，致使武艺停滞不前。

隋唐五代时期，随着封建社会经济的发展和繁荣，武术重新兴起，唐初天罡拳开始流行。唐朝开始实行武举制，并用考试办法授予武艺出众者以相应称号，如“猛殷之士”、“矫捷之士”、“技术之士”、“疾足之士”，获得每个称号都有具体标准。如“猛殷之士”要“有引五石之弓，矢贯五扎，戈矛剑戟便于利用……”（《武备志·太白阴经·选士篇第十六》）。这一通过考试选拔人才的制度，促进了社会上的练武活动。这时的唐朝，阿拉伯人开始大量定居在中国，衍生出了回族，回族武术开始形成。

随着步骑战的发展，在战场上，戈、戟逐渐被淘汰，剑作为军事技术多被刀所代替，但作为套路的演练仍在发展。

宋代出现了民间练武组织，见于记载的有“锦标社”（射弩）、“英略社”（使棒）、“角抵社”（相扑）等。这些社团因陋就简，“自置裹头无刃枪、竹标排、木弓刀、蒿矢等习武技”（《宋史》卷191）。在城市中，据《栋亭十二种都城记胜》所载，在街头巷尾打场演武，十分热闹。表演的武艺有角抵、使拳、踢腿、使棒、弄棍、舞刀枪、舞剑以及打弹、射弩等。对练叫“打套子”，有“枪对牌”、“剑对牌”等。这时，集体项目也发展较快，例如，《东京梦华录》卷七载：“两人出阵对舞如击刺之状……出场凡五七对，或以枪对牌、剑对牌之类。”但对抗性的攻防技术，由于受了宋理学家倡导“主静”的影响，都逐渐走向衰弱。元代统治者对民间“……二十人之上不许聚众围猎”（《元典章》卷三，赈饥贫），连民间私藏武器也属犯罪。武艺多以秘密家传的方式冒着生命危险进行传授。这时的回族武术开始快速发展。

明代是武艺大发展的时期，出现了不同风格的技术流派。拳术、器械都得到了发展，特别是在理论上总结了过去的练武经验，具有代表性的著作有《纪效新书》、《武篇》、《耕馀剩技》等。这些著作不同程度地记载了拳术、器械的流派、沿革、动作名称、特征、运动方法和技术理论等，有的还附有歌诀及动作图解。明洪武年间，洪武拳开始流行，为后世研究武术提供了重要依据。

清代统治者禁止练武，民间则以“社”、“馆”的秘密结社形式传授武艺。其中著名的拳种，如太极拳、八卦掌、形意拳、劈挂拳等，多在清代形成。回族武术广泛传播，影响力很高。清代人对回族的认识显得更深入了一层。有了一句众所周知的“中土回人，性多拳勇，哈其大姓，每多将种”的评价。

民国期间，社会上存在着各种形式的拳社，对传播和发展武术起了积极作用。中华人民共和国成立后，武术被作为优秀民族遗产加以继承、整理和提高，成立了各级武术协会。国家设有专门机构负责开展武术运动，将武术列为正式比赛项目。1953年，举行了第一届全国民族形式体育表演竞赛大会，接着又举行多次全国性武术比赛或表演大会。为了推动武术的普及和提高，国家组织创编了比赛规定套路，并编制了群众武术活动所需要的初级套路和简化太极拳等。另外，还出版武术书籍和挂图，拍摄武术影片和录像。为探讨武术运动锻炼的价值，还组织有关生理的测定和研究，使其逐步科学化。此外，各体育学院、体育系相继设立武术课和武术专业班，大中小学也把武术作为体育课的教学内容，青少年业余体校也建立武术班，各地武术协会也设立各种形式的武术辅导站。

第二节　中华武术特点

一、技击

武术最初作为军事训练手段，与古代军事斗争紧密相连，其技击的特性是显而易见的。在实用中，其目的在于杀伤、制限对方，它常常以最有效的技击方法，迫使对方失去反抗能力。这些技击术至今仍在军队、公安中被采用。武术作为体育运动，将技击寓于搏斗与套路运动之中，而搏斗运动集中体现了武术攻防格斗的特点，在技术上与实用技击基本上是一致的。但是从体育观念出发，它受到竞赛规则的制约，以不伤害对方为原则。如在散手中对武术中有些传统的实用技击方法作了限制，而且严格规定了击打部位和保护护具。短兵中使用的器具也作了相应的变化，而推手则是在特殊技术规定下进行竞技对抗的。因此，可以说武术的搏斗运动具有很强的攻防技击性，但又与实用技击有所区别.

套路运动是中国武术的一个特有的表现形式，不少动作有技术规格。运动幅度等方面与技击的原形动作有所变化，但是动作方法仍然保留了技击的特性。即使因连结贯串及演练技巧上的需要，穿插了一些不一定具有攻防技击意义的动作。但是就整套技术而言，主要的动作仍然是以踢、打、摔、拿、击、刺诸法为主，是套路的技术核心。它的攻防技击特性是通过一招一式来表现的，汇集百家，它的技击方法是极其丰富的。在散手、短兵中不宜采用的技术方法，在套路运动中仍有所体现。

二、形神兼备

既究形体规范，又求精神传意。内外合一的整体观，是中国武术的一大特色。所谓内，指心、神、意等心志活动和气总的运行。所谓外，即手眼身步等形体活动。内与外、形与神是相互联系统一的整体。比如五禽操就是一种模仿虎、鹿、熊、猿、鸟五种动物的奇妙功夫。其精髓就是“外动内静、动中求静、动静兼备、有刚有柔、刚柔并济、练内练外、内外兼练。”

武术“内外合一，形神兼备”的特点主要通过武术功法和投法来体现。“内练精气神，外练筋骨皮”是各家各派练功的准则，如太极拳主张身心合修，要求“以心行气，以气运身”。形意拳讲究“内三合，外三合”；大洪拳、少林拳也要求精、力、气、骨、神内外兼修。此外，武术套路在技术上往往要求把内在精气神与外部形体动作紧密相合，完整一气，做到“心动形随”、“形断意连”、“势断气连”。以“手眼身法步，精神气力功”八法的变化来锻炼心身。这一特点反映了中国武术作为一种文化形式在长期的历史演进中备受中国古代哲学、医学、美学等方面的渗透和影响，形成了独具民族风格的练功方法和运动形式。

三、广泛的适应性

武术的练习形式、内容丰富多样，有竞技对抗性的散手、推手、短兵，有适合演练的各种拳术、器械的对练，还有与其他的各种练功方法。不同的拳种和器械有不同的动作结构、技术要求、运动风格和运动量，分别适应人们不同年龄、性别、体质的需求。人们可以根据自己的条件和兴趣爱好进行选择练习，同时，它对场池、器材的要求较低，俗称“拳打卧牛之地”。练习者可以根据场地的大小变化练习内容和方式，即使一时没有器械也可以徒手练参、练功。一般来说，受时间、季节的限制也很小。较之不少体育运动项目，俱有更为广泛的适应性。武术能在广大民间历久下衰，与这一特点有密切的关系。利用这一特点可为现代群众性体育活动提供方便，使武术进一步社会化。

四、艺术表演

武术是一种体育运动。但是因为其中有些武术套路是具有竞技和表演性质的，所以经常作为一种节目形式被搬上舞台。这样的节目寓技击于体育之中，具有内外合一而形神兼备的民族风格。武术表演既究形体规范，又求精神传意。内外合一的整体观，是表演中国武术的一大特色。这种表演经常以集体进行的徒手、器械或能手与器械的为主要表演形式，变换队形、图案，加上用音乐伴奏，队形整齐、动作协调一致，极具观赏性和震撼力。

在武术基础上创造了一整套的有思想、有表情、有层次、有结构、有难度的立体练习程式。从而构成艺术体操的美。武术以其高超的难度技巧、独特新颖的编排、妩媚多姿的动作、袅袅婷婷的动作及协调一致的音乐配合等因素来展示出优美而的姿态美。

第三节　中华武术拳法

一、以“神仙鬼怪”命名

神拳、猛鹤拳、二郎拳、韦驮拳、大圣拳、八仙拳、天罗拳、地煞拳、地煞手、六煞拳、七煞拳、六星拳、七星拳、哪吒拳、金刚拳、观音拳、佛汉拳、佛教拳、罗汉拳、大罗汉拳、金刚拳、金刚手、二十八宿拳、四仙对打拳、七星访友拳、罗汉螳螂拳、夜叉巡海拳、金刚三昧掌、夜叉铁砂掌、棉花肚等。

二、以“门”命名

余门拳、硬门拳、南野门拳、法门拳、空门拳、红门拳、鱼门拳、孔门拳、风门拳、水门拳、火门拳、鸟门拳、佛门拳、窄门拳、字门拳、孙门拳、严门拳、熊门拳、自然门拳、引新门拳、罗汉门拳、磨盘门拳、水浒门拳、精武门拳、甲午门拳等。

三、以姓氏命名

刘家拳、蔡家拳、李家拳、艾家拳、莫家拳、巫家拳、薛家拳、岳家拳、赵家拳、杜家拳、周家拳、祈家拳、温家拳、孙家拳、邹家拳、高家拳、戚家拳、洪佛拳、岳家教、钟家教、刁家教、李家教、朱家教、蔡李佛拳、洪家拳、岳氏连拳、罗家三展、杨家短打、胡氏戳脚、郝氏戳脚、陈氏太极拳、杨氏太极拳、武氏太极拳、孙氏太极拳、吴氏太极拳、赵堡太极拳、吴氏开门八极（吴氏开门八极拳）、霍氏八极拳、霍氏迷踪拳、林氏下山拳、武氏十八技、苏氏醉拳、万氏蛇拳、王氏格斗术等。

四、以人名命名

燕青拳（也叫迷踪拳、迷踪艺）、太祖拳、孙膑拳、五祖拳、宋江拳、白眉拳、珠娘拳、纯阳拳、达摩拳、玄女拳、武侯拳、五郎拳、文圣拳、南枝拳、咏春拳（也叫咏春拳、咏春白鹤拳）、岳王锤、武子门拳、子龙炮拳、太祖散掌、三皇炮锤、孔朗拜灯拳、刘唐下书拳、武松脱铐拳、武松独臂拳、神行太保拳、燕青巧打拳、达摩点穴拳、太白出山拳、甘凤池拳法、黄啸侠拳法、燕青十八翻、罗王十八掌、达摩十八手、孙二娘大战拳、武松鸳鸯腿拳等。

五、以地名命名

少林拳、武当拳、峨眉拳、崆峒拳（分五大门：飞龙门、追魂门、夺命门、醉门、神拳门），华山拳、鹤阳拳、咏春拳（也叫咏春拳、咏春白鹤拳）、梅山拳、灵山拳、昆仑拳、昆仑山拳、关东拳、关西拳、东乡拳、龙王庙拳、龙门拳、登州拳、东安拳、石头拳、水游拳、西凉掌、太行意拳、洪洞通背拳、通背穿金掌等。

六、以动物名命名

龙拳、蛇拳、虎拳、豹拳、鹤拳、狮拳、象拳、马拳、猴拳、彪拳、狗拳（地上飞龙），鸡拳、鸭拳、龙形拳（金龙拳），龙桩拳、龙化拳、行龙拳、飞龙拳、火龙拳、青龙拳、飞龙长拳、青龙出海拳、双龙戏珠拳、毒蛇吐信拳、虎形拳、黑虎拳、青虎拳、白虎拳、饿虎拳、猛虎拳、飞虎拳、伏虎拳、五虚拳、五虎拳、八虎拳、虎啸拳、回头虎拳、侧面虎拳、车马虎拳、隐山虎拳、五虎群羊拳、工字伏虎拳、虎豹拳、虎鹤双形拳、白鹤拳、宗鹤拳、鸣鹤拳、飞鹤拳、食鹤拳、饱鹤拳、饿鹤拳、五祖鹤阳拳、咏春白鹤拳（也叫咏春拳、永春拳）、老鼠拳、独脚飞鹤拳、狮形拳、金狮拳、狮虎拳、二狮抱球拳、猿功拳、猿形拳、猿糅伏地拳、白猿短臂拳、白猿偷桃拳、鸡形拳、鸭形拳、鹰爪拳、老鹰拳、岩鹰拳、雕拳、鹞子拳、鹞子长拳、燕形拳、大雁掌、蝴蝶掌、龟牛拳、王八拳、大龟拳、龟鳖拳、甲鱼拳、螃蟹拳、灰狼拳、黄莺架子、鸳鸯拳、螳螂拳、硬螳螂拳、秘门螳螂拳、八步螳螂拳、梅花螳螂拳、七星螳螂拳、甩手螳螂拳、六合螳螂拳、少林螳螂拳、太极螳螂拳、光板蝗螂拳、玉环螳螂拳、天蚕功、五行拳等。

七、以日常杂物名命名

巾拳、扇拳、伞拳、花拳、船拳、钟拳、板凳拳、褂子拳、云帚拳、脱梏拳、百花拳、梅花拳、莲花拳、螺旋拳、山门拳、白玉拳、汤瓶拳、沾衣拳、衣衫母拳、三战铁扇拳、三十六合锁、梅花桩拳、木人桩拳、木人鹤桩拳、七星桩拳等。

八、以手法命名

插拳、截拳、挂拳、挡拳、扎拳、套拳、穿拳、撕拳、翻拳、炮拳、罩掌、剑手、短手、长手、金刚手、五手拳、应手拳、捏手拳、合手拳、封手拳、练手拳、拦手拳、劈挂拳、撂挡拳、撞打拳、通臂拳、北派通背拳、洪洞通臂拳、合一通臂拳、白猿通臂拳、五行通臂拳、太极五行通臂拳、杀手掌、反臂掌、字手、十字手、排子手、万古手、黄英手、八黑手、锦八手、照阳手、金枪手、天罡手、地煞手、四门重手、分手八快、咬手六合拳、盖手六合拳、九宫擒跌手、罗汉十八手、降龙十八掌、伏虎十八拳、二十四破手、三十六闭手、七十二插手、三十六看对手、回回十八肘、七十二路擒拿手、七十二把拿腕手、五十路连拳、一百〇八式擒拿手、三十六主穴擒法等。

九、地躺拳类

地躺拳、地行拳、地功戳脚，地功翻子、地功罗汉拳、活法黄龙拳、地躺八仙拳、金刚地躺拳、少林地龙拳、地功鸳鸯拳、飞龙地躺拳、九滚十八跌（就地十八滚）、九龙十八滚等。

十、醉拳类

八仙醉、水游醉、醉溜挡、醉八仙拳、醉罗汉拳、文八仙拳、武八仙拳、大八仙拳、混八仙拳、清八仙拳、少林醉拳、形式八仙拳、罗汉醉酒拳、太白醉酒拳、武松醉跌拳、燕青醉跌拳、石秀醉酒拳、鲁智深醉打山门拳等。

十一、跌打拳类

跌扑拳、沾跌拳、沾衣十八跌、武松混打拳、武松脱铐拳、水浒连环拳等。

此外，各地的著名拳种还有：三晃膀大洪拳、小洪拳、洪门拳、红拳、威羲拳、老树拳、泰山拳（廖家拳）、泳汇拳、木兰拳、太和拳、华拳、长拳、南极拳、北极拳、无极拳、八盘拳、阴阳八盘拳、十二路谭腿（十二路潭腿）、形意拳（心意六合拳）、大成拳（意拳）、八卦拳、八卦掌、八极拳、六合拳、查拳、洪拳、节拳、绵掌、绵拳、太虚拳、二郎拳、大悲拳、功力拳、石头拳、连城拳、两仪拳（太极快拳）、独臂拳、疯拳、埋伏拳、迷踪拳（迷踪艺）、缅拳、缠丝拳、磋跤拳、大字门、小字门、单弓门、向门、蹉跤门、王氏格斗术、本能格斗术、铁甲格斗、散拳道、鹤拳道、截拳道、中国式摔跤、跤拳、中国式相扑、中国式忍术、南无拳、掼跤、摔跤、跤术（蒙古族摔跤和蒙古摔跤都叫跤术）、白打、曦阳掌、劈挂掌、散打、赫文拳、崩拳、朝阳拳等。

第四节　中华武术的人文意义

中华武术，是中国社会重要的集体记忆之一。在各种文学、电影、戏剧中经常出现，对中国社会有着深刻而无可取代的人文意义。另外，由于全球化关系，中国武术也经常出现在欧美电影、电视节目之中，被欧美社会看成中国文化的重要主角。

一、武术精神

近代中国人每当谈及中国武术，往往十分重视蕴含其中的哲学精神。大部分喜爱中华武术的人，均重视“使用武术的道德规范和价值”，或称武德。

经常有人引用“止戈为武”来解释中华武术的人文精神。无论武术家、小说家、电影，均经常强调中国武术的价值，即“功夫并不是用来打架，而是用作强身健体”。而当武术家切磋技艺时，应该“点到即止”，不应乱作杀伤。会武术的人，“切忌心浮气躁”，必需“戒急用忍”。因为，武术不应伤人，而只应“在必要时作自卫用途”。至于国家面对危难时，便“匹夫有责”，是会武术的人出手的时候。中国武术对中国人的意义，在于提倡和平。保持身体健康，不主动侵犯他人，但亦不容让他人侵犯。

二、武术文化

中华武术，在中国近代通俗文学、电影作品中大量涌现，进而衍生出武侠小说、动作电影。在这些作品中，中华武术往往有以下作用：借中华武术高举武术精神，并重建某些中国传统伦理价值；以武打场面刺激观众，作为吸引观众的手段。事实上，编写上述作品的人，往往并非真正懂得中华武术。有的只取武功招式、武术流派作为题材，另一些作品则引用一些传说中的武功，还有一些更是另行创作天马行空的武学内容。

第八章　中华文化杂谈（七）

戏曲是中国传统的戏剧形式，包含文学、音乐、舞蹈、美术、武术、杂技以及表演艺术各种因素综合而成的。它的起源历史悠久，在漫长发展的过程中，经过800多年不断地丰富、革新与发展，才逐渐形成比较完整的戏曲艺术体系。

虽说它的渊源来自民间歌舞、说唱、滑稽戏三种不同艺术形式。但区别一个剧种所显示的最大的特色，首先仍表现在它来自不同声腔系统的音乐唱腔。这些音乐唱腔则是以诞生地的语言、民歌、民间音乐为依据，并兼收其他地区音乐而产生的。

各个剧种的剧中人物大部分由生、旦、净、末、丑等不同脸变化的角色行当充任。表演上着重运用以生活为基础提炼而成的程式性动作和虚拟性的空间处理。讲究唱、念、做、打等艺术，表演运输和富于舞蹈性，技术性很高，构成有区别其他戏剧而成为完整的戏曲艺术体系。

戏曲的起源：

（1）先秦——戏曲的萌芽期。《诗经》里的“颂”，《楚辞》里的“九歌”，就是祭神时歌舞的唱词。从春秋战国到汉代，在娱神的歌舞中逐渐演变出娱人的歌舞。从汉魏到中唐，又先后出现了以竞技为主的“角抵”（即百戏）、以问答方式表演的“参军戏”和扮演生活小故事的歌舞“踏摇娘”等，这些都是萌芽状态的戏剧。

（2）唐代（中后期）——戏曲的形成期。中唐以后，我国戏剧飞跃发展，戏剧艺术逐渐形成。

（3）宋金——戏曲的发展期。宋代的“杂剧”、金代的“院本”和讲唱形式的“诸宫调”，从乐曲、结构到内容，都为元代杂剧打下了基础。

（4）元代——戏曲的成熟期。到了元代，“杂剧”就在原有基础上大大发展，成为一种新型的戏剧。它具备了戏剧的基本特点，标志着我国戏剧进入成熟的阶段。

（5）明清——戏曲的繁荣期。

第一节　京　剧

京剧，中国五大戏曲剧种之一，腔调以西皮、二黄为主，用胡琴和锣鼓等伴奏，被视为中国国粹。

清代乾隆五十五年（1790年）起，原在南方演出的三庆、四喜、春台、和春，四大徽班陆续进入北京。他们与来自湖北的汉调艺人合作，同时接受了昆曲、秦腔的部分剧目、曲调和表演方法，又吸收了一些地方民间曲调。通过不断的交流、融合，最终形成京剧。京剧形成后在清朝宫廷内开始快速发展，直至民国得到空前的繁荣。

京剧为演绎、传播中国传统文化的重要手段。以北京为中心，京剧的分布遍及中国。

一、京剧的起源和发展

1. 孕育期

（1）徽秦合流。清初，京城戏曲舞台上盛行昆曲与京腔（弋阳腔）。乾隆中叶后，昆曲渐渐衰落，京腔兴盛取代昆曲一统京城舞台。乾隆四十五年（1780年）秦腔艺人魏长生由川进京。魏氏搭双庆班演出秦腔《滚楼》、《背娃进府》等剧。魏长生扮相俊美，嗓音甜润，唱腔委婉，做工细腻，一出《滚楼》轰动京城。双庆班也因此被誉为“京都第一”。自此，京腔开始衰微，京腔六大名班的大成班、王府班、余庆班、裕庆班、萃庆班、保和班也无人过问，纷纷搭入秦腔班谋生。乾隆五十年（1785年），清廷以魏长生的表演有伤风化为由，明令禁止秦腔在京城演出，将魏长生逐出京城。

乾隆五十五年（1790年），继三庆班落脚京城后（班址位于韩家台胡同内），又有四喜、启秀、霓翠、春台、和春、三和、嵩祝、金钰、大景和等班，也在大栅栏地区落脚演出。其中以三庆、四喜、和春、春台四家名声最盛，故有“四大徽班”之称。

春台班进京时间，按汉调名家米应先于乾隆末年，在京曾担任春台班台柱时始，证明该班进京时间早于四喜和和春。春台班位于百顺胡同。

四喜班于嘉庆初来京。徽戏、昆曲兼演，尤以昆曲为著，故有“新排一曲桃花扇，到处哄传四喜班”之语。该班位于陕西巷内。

和春班于嘉庆八年（1804年）于李铁拐斜街组建。该班以武戏见长。道光十三年（1853年）解散。

“四大徽班”的演出剧目，表演风格，各有其长，故时有“三庆的轴了，四喜的曲子、和春的把子、春台的孩子”之誉。“四大徽班”除演唱徽调外，昆腔、吹腔、四平调、梆子腔亦用，可谓诸腔并奏。在表演艺术上广征博采吸取诸家剧种之长，融于徽戏之中。又因演出阵容齐整，上演的剧目丰富，颇受京城观众欢迎。自魏长生被迫离京，秦腔不振，秦腔艺人为了生计，纷纷搭入徽班，形成了徽、秦两腔融合的局面。在徽、秦合流过程中，徽班广泛取纳秦腔的演唱、表演之精和大量的剧本移植，为徽戏艺术进一步发展，创造了有利条件。

（2）徽汉合流。汉剧流行于湖北，其声腔中的二黄、西皮与徽戏有着血缘关系。徽、汉二剧在进京前已有广泛的艺术交融。继乾隆末年，汉剧名家米应先进京后，道光年初（1821年），先后又有著名汉剧老生李六、王洪贵、余三胜、小生龙德云等入京，分别搭入徽班春台、和春班演唱。米应先以唱关羽戏著称，三庆班主程长庚的红净戏，皆由米应先所授。李六以《醉写吓蛮书》、《扫雪》见长；王洪贵则以《让成都》、《击鼓骂曹》而享名；小生龙德云善演《辕门射戟》、《黄鹤楼》等剧；余三胜嗓音醇厚，唱腔优美，文武兼备，以演《定军山》、《四郎探母》、《当锏卖马》、《碰碑》等老生剧目著称。汉剧演员搭入徽班后，将声腔曲调，表演技能，演出剧目溶于徽戏之中，使徽戏的唱腔板式日趋丰富完善，唱法、念白更具北京地区语音特点，而易让京人接受。

道光二十五年（1845年）各大名班，均为老生担任领班。徽、汉合流后，促成了湖北的西皮调与安徽的二黄调再次交流。徽、秦、汉的合流，为京剧的诞生奠定了基础。

2. 形成期

道光二十年至咸丰十年间（1840—1860年），徽戏、秦腔、汉调的合流，并借鉴吸收昆曲、京腔之长而形成了京剧。其标志之一：曲调板式完备丰富，超越了徽、秦、汉三剧中的任何一种。唱腔由板腔体和曲牌体混合组成。声腔主要以二黄、西皮为主。之二是行当大体完备；之三是形成了一批京剧剧目；之四是程长庚、余三胜、张二奎为京剧形成初期的代表，时称“老生三杰”、“三鼎甲”。即：“状元”张二奎、“榜眼”程长庚、“探花”余三胜。他们在演唱及表演风格上各具特色。在创造京剧的主要腔调西皮、二黄上和京剧戏曲形式上，以及具有北京语言特点的说白、字音上，做出了卓越贡献。

第一代京剧演员中，尚有老生卢胜奎、薛印轩、张汝林、王九龄等；小生龙德云、徐小香；旦胡喜禄、罗巧福、梅巧玲；丑杨鸣玉、刘赶三；老旦郝兰田、谭志道；净朱大麻子、任花脸等，他们为丰富各个行当的声腔及表演艺术，均有独特创造。后任“四喜班”班主的梅巧玲，勇于突破青衣、花旦的严格分工旧规，为旦角的演唱艺术开辟了一条新的道路。

3. 成熟期

1883—1918年，京剧由形成期步入成熟期，代表人物为时称“老生后三杰”的谭鑫培、汪桂芬、孙菊仙。其中，谭鑫培承程长庚、余三胜、张二奎各家艺术之长，又经创造发展，将京剧艺术推进到新的成熟境界。谭鑫培在艺术实践中广征博采，从昆曲、梆子、大鼓及京剧青衣、花脸、老旦各行中借鉴，融于演唱之中，创造出独具演唱艺术风格的“谭派”，形成了“无腔不学谭”的局面。二十年代后的余叔岩、言菊朋、高庆奎、马连良等，均在宗“谭派”的基础上发展为各自不同的艺术流派。汪桂芬，艺宗程长庚，演唱雄劲沉郁，悲壮激昂，腔调朴实无华，有“虎啸龙吟”的评道。他因“仿程可以乱真”，故有“长庚再世”之誉。孙菊仙，18岁时选中武秀才，善唱京剧，常入票房演唱，36岁后投师程长庚。他嗓音洪亮，高低自如。念白不拘于湖广音和中州韵，多用京音、京字，听来亲切自然。表演大方逼真，接近生活。“老生后三杰”师承各有侧重，艺术风格各异。从全面权衡，谭鑫培文武昆乱不挡，艺术造诣及对京剧的发展，远远超过汪、孙。光绪年间，谭鑫培被称为“伶界大王”，在剧界地位，如当年之程长庚。

咸丰十年（1861年）京剧始入宫廷演出。当年五月初六起至月末，分由三庆班、四喜班、双奎班及外班（京剧班）演出。光绪九年（1883年），慈禧五旬寿日，挑选张淇林、杨隆寿、鲍福山、彩福禄、严福喜等18人入宫当差，不仅演唱，且当京剧教习，向太监们传授技艺。自此，清宫掌管演出事务的机构“升平署”，每年均选著名艺人进宫当差，结止宣统三年（1911年）。计有谭鑫培、杨月楼、孙菊仙、陈德霖、王楞仙、杨小楼、余玉琴、朱文英、王瑶卿、龚云甫、穆凤山、钱金福等生、旦、净、丑的名家150余人曾入宫。由于慈禧嗜好京剧，加之京剧名家频繁在宫中献艺，声势日强。同期，位于大栅地区的广德楼、三庆园、庆乐园、中和园、文明园等戏园、日日有京剧演出，形成了京剧一统的局面。京剧成熟期，除“老生后三杰”外，生行：许荫棠、贾洪林；武生有俞菊笙、杨隆寿；净行有何佳山、黄润甫、金秀山、裘桂仙、刘永春等；小生有王楞仙、德珺如、陆华云；旦行有陈德霖、田桂凤、王瑶卿、朱文英；丑行有王长林、张黑、罗百岁、萧长华、郭春山。这一时期，旦角的崛起，形成了旦角与生角并驾齐驱之势。武生俞菊笙，开创了武生自立门户挑梁第一人，他被后人称为“武生鼻祖”。上述名家，在继承中有创新发展，演唱技艺日臻成熟，将京剧推向新的高度。

4. 鼎盛期

1917年以来，京剧优秀演员大量涌现，呈现出流派纷呈的繁盛局面，由成熟期发展到鼎盛期。这一时期的代表人物为杨小楼、梅兰芳、余叔岩。

1927年，北京《顺天时报》举办京剧旦角名伶评选。读者投票选举结果：梅兰芳以演《太真外传》，尚小云以演《摩登伽女》，程砚秋以演《红拂传》，荀慧生以演《丹青引》，荣获“四大名旦”。“四大名旦”脱颖而出，是京剧走向鼎盛的重要标志。他们创造出各具特色的艺术风格，形成了梅兰芳的端庄典雅、尚小云的俏丽刚健、程砚秋的深沉委婉、荀慧生的娇昵柔媚“四大流派”，开创了京剧舞台上以旦为主的格局。武生杨小楼在继俞菊笙、杨月楼之后，将京剧武生表演艺术发展到新高度，被誉为“国剧宗师”、“武生泰斗”。老生中的余叔岩、高庆奎、言菊朋、马连良，20年代时称“四大须生”。同期的时慧宝、王凤卿、贯大元等也是生行中的优秀人才。30年代末，余、言、高先后退出舞台，马连良与谭富英、奚啸伯、杨宝森称之“四大须生”。女须生孟小冬，具有较高艺术造诣，颇有乃师余叔岩的艺术风范。

1936年秋，北京大、中学校爱好京剧者及广大观众给各报写信，倡议进行京剧童伶选举。富连成社社长叶龙章与北平《立言报》社长金达志商妥，由该报发表通告，专门接待各界投票，逐日在报上发表投票数字，并约请“韵石社”几人来报社监督。规定投票日期为半月，到期查点票数中华戏曲学校和富连成社负责人及《实报》、《实事白话报》、《北京晚报》、《戏剧报》亦派人当场查验票数。选举结果，富连成社李世芳得票约万张，当选“童伶主席”。生角冠军王金璐，亚军叶世长；旦角冠军毛世来，亚军宋德珠；净角冠军裘世戎，亚军赵德钰；丑角冠军詹世甫，亚军殷金振。选举结束后，于虎坊桥富连成社举行庆祝大会，并于当晚在鲜鱼口内华乐戏院举行加冕典礼，由李世芳、袁世海演出了《霸王别姬》。

童伶选举结束后，仍由《立言报》主持，选出李世芳、张君秋、毛世来、宋德珠为“四小名旦”。“四小名旦”联袂于长安、新新两家戏院演出了《白蛇传》和《四五花洞》，以示祝贺。流派纷呈，人才济济，是京剧鼎盛期的又一标志。这一时期除杨派（小楼）、梅派（兰芳）、尚派（小云）、程派（砚秋）、荀派（慧生）外，旦角中还有筱派（翠花）、宋派（德珠）、张派（君秋）；老生行中的余派（叔岩）、高派（庆奎）、言派（菊朋）、马派（连良）、奚派（啸伯）、杨派（宝森）、新谭派（富英）；净行中的金派（少山）、侯派（喜瑞）、郝派（寿臣）以及50年代后产生的裘派（盛戎）；小生行中的姜派（妙香）、叶派（盛兰）；老旦行中的龚派（云甫）、李派（多奎）；丑行中的叶派（盛章）等。同期尚有众多京剧表演艺术家，如生行中的王凤卿、时慧宝、王又宸、李洪春、谭小培、李万春、李少春、高盛麟等；旦行中的阎岚秋、徐碧云、朱琴心、赵桐珊、雪艳琴、新艳秋、章遏云、金少梅、碧云霞、琴雪芳、王玉蓉、言慧珠、童芷苓、梁小鸾、吴素秋、赵燕侠、杜近芳等；小生中的金仲仁、茹富兰、程继先等；丑行中的郭春山、慈瑞泉、马富禄、张春华等。

2010年11月17日，京剧被列入“人类非物质文化遗产代表作名录”。

二、京剧的特点

京剧舞台艺术在文学、表演、音乐、唱腔、锣鼓、化妆、脸谱等各个方面，通过无数艺人的长期舞台实践，构成了一套互相制约、相得益彰的格律化和规范化的程式。它作为创造舞台形象的艺术手段是十分丰富的，而用法又是十分严格的。不能驾驭这些程式，就无法完成京剧舞台艺术的创造。由于，京剧在形成之初，便进入了宫廷，使它的发育成长不同于地方剧种。要求它所要表现的生活领域更宽，所要塑造的人物类型更多，对它的技艺的全面性、完整性也要求得更严，对它创造舞台形象的美学要求也更高。当然，同时也相应地使它的民间乡土气息减弱，纯朴、粗犷的风格特色相对淡薄。因而，它的表演艺术更趋于虚实结合的表现手法，最大限度地超脱了舞台空间和时间的限制，以达到“以形传神，形神兼备”的艺术境界。表演上要求精致细腻，处处入戏；唱腔上要求悠扬委婉，声情并茂；武戏则不以火爆勇猛取胜，而以“武戏文唱”见佳。

1. 表现手法

京剧表演的四种艺术手法：唱、念、做、打，也是京剧表演四项基本功。唱指歌唱，念指具有音乐性的念白，两者相辅相成，构成歌舞化的京剧表演艺术两大要素之一的“歌”。做指舞蹈化的形体动作，打指武打和翻跌的技艺，两者相互结合，构成歌舞化的京剧表演艺术两大要素之一的“舞”。

戏曲演员从小就要从这四个方面进行训练，虽然有的演员擅长唱功（唱功老生），有的行当以做功（花旦）为主，有的以武打为主（武净）。但是要求每一个演员必须有过硬的唱、念、做、打四种基本功。只有这样才能充分地发挥京剧的艺术特色，更好地表现和刻画戏中的各种人物形象。京剧有唱、有舞、有对白、有武打、有各种象征性的动作，是一种高度综合性的艺术。

2. 行当分类

京剧行当的划分，除依据人物的自然属性（性别、年龄）和社会属性（身份、职业）外，更主要的是按人物的性格特征和创作者对人物的褒贬态度不同而异。

行当划分由来已久，对京剧划分行当影响最大的，当数汉剧。汉剧共分为10种行当：一末、二净、三生、四旦、五丑、六外、七小、八贴、九夫、十杂。末是主要的男性角色，就是京剧里边的生行；净与京剧里的净是一样的，指的是花脸；旦就是京剧里的旦，指的是女角色；贴，是贴旦的简称，京剧在早期划分行当，也包括贴旦在内，指的是比较次要的旦行角色，俗称二旦。例如，京剧《红娘》里扮演莺莺小姐的，就是贴旦。夫，扮演车夫、轿夫、马童、衙役一类角色。总的说来，汉剧的这十种行当，划分得比较细致，为京剧划分行当，打下了基础。

京剧后来划分为生、旦、净、丑四大类型。但每个大类之中，又包含若干小类，所以实际上是把汉剧十种行当都包括在内了。不仅包括在内，而且更为细密严谨。唯一不同的是汉剧虽然有了生行，可它的主要行当是末，而不是生。发展到京剧，生行就成为主要行当。

（1）生。除了花脸以及丑角以外的男性正面角色的统称，又分老生（须生）、小生、武生、娃娃生。

（2）旦。女性正面角色的统称，内部又分为正旦（青衣）、花旦、闺门旦、武旦、老旦、彩旦（摇旦）、刀马旦。

（3）净。俗称花脸，大多是扮演性格、品质或相貌上有些特异的男性人物。化妆用脸谱，音色洪亮，风格粗犷。“净”又分为以唱功为主的大花脸，如包拯；以做功为主的二花脸，如曹操。

（4）丑。扮演喜剧角色，因在鼻梁上抹一小块白粉，俗称小花脸。分为文丑与武丑。

三、京剧脸谱

京剧脸谱，是一种具有汉族文化特色的特殊化妆方法。由于每个历史人物或某一种类型的人物都有一种大概的谱式，就像唱歌、奏乐都要按照乐谱一样，所以称为“脸谱”。关于脸谱的来源，一般的说法是来自假面具。京剧脸谱艺术是广大戏曲爱好者非常喜爱的一门艺术，国内外都很流行，已经被大家公认为是汉族传统文化的标识之一。

1. 特点

脸谱的主要特点有三点：美与丑的矛盾统一；与角色的性格关系密切；其图案是程式化的。脸谱对于不同的行当，情况不一。“生”、“旦”面部化妆简单，略施脂粉，叫“俊扮”、“素面”、“洁面”。而“净行”与“丑行”面部绘画比较复杂，特别是“净”，都是重施油彩的，图案复杂，因此称“花脸”。戏曲中的脸谱，主要指“净”的面部绘画。而“丑”，因起扮演喜剧角色，故在鼻梁上抹一小块白粉，俗称“小花脸”。

2. 起源

京剧脸谱起源于生活。每个人面部器官的形状、轮廓相似，生理布局也都有一定的规律，面部肌肉的纹理与人物的年龄、生理、经历、生活的自然条件也都有密切关系，所以京剧脸谱的勾绘是以生活为依据，也是生活的概括。如生活中常说的人的脸色，晒得漆黑、吓得煞白、臊得通红、病得焦黄等。既是剧中人物心理活动、精神状态的揭示和生理特征的表现，又是确定脸谱色彩、线条、纹样与图案的基础。脸谱虽然来源于生活，但又是实际生活的放大、夸张。演义小说和说唱艺术对历史人物的夸张、形象的描写，也是京剧脸谱的依据来源。如关羽的丹凤眼、卧蚕眉，张飞的豹头环眼，赵匡胤的面如重枣等，所有这些描写都被戏曲化妆吸取下来。在京剧舞台上的表现尤为明显、突出。京剧脸谱在创造与发展的过程中，来源众多，除上述者外，还有如下几种：

(1) 借鉴生活中血统遗传的原理。如张飞之子张苞，关羽的儿子关平，孟良之子孟强，焦赞之子焦玉，尉迟敬德之子尉迟宝林等，袭用其父脸谱，约定俗成，渐成定例。

(2) 依据剧中人物姓名，附会色调，确定脸谱。如齐桓公因名“小白”而勾白脸，青面虎因“青”字勾绿脸，浪里白条张顺因“白”字勾白脸，黑风利、乌成黑等因“黑”字皆勾黑脸。

(3) 以讹传讹；一些剧中人物的脸谱来源于“讹传”（音讹、义讹），加以附舍。如文天祥因与闻太师之“闻”同音勾红脸。钢属黑色，刚与钢同膏，因此京剧旧例，凡性格猛烈、刚强之人，多勾黑脸，如《草桥关》剧中的铫刚，《庆阳图》剧中的李刚，均因名字中有“刚”字而勾黑脸（京剧界素有“三刚不见红”之说）。《八蜡庙》剧中的关泰，《收关胜》剧中的关胜，仅因与关羽同姓而勾红脸。

中国京剧中的脸谱据说源自于一个历史故事：《乐府杂录》、《旧唐书·音乐志》、《教坊记》的记载，北齐（公元550—577年）兰陵王高长恭，勇武过人，但容貌清秀，自以为不足以威慑敌人，遂带木雕面具出战，时常取胜。一次与周师战于洛阳金墉城下，以少击众，大胜敌军。齐人慕其勇冠三军，便模仿他的动作，编成舞蹈，配以歌曲，称为《兰陵王入阵曲》。唐代发展成歌舞戏，称之为大面。演戏时，扮演兰陵王的演员头戴面具，“衣紫，腰金，执鞭”（《乐府杂录》）载歌载舞，作种种指挥、击刺的姿态。这个戏塑造了一个骁勇善战的英雄形象，深受人们的喜爱。后世的戏曲脸谱，受到它的影响，日本的歌舞伎亦受其影响。

3. *色画方法*

京剧脸谱的色画方法，基本上分为三类：揉脸、抹脸、勾脸。脸谱最初的作用，只是夸大剧中角色的五官部位和面部的纹理，用夸张的手法表现剧中人的性格、心理和生理上的特征，以此来为整个戏剧的情节服务。可是发展到后来，脸谱由简到繁、由粗到细、由表及里、由浅到深，本身就逐渐成为一种具有汉民族特色的、以人的面部为表现手段的图案艺术了。

京剧舞台上几千出戏，数不清的花脸角色，而每个角色都有自己的一套画法，这就是我们所说的脸谱。脸谱看来五颜六色，五花八门，其实自有一套章法，也就是说各有各的谱。如果从线条和布局来看，大致可分为整脸、三块瓦脸、十字门脸、碎脸、歪脸、白粉脸、太监脸以及小花脸的豆腐块。这每一种脸谱虽画法各异，但都是从人的五官部位、性格特征出发，以夸张、美化、变形、象征等手法来寓褒贬，分善恶，从而使人一目了然。就三块瓦脸的基本画法而论，即由眉子、眼窝、嘴窝“三块”组成，其他画法大多从这三块瓦演变而来。如十字门脸，即从脑门至鼻梁有一条黑道，俗称“通天纹”。与两个眼、眉连接起来像一个黑十字。所谓花三块瓦，即在夸张的眉眼中加一些颜色和装饰图案，如喜剧人物张飞、焦赞，画垂眉或蝶翘眉，笑眼窝，翘嘴以示笑口常开；悲剧人物西楚霸王项羽，眼角下斜，嘴角下撇，虽不失庄重，却也预示着兵败垓下，自刎乌江的命运；如汉朝铫期的老脸则眼窝尾部，画出下垂的鬓角，其子铫刚的眼角却呈上翘之势，加上夸大的光嘴巴，一看便是血气方刚。再如关羽"面如重枣"，自然画红脸；包拯"铁面无私"则黑脸非他莫属；曹操"面带奸诈"便是一幅奸白脸。可见花脸脸谱是以色定调，如红色表示忠诚耿直、热情吉祥；黑脸表示豪爽粗暴、刚正不阿；紫色表示老实忠厚；黄色表示凶狠勇猛；蓝色表示桀骜不驯、刚强爽快；白色表示奸诈多疑；绿色表示骁勇鲁莽；粉红色表示年迈血衰；金银色表示庄严，多用于神仙圣人。如果从这些画法来分析，就会看出门道来了。

4. 脸谱的分类

(1) 整脸。一种颜色为主色，以夸张肤色，再勾画出眉、眼、鼻、口和细致的面部肌肉纹细。

三块瓦脸又称"三块窝脸"，是在整脸的基础上进一步夸张眉、眼、鼻的画片，用线条勾出两块眉，一块鼻窝，所以称"三块瓦脸"。其中又再分"正三块瓦"、"尖三块瓦"、"花三块瓦"、"老三块瓦"等。

(2) 十字门脸与六分脸。十字门脸由三块瓦脸发展出来，特点是将三色缩小为一个色条。从月亮门一直勾到鼻头以下，用这色条象征人物性格。主色条和眼窝构成一个"十"字，故名"十字门脸"，又分"花十字门"、"老十字门"。

六分脸特点是将脑门的主色缩为一个色条，夸大眉形，白眉形占十分之四，主色占十分之六。"六分脸"也称"老脸"。

(3) 碎花脸与歪脸。碎花脸由"花三块瓦脸"演变而来，保留主色，其他部位用辅色添勾花纹，色彩丰富，构图多样和线条细碎，故称"碎花脸"。

歪脸主要用来夸张帮凶打手们的五官不正，相貌丑陋。特点是勾法不对称，给人以歪斜之感。

(4) 僧脸与太监脸。"僧脸"又名"和尚脸"。特征是腰子眼、窝花鼻、窝花嘴岔，脑门勾一个舍利珠圆光或九个点，表示佛门受戒。

太监脸专用来表现擅权害人的宦官，色彩只有红白两种，形式近似"整脸"与"三块瓦脸"，只是夸张太监的特点。脑门勾个圆光，以示其阉割净身，自诩为佛门弟子。脑门和两颊的胖纹，表现出养尊处优、脑满肠肥的神态。

(5) 元宝脸与象形脸。元宝脸的脑门和脸膛的色彩不一，其形如元宝，故称"元宝脸"。分"普通元宝脸"、"倒元宝脸"、"花元宝脸"三种。

象形脸一般用于神话戏，构图和色彩均从每个精灵神怪的形象特征出发，无固定谱式。画法要似像非像，不可过于写实，讲究"意到笔不到"，贵在"传神"，让观众一目了然，一看便知道何种神怪所化。

(6) 神仙脸与五角脸。神仙脸由"整脸"、"三块瓦"发展而来，都用来表现神、佛的面貌，构图取法佛像。主要用金、银色，或在辅色中添勾金、银色线条和涂色块，以示神圣威严。

五角脸又名"三花脸"或"小花脸"，特点是在鼻梁中心抹一个白色"豆腐块"，用漫画的手法表现人物的喜剧特征。

(7) 小妖脸与英雄脸。"小妖脸"表现的是神话戏中的天将小妖等角色。这种脸谱又名"随意脸"。"英雄脸"不是指杰出人物的脸，而是指扮演拳棒教师和参与武打的打手的脸。

5. 艺术特色

京剧脸谱的艺术特色，主要表现在变形、传神、寓意三个方面。

脸谱是一种图案化的化妆艺术，它在表现肤色、面部器官和肌肉纹理。虽有一定的生活依据，但必须经过变形。脸谱的变形包括两层意思，一是离形，二是取形。离形，就是不拘于生活的自然形态，敢于夸张、装饰。取形，就是要讲究章法，把脸部一些重要部位的色彩、线条，巧妙地组织、归纳到一定的形的图案中来。通过取形来达到寓形得似，是脸谱的常用手法。取形还有一个更高的目的，就是要倚神，要性格化。脸谱的性格化，并非要把人物性格全画在脸上。人物性格的独立性和它自身的复杂性，只有在情节发展中，通过表演，才能充分显示出来。脸谱的性格化，就是要表现出符合人物性格的基本神气，是脸谱的色彩和纹桦的综合效果。由于脸谱是图案化的，可以把某种神情表现得非常鲜明、强烈是它的优越性。但越是把某种神情表现得非常明确，就越是不可能在同一个脸谱上表现人物神态有重大变化，因此也带来了它的局限性。演员的面目表情虽然可以使脸谱的神气有些变化，但不能完全突破这种局限性。这就是京剧脸谱不可能一个人物只有一种勾法的基本原因。钱金福勾的张飞的笑脸，很适合于《芦花荡》；而演《战马超》，尚和玉强调张飞威猛的勾法就更合适些。脸谱的传神，又是同寓意相结合的。演员在创造脸谱的时候，总要渗透着他们对剧中人物的审美评价。脸谱的夸张性、装饰性，不仅使人物的神情鲜明起来，而且也使创作者的思想倾向鲜明起来。寓褒贬、别善恶，也是脸谱艺术的重要特色。而寓意，也往往寓不开取形。脸谱中有许多取形，既是装饰手法，又是象征手法，亦是对这个人物的某些本质方面的象征。脸谱的创作过程往往带有浓厚的民间想象成分。想象本身就有积极与消极之分，也都会反映到脸谱的象征手法中来，这就需要加以鉴别。所以，正确地区别脸谱中的精粗美恶，发扬其精华，剔除其糟粕，乃是提高表演艺水的重要环节之一。

6. 脸谱文化

脸谱来源于舞台。在那些大型建筑物、商品的包装、各种瓷器上，以及在人们穿的衣服上都能看到风格迥异的脸谱形象。这远远超出了舞台应用的范围，足见脸谱艺术在人们心目中所占据的地位，说明脸谱具有很强的生命力。许多国际友人、国内的有识之士出于对中国戏曲脸谱的好奇与喜爱，都在探索脸谱的奥秘。

人们看到的脸谱大致可以归纳为两大类，一类是工艺美术性脸谱。这类脸谱是作者根据自己的思维想象，在石膏材质的脸形上，用绘画、编织、刺绣等手法制作出形态各异、色彩图案变化多样的脸谱制品。这类脸谱具有一定的观赏价值；另一类是舞台实用脸谱。这类脸谱是根据剧情和剧中人物的需要，演员用夸张的手法在脸上勾画出不同颜色、不同图案和纹样的脸谱。

“脸谱”是指中国传统戏剧里男演员脸部的彩色化妆。这种脸部化妆主要用于净（花脸）和丑（小丑）。它在形式、色彩和类型上有一定的格式。内行的观众从脸谱上就可以分辨出这个角色是英雄还是坏人，聪明还是愚蠢，受人爱戴还是使人厌恶。京剧那迷人的脸谱在中国戏剧无数脸部化妆中占有特殊的地位。京剧脸谱以“象征性”

和“夸张性”著称。它通过运用夸张和变形的图形来展示角色的性格特征。眼睛、额头和两颊通常被画成蝙蝠、蝴蝶或燕子的翅膀状，再加上夸张的嘴和鼻子，制造出所需的脸部效果。

7. 脸谱的色彩

京剧脸谱色彩十分讲究，看来五颜六色的脸谱品来却巨细有因，决非仅仅为了好看。不同含义的色彩绘制在不同图案轮廓里，人物就被性格化了。

脸谱的通用色彩含义为：

红色——表现忠贞，英勇的人物性格，如关羽。

蓝色——表现刚强，骁勇，有心计的人物性格，如窦尔敦。

黑色——表现正直，无私，刚直不阿的人物形象，如包公。

白色——代表阴险，疑诈，飞扬，肃杀的人物形象，如曹操。

绿色——代表顽强，暴躁的人物形象，如武天虬。

黄色——代表骁勇，凶猛的人物，如宇文成都。

紫色——表现刚正，稳练，沉着的人物。

金，银色——表现各种神怪形象。

8. 脸谱的图案

脸谱图案非常丰富，大体上分为额头图、眉型图、眼眶图、鼻窝图、嘴叉图、嘴下图。每个部位的图案变化多端，有规律而无定论，如：

包拯黑额头有一白月牙，表示清正廉洁。

孟良额头有一红葫芦，示意此人爱好喝酒。

闻仲，杨戬画有三眼，来源于古典传说。

巨灵，煞神，金钱豹有多张脸，突出其神鬼妖特色。

杨七郎额头有一繁体“虎”字，显示其勇猛无敌。

赵匡胤的龙眉表示为真龙天子。

雷公脸谱中有一雷电纹。

姜维额头画有阴阳图，表示神机妙算。

夏侯惇眼眶受过箭伤，故画上红点表示。

窦尔墩，典韦等人的脸谱上有其最擅长的兵器图案。

王延章头画蛤蟆，表示是水兽转世。

赵公明面画金钱，表示自己是财神爷。孙悟空（猴脸），《闹天宫》中人物。有火眼金睛，能七十二变化。因偷仙桃、闹天宫，玉皇大帝派天兵神将捉拿，未成。后被如来佛压在五行山下。孙悟空是神猴，顽皮、机智，故用猴脸。火眼金睛，眼圈用金色或黄色。额头上有佛珠。

赵天君（黑色六分脸），《闹天宫》中四大天王之一。道教神将。曾与众天兵神将捉拿孙悟空。因他是财神、火神，故双颊勾金钱纹，眉额勾火纹。印堂有神目。

温天君（绿色碎花脸），《闹天宫》中四大天王之一。道教神将，东岳大帝部下，泰山之。

北斗星君画七星图于额上。

9. 伴奏乐器

京剧伴奏乐器分打击乐器与管弦乐器。打击乐器有板、单皮鼓、大锣、铙、钹等，称为“武场”。管弦乐器有京胡、京二胡、月琴、三弦，称为“文场”。

10. 舞台道具

砌末是大小道具与一些简单装置的统称，是戏曲解决表演与实物矛盾的特殊产物。砌末一词在金、元时期已有。传统戏曲舞台上的砌末包括生活用具，如烛台、灯笼、扇子、手绢、文房四宝、茶具、酒具等；交通用具，如轿子、车旗、船桨、马鞭等；武器又称刀枪把子，如各种刀、枪、剑、斧、锤、鞭、棍、棒等；以及表现环境、点染气氛的种种物件，如布城、大帐、小帐、门旗、纛旗、水旗、风旗、火旗、銮仪器仗、桌围椅披等。除常用的砌末之外，也可根据演出需要临时添置。

传统的砌末，是有意识地区别于生活的自然形态之物。它们不是实物的仿制品，而是实物在戏曲中的一种艺术表现。这也是砌末能够与动作、形象相结合的一个重要原因。

在演员没有上场以前，桌椅只是一种抽象的摆设。如演出皇帝视朝，桌子便成了视朝时所需的御案；县宫坐衙，桌子便成了坐衙时所需的公案；朋友宴会，桌子便成了宴会时所需要的酒席。以上是实物实用，但戏曲舞台上的桌椅还可以做代用品。比如用桌子代替山石，人要上山，就站在桌子上；如果这山很高，就用两张桌子叠起来。要跳墙，就用桌子当墙；要睡觉，将身伏在桌上，用手支住头。至于椅子所代替的就更多了。舞台上表示从矮山爬到高山去，是从椅子了再登到桌子上，椅子还可以代替窑门，代替牢门等。桌椅无论代表什么，都是妙在似与不似之间。如戏曲中的布城，虽然比较简陋，但决不追求城的真实再现。布城可以根据城的需要自由调度。

旗帜在舞台上使用很多，如正方形帅字旗、长方形三军令旗、大纛旗（古代军队里的大旗），都是表示元帅及大本营所在地的。还有水旗、火旗、风旗、车旗等，这些旗帜是在白色方旗上绘绿色水纹、火焰、风、车轮等。演员执旗，略微颤动，就可以表示波浪起伏、着火、起风、乘车。戏曲舞台上并不回避“露假”，也不要求一一写实。扬鞭以代马，摇桨以代船。

四、经典剧目简介

京剧继承了皮黄戏的艺术成就及其丰富的剧目。有二簧、西皮、吹腔、四平调、拨子等属于二簧系统的剧目。中华人民共和国成立后，经过戏曲工作者和广大戏曲演员相互合作，共同进行整理修改。其中优秀的剧目作为民族文化艺术遗产列入中国新文化艺术林苑而被保留下来，继续在舞台上广泛流传。这类剧目据估计大约有200余出，例如《宇宙锋》、《玉堂春》、《长坂坡》、《群英会》、《打渔杀家》、《五人义》、《挑滑车》、《打金枝》、《拾玉镯》、《三击掌》、《六月雪》、《四进士》、《搜孤救孤》、《秦香莲》、《打严嵩》、《挡马》、《金玉奴》、《樊江关》、《野猪林》、《八大锤》、《空城计》、《霸王别姬》等，其题材和表现形式是多种多样的，有文戏、武戏、唱功戏、做功戏、对儿戏、群戏、折子戏、本戏等。各种形式的剧目，统称为传统戏。

第二节 越 剧

越剧——中国第二大剧种，有第二国剧之称，又被称为是“流传最广的地方剧种”。有观点认为是“最大的地方戏曲剧种”，在国外被称为“中国歌剧”。亦为中国五大戏曲剧种（依次为京剧、越剧、黄梅戏、评剧、豫剧）之一。发源于浙江嵊州，发祥于上海，繁荣于全国，流传于世界。在发展中汲取了昆曲、话剧、绍剧等特色剧种之大成，经历了以男子越剧为主到以女子越剧为主的历史性演变，为首批国家级非物质文化遗产名录。

越剧长于抒情，以唱为主，声音优美动听，表演真切动人，唯美典雅，极具江南灵秀之气；多以“才子佳人”题材的戏为主，艺术流派纷呈，公认的就有十三大流派之多。主要流行于上海、浙江、江苏、福建、江西、安徽等广大南方地区，以及北京、天津等大部北方地区。鼎盛时期除西藏、广东、广西等少数省、自治区外，全国都有专业剧团存在。

一、越剧的起源和发展

“越剧”起源于“落地唱书”，后又有称为“女子科班”、“绍兴女子文戏”、“的笃班”、“草台班戏”、“小歌班”、“绍兴戏剧”、“绍兴文戏”、“髦儿小歌班”、“绍剧”、“嵊剧”、“剡剧”等。第一次称“越剧”是在1925年9月17日。在小世界游乐场演出的“的笃班”，首次在《申报》广告上称为“越剧”。1938年起，多数戏班、剧团称“越剧”。但各戏报上的称谓依旧不统一，记者与投稿者经常各用各的。1939年，《大公报》记者樊迪民，受李白《越女词》之启发；兼考虑绍兴是越王勾践生聚教训击败吴国的复兴基地，而越剧发源地嵊县是绍属之一；又受越剧名伶姚水娟“我就是要越唱越响，越唱越高，越唱越远”之豪言触动，遂给茹伯勋编的《戏剧报》写稿，刊出正名为“越剧”的动机和意义的文章。自此以后，各报“女子文戏”的广告陆续改称为“越剧”。新中国成立后，更是统一称为“越剧”。

二、越剧的特点

越剧唱腔属于板式变化体音乐。越剧唱词常见的句式有七字句、带冠七字句、十字句；常用的主要腔调是“四工调”、“尺调”、“弦下调”；唱腔的基本板式是“中板”，常用的还有“快板”、“慢中板”、“慢板”、“快板”、“快中板”、“散板”、“连板”、“嚣板”、“清板”等。

1. 七字句

七字句的排列格式有两种。一种按照“二、二、三”顺序排列。如“我家有个小九妹，聪明伶俐人敬佩，描龙绣凤称能手，琴棋书画件件会”；另一种是按照“三、

二、二”顺序排列的。如“碧波潭微波荡漾，桂花金黄影横窗，空对此一轮明月，怎奈我百转愁肠”。

2. 带冠七字句

带冠七字句是剧情需要，在七字句前面加三个字。如：“想当年，疏篱斜阳碧草萋，与妹妹、慈母膝前笑相嬉”。这种句式一般都混合在七字句中，单独成一唱段不多见。

3. 十字句

十字句的排列格式有两种。一种是按照“三、四、三”顺序排列的。这与带冠七字句相似。如：“该讲些仕途经济好学问”；“学会些处世做人真本领”；“正应该百尺竿头求上进”；“何必与优伶为伍掷光阴”。另一种格式是“绕绿堤，拂柳丝，穿过花径”；“听何处，哀怨笛，风送声声”；“人说道，大观园，四季如春”；“我眼中，却只是，一座空城”。唱词是为内容服务的。当原有的句式不能充分反映剧情时，越剧的唱句还采用六字句、九字句，甚至更自由、更灵活的句式。同时，越剧唱句节奏感鲜明，唱起来朗朗上口，听起来很有味道，比较讲究韵律。所谓韵律，就是上下句的下句要押韵。在一段唱词中，偶句的末一个字以同一韵脚贯穿。如《送凤冠》里的陆氏劝李秀英媳妇的唱段，就是以“肉”、“和”、“婆”、“错”、“火”、“做”、“果”等字押韵。

4. 曲调和板式

现在常用的越剧曲调主要有三大类。

第一类是“四工腔”(也称“四工调”)。通常，它是F调，胡琴定弦6—3，与京剧中“西皮”的定弦相同。它的特点是单纯、明快，有跳跃性，听起来如潺潺流水在山涧流淌。其主要板式有“中板”和“慢中板”。目前，“四工腔”虽然用得不多，但仍有着重要的地位，如《西厢记》中的“闹简”和“赖简”两场，“盘夫”中的一些唱段等。

第二类是“尺调腔”。它是在“四工腔”的基础上，吸收了京剧“二黄”的过门创造的。通常，它是G调，胡琴定弦5—2。它的特点是：旋律下行，节奏舒展，风格委婉细腻、柔和深沉，有较大的可塑性和浓郁的抒情性，适合于表达复杂的内心活动和悲伤、缠绵、沉思、忧虑的情绪。因而，在塑造人物音乐形象时有多种功能，更有戏剧性。“尺调腔”的板式主要有以下几种。

一是“慢板”。它用一板三眼，是慢速的四拍子，显得格外委婉、细腻、优美，长于抒发深沉、哀伤的感情。如《楼台会》中的“十相思”唱段，用的就是尺调慢板。

二是“中板”。这是“尺调腔”的基本板式，是中速的四拍子，用于抒情和叙事。乐段结束时，尾腔常作延伸，使人有段落感。它在越剧中运用最多。如《祥林嫂》中贺老六成亲时唱的那一段，就是尺调中板。

三是“慢中板”。它介于“中板”和“慢板”之间，多用于表演思索和郁闷的情怀。如《柳毅传书》中的“湖边惜别”，用的就是这一板式。

四是“快中板”。它的速度较“中板”略快，唱腔和“过门”的旋律相应地简化，多用于表演激烈、紧迫气氛的情绪。如《打金枝》中“今日是汾阳王寿诞期”，用的就是“快中板”。

五是“连板”。速度比“快中板”更快，用二拍子，旋律简单，节奏紧凑，多用于表达紧张、焦急的情绪。如《玉蜻蜓》中“认子”，唱的就是连板。

六是“快板”。速度最快，用一拍子，又称一字板。旋律更单纯，接近自然口语，换气用半拍休止，多用于斥责、辩论的场合。

七是“嚣板”。它类似京剧中的“摇板”，紧拉散唱，伴奏用一拍，唱腔速度和节奏比较自由，适合于表演奔放的感情、强烈的内心活动和呼号。它常与“快板”一起使用。

八是“散板”。它“嚣板”相似，也是速度、节奏自由的板式，不同的是伴奏也是散的，不是紧拉散唱，而是散拉散唱。

九是“流水板”。它吸收绍兴大班的板式，突破了越剧曲调板起板落、块块方整的格局。伴奏是一拍子，唱腔基本是二拍子，有流动感，常用于表达踌躇不安的情绪。

十是“二凡”。它也吸收于绍兴大班，是二拍子，中速，唱腔比较自由，风格古朴，常用悠扬的拖腔。

第三类是“弦下腔”。它在“尺调腔”的基础上，借鉴京剧“反二黄”手法，吸收越剧早期“六字调”的因素发展而来。属于D调，胡琴定弦1—5。“弦下腔”是“尺调腔”的反调，适于表演悲愤激越的情绪，剧中人物最哀伤时往往用“弦下腔”。如“梁祝”中的“山伯临终”，《祥林嫂》中“风满天、雪满地”，《红楼梦》中的“宝玉哭灵”等。“弦下腔”的板式与“尺调腔”一样齐全，表演能力非常强。

除上述三类调腔之外，越剧里还有“C调腔”。属于C调，胡琴定弦2—6，是“四工腔”的反调，在“六字调”的基础上吸收京剧“反西皮”的因素发展而来。它在男女合演中，男演员演唱的比较多。

三、经典剧目简介

越剧自1906年从说唱艺术演变成戏曲后，剧目的来源主要有三方面。一是将原唱书节目变成戏曲形式演出，如《赖婚记》、《珍珠塔》、《双金花》、《懒惰嫂》、《箍桶记》等剧目。二是从兄弟剧种中移植，如从新昌高腔移植的有《双狮图》、《仁义缘》、《沉香扇》等剧目；从徽班移植的有《粉妆楼》、《梅花戒》等剧目；从东阳班（婺剧）移植的有《二度梅》、《桂花亭》等剧目；从紫云班（绍剧）移植的有《龙凤锁》、《倭袍》、《三看御妹》等剧目；从鹦歌班（姚剧）移植的有《双落发》、《卖草囤》、《草庵相会》等剧目。三是根据宣卷、唱本、民间传说的故事编写，如《碧玉簪》、《蛟龙扇》、《烧骨记》等剧目。越剧前期主要活动于浙江城乡。自1917年进入上海的剧场后，演出的大多还是以上三类剧目。1920年以后，越剧进入绍兴文戏时期，新增许多剧目，如《方玉娘》、《七美图》、《天雨花》等。后来又从海派京剧中学来《狸猫换太子》、《汉光武复国走南阳》等连台本戏和《红鬃烈马》等剧目，从申曲（沪剧）、新剧（文明戏）里学来《雷雨》、《啼笑因缘》等时装戏。

第三节 豫 剧

豫剧发源于中国河南省，是中国五大戏曲剧种之一，也是在中国具有广泛影响力的戏曲剧种。

豫剧是在河南梆子的基础上不断继承、改革和创新而发展起来的。新中国成立后因河南简称“豫”，故称豫剧。豫剧在清末民初时期已经形成五大声腔，即祥符调（以开封为中心）、豫东调（以商丘为中心）、豫西调（以洛阳为中心）、沙河调（以沙河流域为中心，即河南东南部、安徽北部等地）和高调（以濮阳、菏泽为中心）。

豫剧以唱腔铿锵大气、抑扬有度、行腔酣畅、吐字清晰、韵味醇美、生动活泼、有血有肉、善于表达人物内心情感而著称，凭借其高度的艺术性而广受各界人士欢迎。因其音乐伴奏用枣木梆子打拍，故早期得名河南梆子。豫剧是在继承河南梆子的基础上，通过不断地改革和创新发展起来的。

一、起源

豫剧的起源最早有三种说法，一是明末秦腔与蒲州梆子传入河南后，与当地民歌、小调结合而成；二是由北曲弦索调直接发展而成；三是在河南民间演唱艺术，特别是明朝中后期，在中原地区盛行的时尚小令基础上，吸收弦索等艺术后发展而成。但随着研究的深入以及大量资料证实，特别是相关人员在编修《中国戏曲志·河南卷》的过程中，各方面的专家进行广泛调查和论证，得出豫剧最早的诞生地是在古都开封和周边各县的结论。

豫剧诞生于开封绝非偶然，这得益于开封的历史文化积淀和丰富的乐舞活动。开封作为北宋的首都，勾栏瓦舍遍布全城。宋代志书《东京梦华录》有明确地记载，当时有桑家瓦子、北瓦、次里瓦等，一个勾栏棚可容数千观众之多。当时在开封已经演出了大型杂剧《目连救母》。据清李绿园于乾隆四十二年（1777 年）成书的《歧路灯》和乾隆五十三年（1788 年）《杞县志》记载，当时梆子戏已在开封、杞县一带盛行，并曾与罗戏、卷戏合班演出，称为“梆罗卷”。据当时的碑文资料的记载，明皇宫是“当年演剧各班祈祷宴会之所，代远年湮，亦不知创自何时。于道光年间河堤决口，庙宇冲塌，瓦片无存”。可见在道光之前，梆子戏就已在河南存在。

二、艺术特点

在豫剧繁盛时期，从事豫剧专业的演员，不仅有汉族，还有回族、满族、朝鲜族、蒙古族、高山族、犹太人等少数族裔。豫剧根植中原，昂奋勃发的宏大气魄，雅俗共赏的审美效应，高亢激越、简洁明快的唱腔曲调，古今兼具、老少皆宜的表演风格，幽默诙谐、乐观向上的语言情趣，不难不涩、南北易懂的中州韵音，质朴无华、宽厚浩然的文化风貌，反映现实、贴近生活、有血有肉的大众格局等。

豫剧艺术古今兼纳、刚柔相济、豁达宽厚、有“中和”之美。首先，豫剧唱腔铿锵有力、大气磅礴、抑扬有度、富有热情奔放的阳刚之气，具有很大的情感力度；其次，豫剧行腔酣畅、吐字清晰、本色自然、有血有肉、善于表达人物内心情感；再者，豫剧节奏鲜明强烈、矛盾冲突尖锐、故事情节有头有尾，再加上曲调诙谐欢快，使得豫剧不仅适合演出轻松的喜剧，又适合演帝王将相的大场面戏，豫西调委婉动听，唱腔悲凉故很适合演悲剧。豫剧在关键剧情上，一般都安排有大板唱腔，唱腔流畅、节奏鲜明、极具挑战性，一般吐字清晰，易被观众听清。

1. 音乐结构

豫剧的唱腔音乐结构属板式变化体，其主要声腔板式有四种，即二八板、慢板、流水板、散板。

二八板在豫剧的四大板类中表现力最强，变化最丰富。除二八板这个基本板式外，还可分为慢二八板、中二八板、二八连板、快二八板、紧二八板、紧打慢唱等板式。因过去是由两个八板（八小节）组成的一个乐段循环反复使用而得名。随着表现内容的不断丰富，这种固定呆板程式已被突破。如今二八板结合了豫东调、豫西调两大流派的唱法而构成，一眼板可构成上百句的大唱段，主要用于叙事。又可据剧情和人物感情而变化，既能表现明快、爽朗、喜悦，又能表现急切、紧张、激愤和悲痛的情景。此外，二八板还可派生出呱嗒嘴、狗撕咬、乱弹、垛板、搬板凳等。

慢板类有慢板、金钩挂、反金钩挂、迎风板等板式，一般为三眼板。其上下句唱腔起于中眼而落于板上。上句落音较自由，下句落音豫东调和豫西调不同。慢板是豫剧唱腔中常用的板式之一。它的前奏过门有多种形式，其中最常用的有六梆、四梆、导四梆和迎风一梆等。慢板的起腔形式又分整板和散板两种。整板起的称为头句腔，散板起的是将上句唱栽板或大板起，从下句进入慢板。慢板中普通上下句的基本结构是将一句唱腔分为两个分句，中间有个小过门；全句唱腔之后，随句尾落音有一个八梆跟腔过门（也可以减少为四梆或完全省略）。慢板的行腔除上述最基本的结构形式外，还有通过局部的变化而产生出来的多种花腔。上句有头句腔、三句腔，下句有单过板、双过板等。慢板的收腔又称锁板，基本结构与普通的下句相同。只是收腔时速度大多渐慢，并随着收腔尾音有一个简短的过门。慢板的速度伸缩性较大，可以随其内容情绪的不同而用快、中、慢的速度。

流水板亦为豫剧常用的板类之一，可分为流水板、慢流水板、快流水板、流水连板等。唱腔一般都是眼起板落的一板一眼的形式。可根据需要作不同速度的变化。曲调比较自由灵活，旋律流畅，节奏跳荡，既适用于表现欢快活泼的情景，又适用于表现压抑、忧伤的情感。它还派生出垛板、两锣钻子等。它的主要特征是旋律中跨小节的切分节奏特别多。无论是唱腔的起落，还是唱腔旋律中的起伏、转折，大多出现在眼位上。流水板的上句落音较自由，下句落“5”或“1”音。在普通的上下句结构中，随着唱腔尾句的落音，一般都有跟腔过门。其前奏过门与“二八板”基本相同，知识起板簧头不同。流水板的起腔和收腔形式繁多。流水板类重点附属性板式主要有流水连板和两锣赞子等。

飞板也作非板，无板无眼，节奏自由，是一种朗育式的唱腔，属于散板类。此外，还有滚白、栽板、叫板等。又有哭韵、行韵、绝韵三种格式。哭韵表现悲痛、哀怨的情感；行韵多用于吐诉叙述，绝韵适用于表现果断、激昂的情感。一般用飞板的唱段都较短，四、六、八句即转入其他板式。

以上四大板类的唱词一般都是用“三、三、四”格律的十字句，或“二、二、三”格律的七字句。有时也用一些字数不等的长短句，如二八板中的呱嗒嘴，即以五字句为基础，飞板中的滚白即为有唱有白的散文体句式。

2. 乐器与曲牌

豫剧乐队的文场主奏乐器，早期为大弦（八角月琴，演奏员兼吹唢呐）、二弦（竹或木质琴筒蒙桐木面的高音小板胡）和三弦（拨弹乐器）。20 世纪 30 年代，樊粹庭先生节借鉴山东梆子的伴奏乐队，引进了板胡，大弦、二弦逐渐弃置，改用中音板胡为主弦。50 年代后，一般的文场逐渐增添二胡、琵琶、竹笛、笙、闷子、大提琴等。有的增加坠胡、古筝等。还有增加电子琴、小提琴及西洋铜管、木管乐器的，组成中西混合乐队。

豫剧武场的锣鼓点共有三大类：一类是开台锣鼓点，主要由混加官、毛边、鲍老催等；二是配合表演动作及烘托舞台气氛的锣鼓点。大多与京剧相同，但有的叫法不同。常用的有各种形式的一锣、两锣、三锣以及收头、四击头、紧急风、战场等；三是唱腔中的锣鼓点，剧种特色较突出。较常用的有迎风、到脱靴、拐头钉等。流水板类中有各种流水头以及一滴油等。散板类中有各种非板头、滚白等。二八板类锣鼓点最为丰富，又分为单鼓条和双鼓条两类。除两者都有的串锤、长锣等外，单鼓条类中常用的有里撇、外撇等，双鼓条中常用的有五钉锤、梆子穗、风搅雪等。加上其他附属板式唱腔中的各种锣鼓点，总共不下百种。

豫剧文场中的传统伴奏曲牌有 300 多个，其中唢呐曲牌有 130 多个，横笛曲牌有 20 多个，丝弦曲牌有 170 多个。唢呐曲牌中常用的有春来到、大汉东山、小汉东山、大桃红、小桃红、大开门、小开门、大风入松、小风入松、文二凡、武二凡、水龙吟、新水令、折桂枝、晏驾令、山坡羊、红绣鞋、唢呐皮、娃娃等；横笛曲牌常用的有朝天子、五六五、哭皇天、云霄歌、石榴花、花朝元歌、百鸟朝凤、鸡爬坡、小开门等；丝弦曲牌中常用的有小花园、九连环、花错字、小红鞋、苦中乐、浪淘沙、油葫芦、呓怔、算盘子、娶嫁等；豫剧乐队武场的主要乐器有板鼓、堂鼓、大锣、手镲、小锣和梆子等。

3. 角色行当

豫剧角色行当由“生、旦、净、丑”组成。按一般的说法是四生、四旦、四花脸。戏班组织也是按照“四生四旦四花脸，四兵四将四丫鬟；八个场面两箱官，外加四个杂役”的结构组成。四生即老生、大红脸（红生）、二红脸（马上红脸）、小生；四旦即正旦（青衣）、小旦（花旦、闺门旦）、老旦、帅旦；四花脸是黑头、大花脸、二花脸、三花脸（丑）。也有五生、五旦、五花脸的说法。演员一般都有自己专工行当，也有一些演员则一专多能，工一行外，兼演他行。早期豫剧，以“外八角”（四生四花脸）戏为主，生行戏占重要地位。生行的大红脸和二红脸的界限很严，大红脸专演关羽；二红脸专演赵匡胤、秦琼、康茂才等类角色，主要是武功戏。小生行一般有文武之分，也有的演员文武兼备，武功戏较出色。大净主要以唱功取胜，三花脸除表演诙谐风趣外，武功戏也有“盘绳”、“吊水桶”、“空中还原”、“探海”、“元宝顶”、“大翻身”等不少绝招。旦行在以“外八角”为主时代，只占次要地位，但随着女演员的登台并且逐渐增多，在豫剧中取得了主导地位。

各行当都有自己的表演要诀，如手势要诀是“花脸过项，红脸齐眉，小生齐唇，小旦齐胸”；武打戏的短打要诀是“身如蛇形眼似电，拳如流星，腿似钻；稳如重舟急似箭，猛、勇、急、快、坐、站稳如山”；在枪路上，有“走丝”、“连九枪”、“十三枪”、“九个鼻”、“八杆”、“单倒”等路数。青衣中闺门旦表演要诀是“上场伸手似撵鹅，回手水袖搭手脖；飘飘下拜如抱子，跪下不能露脚脖”，“说话不看人，走路不踢裙，男女不挽手，坐下看衣襟”。彩旦表演要诀是“斜眼偷看人，说话咬嘴唇；一扭浑身动，走路摔汗巾”。小旦出场式是“出门按鬓角，双手掖领窝，弯腰提绣鞋，再整衣裳角”。小生表演要诀是“清、净、冲”。“清”是清秀，唱词吐字清，神态秀气；“净”是动作干净利落，恰到好处；“冲”是武打勇猛，精神振奋。

三、经典剧目简介

豫剧的传统剧目有 1 000 多个，其中很大一部分取材于历史小说和演义。如封神戏、三国戏、瓦岗戏、包公戏、以宋朝为背景的戏（如杨家将和岳家将）等题材，还有很大一部分描写婚姻、爱情、伦理道德的戏。新中国成立之后，出现了不少描写现实生活的现代戏和新编历史剧。

据 1956 年统计，传统剧目有 647 个。比较具有代表性的有《对花枪》、《三上轿》、《三拂袖》、《涤耻血》、《宇宙锋》、《地塘板》、《提寇准》、《铡美案》、《十二寡妇征西》、《跑汴京》、《对绣鞋》、《劈山救母》、《春秋配》、《女贞花》、《必正与妙常》等。1949 年以来，整理、改编的传统戏有《红娘》、《花木兰》、《穆桂英挂帅》、《破洪州》、《五世请缨》、《唐知县审诰命》、《打金枝》、《三哭殿》、《桃花庵》、《大祭桩》、《秦雪梅吊孝》、《刘墉下南京》、《五女拜寿》、《抬花轿》（又名《香囊记》）、《坐桥》等。创作改编的现代戏有《朝阳沟》、《刘胡兰》、《李双双》、《人欢马叫》等；移植演出的有《小二黑结婚》、《罗汉钱》、《祥林嫂》、《五姑娘》、《红色娘子军》、《泪洒相思地》等。海峡两岸豫剧界又创作出许多新作品，如《香魂女》、《新白蛇传》、《中国公主图兰朵》、《铡刀下的红梅》、《程婴救孤》、《清风厅上》、《花嫁巫娘》、《秦少游与苏小妹》、《武后与婉儿》、《龙宫奇绿》、《美人尖》、《田姐与庄周》、《斗笠县令》、《龙门大佛》等。

第四节　黄梅戏

黄梅戏，旧称黄梅调或采茶戏，与京剧、越剧、评剧、豫剧并称中国五大剧种。黄梅戏唱腔淳朴流畅，以明快抒情见长，具有丰富的表现力。黄梅戏的表演质朴细致，以真实活泼著称。一曲《天仙配》让黄梅戏流行于大江南北，在海外亦有较高声誉。湖北省黄梅县一带的采茶调，清末传入毗邻的安徽省安庆市，与当地民间艺术结合，并用安庆方言歌唱和念白，逐渐发展为一个新生的戏曲剧种，此时才被称为黄梅戏。可以说黄梅戏的发源地是在安庆。曾一度被称为“怀腔”、“皖剧”。2006 年 5 月 20 日经国务院批准列入第一批国家级非物质文化遗产名录。黄梅戏为演绎、传播中国传统文化的重要手段。分布的地方以安庆为中心，遍及中国。

一、黄梅戏的起源和发展

1. 发源

黄梅戏的起源最早可追溯到唐代。据史料记载，早于唐代时期，黄梅采茶歌就很盛行，经宋代民歌的发展、元代杂剧的影响，逐渐形成民间戏曲雏形。至明清，黄梅县戏风更盛。明崇祯年间，黄梅知县曾维伦在《黄梅风教论》中就有“十月为乡戏”的记述。清道光九年，在别霁林的《问花水榭诗集》中，一首竹枝词的描述就更为生动：“多云山上稻荪多，太白湖中渔出波。相约今年酬社主，村村齐唱采茶歌”。

2. 发展历史

约从清乾隆末期到辛亥革命前后为黄梅戏发展的早期。黄梅戏原名“黄梅调”或“采茶戏”，是十八世纪后期在皖、鄂、赣三省毗邻地区形成的一种民间小戏。其中一支逐渐东移到安徽省怀宁县为中心的安庆地区，被称为“怀腔”或“怀调”。这就是今日黄梅戏的前身。黄梅戏从起源到发展经历了独角戏、三小戏、三打七唱、管弦乐伴奏四个历史阶段。前三个阶段均在湖北黄梅完成，为黄梅戏大剧种的最后形成提供了充分的先决条件。从清康熙、乾隆到光绪年间，是“三打七唱”形成和发展的重要历史阶段。这个阶段全面实践了传统剧目、唱腔、表演艺术积累和剧种的广泛传播。期间传统剧目非常丰富，艺人能演出的本戏、小戏有 200 多本，俗称“大本三十六、小曲七十二”。其中，不少是取材于黄梅的真人真事，如《告经承》、《告坝费》、《大辞店》、《过界岭》等。在剧目方面，号称“大戏三十六本，小戏七十二折”。大戏主要表现的是当时人民对阶级压迫、贫富悬殊的现实不满和对自由美好生活的向往，如《荞麦记》、《告粮官》、《天仙配》等。小戏大多表现的是农村劳动者的生活片段，如《点大麦》、《纺棉纱》、《卖斗箩》。

(1) 黄梅戏在安庆的发展。黄梅戏是安徽省的主要地方戏曲剧种。黄梅戏是演绎、传播中国传统文化的重要手段。分布地以安庆为中心，遍及中国。在湖北、江西、福建、浙江、江苏、广东、台湾等省以及香港地区，亦有黄梅戏的专业或业余的演出团体，受到广泛地欢迎。黄梅戏原名“黄梅调”，是十八世纪后期在皖、鄂、赣三省毗邻地区黄梅形成的一种民间小戏。其中一支逐渐东移到安徽省安庆市，被称为“怀腔”。这就是今日黄梅戏的前身。在民国 10 年（1921 年）出版的《宿松县志》中，第一次正式提出“黄梅戏”这个名称。

黄梅戏的发展历史，大致分为三个阶段。

第一阶段，约在清乾隆到辛亥革命前后。产生和流传到皖、鄂、赣三省间的采茶调、江西调、桐城调、凤阳歌，受当地戏曲（青阳腔、徽调）演出的影响。

第二阶段，是从辛亥革命到1949年。这一阶段，黄梅戏演出活动渐渐职业化，并从农村草台走上了城市舞台。黄梅戏入安庆市后，曾与京剧合班，并在上海受到越剧、扬剧、淮剧和评剧（时称“蹦蹦戏”）的影响。在演出的内容与形式上都起了很大变化。编排、移植了一批新剧目，其中有连台本戏《文素臣》、《宏碧缘》、《华丽缘》、《蜜蜂记》等。音乐方面，对传统唱腔进行初步改革，减少了老腔中的虚声衬字，使之明快、流畅，观众易听懂所唱的内容。取消了帮腔，试用胡琴伴奏。表演方面，吸收融化了京剧和其他兄弟剧种的程式动作，丰富了表现手段。其他如服装、化妆和舞台设置，亦较农村草台时有所发展。

第三阶段，是1949年至今。1952年，黄梅戏艺人带着《打猪草》、《蓝桥会》等剧目到上海演出。几十年来造就了一大批演员，除对黄梅戏演唱艺术有突出成就的严凤英、王少舫等老一辈艺术家外，中青年演员马兰、韩再芬等相继在舞台上展现了各自的英姿，引起了观众的注视。严凤英、王少舫合演的《天仙配》，曾二度摄制成影片，轰动海内外。

新中国成立以后，先后整理改编了《天仙配》、《女驸马》、《罗帕记》、《赵桂英》、《慈母泪》、《三搜国丈府》等一批大小传统剧目；创作了神话剧《牛郎织女》、历史剧《失刑斩》、现代戏《春暖花开》、《小店春早》、《蓓蕾初开》。其中，《天仙配》、《女驸马》和《牛郎织女》相继搬上银幕，在国内外产生了较大影响。严凤英、王少舫、吴琼、马兰是黄梅戏的著名演员。

黄梅戏的类别主要有花腔和平词。花腔以演小戏为主，富生活气息和民歌风味。平词，正本戏中的主要唱腔，常用大段的叙述、抒情，韵味丰富，如行云流水。

（2）黄梅戏在湖北的发展。黄梅戏在湖北的发展，与18年前省委、省政府提出的一句口号密不可分。这句口号就是“把黄梅戏请回娘家”。在这一口号的指引下，湖北省为振兴黄梅戏做了大量工作：成立了湖北省黄梅戏剧院；从安徽安庆聘请了部分黄梅戏演员；把黄冈地区的大部分楚剧、汉剧团纷纷改为黄梅戏剧团；成立了黄冈艺校，专门为黄梅戏培养后备人才。黄冈地区创作的两台剧目《于老四与张二女》、《银锁怨》先后在北京演出14场，得到观众好评。1995年，湖北省黄梅戏剧院创作的大型现代戏《未了情》和古装戏《双下山》，在安庆举办的全国第二届中国黄梅戏艺术节上获得优秀演出奖，主演杨俊、张辉获表演金奖。《未了情》还获得第五届中国艺术节文华新剧目奖、文华导演奖、文华音乐创作奖。为了提高黄梅戏的整体艺术水平，经过5届艺术节的推动与磨砺，创作出了《冬去春又回》、《请让我做你的新娘》、《春到江湾》、《春哥传》等优秀剧目，培养出了郭华阳、周洪年、段秋萍等一批黄梅戏新秀。

3. 历史沿革

黄梅戏是受山歌、秧歌、茶歌、采茶灯、花鼓调影响，先于农村，后入城市，逐步形成发展起来一个剧种。它的起源，大约可以追溯到清朝乾隆年间。但形成一个完整的剧种，是在近代。在这段时间内，它吸收了汉剧、楚剧、高腔、采茶戏、京剧等众多姐妹剧艺术的精华，使自己逐渐完善起来而成为一个名剧。在谈说这个名剧的时候，不能不注意到，表演这个剧种的团体，同样经历了这么一个漫长的发展过程。它也是从无到有，从小到大，从简单到复杂，逐步完善起来的。也可以说，黄梅戏的形成发展和它的表演团体的形成发展是相辅相成的。纵观黄梅戏的表演活动，从业余性到专业性，大略可分为四个阶段。

（1）萌芽阶段。只有表演者，没有表演团体。这时期的黄梅戏，用山歌、茶歌等结合旱船、龙舟民间歌舞形式，在庙会上或过年过节时演出、演唱。他们由一个人牵头，把志愿者联络在一起，业余时间，自由结合，演唱完毕，各自散去。下次再演唱，重新组合。而这一次的组合，与上一次的人员，就不一定相同了。这种演出、演唱，纯粹是自娱自乐、与人同乐的性质，并不是以此为职业作为谋生的手段。所以说，早期的黄梅戏，还没有形成真正的表演团体。

（2）早期阶段。相对固定、人员很少、形成业余或半职业的班社，黄梅戏从山歌、茶歌、采茶灯、凤阳花鼓调的演唱，发展到有简单故事情节的二小戏、三小戏的时候，演唱者们便不能如先前那样随意演唱了。由于是戏的演出，必须有排练、有服装、道具等戏剧所需要的程序和要求。业余时间不够，加之，这种演出可能变成表演者的职业或半职业，他们便自然结合成一个团体。这就有了早期相对固定的黄梅戏班子。有的是短期的，有的是季节性的，基本是业余性或半职业性的。大多没有固定的班址，内部松散，组织结构不完整，没有严格的纪律约束，人员出入自由。因表演的内容不大，剧中的人物不多，只不过三两出二小戏（小生、小旦）和三小戏（小生、小旦、小丑），所以班子的人员很少，七八个人即可，所谓“七忙八不忙”。这是黄梅戏班子里流行的一句俗语。就是说，这个班子七个人，就忙些，有八个人就不忙了。因此说，中期阶段的黄梅戏，已经有了一个相对固定的业余或半职业性的表演团体。

（3）后期阶段。班社迅速发展，走上正轨、固定，剧目增多，行当全，从农村进入城市。黄梅戏到了清末民初，兼收并蓄，已经发展成比较完整、成熟的剧种。除演二小戏、三小戏外，吸收了青阳腔、楚剧的大本戏。演大本戏，就要求班社要相对的稳定，要具备表演大戏的表现能力。因此这段时期，相继出现了固定的职业性的班社。这种职业性的表演团体，为了生计，为了营业，为了保证收入，剧目要经常翻新，表演也要有一定的质量。人员增加了，行当齐全了，舞台美术（衣箱、幕布、道具、刀枪把子）也有了发展。班子不那么松散了，组织管理上，有了班主，还有了联系演出和管理生活的专职人员，流动性也增大了（即所谓“跑码头”）。这种职业性的表演团体，大约在清咸丰年间就已出现，如在咸丰七年（1857 年）清军多隆阿、鲍超曾在冬至这天，在宿松绒“为剧楼，演花鼓戏，邀各营队长洎众文吏聚观”。（宿松县志）这里说的花鼓戏就是黄梅戏。这个记述，说明两个问题：一是多隆阿和鲍超看的这个黄梅戏，可能是一个阵容不错，有一定演出质量的固定性职业班社；二是这个班社已进入剧场。可惜这个记述未记班社名字及其他活动情况。因此有人说，它也可能是一个非职业性的班子。但是在光绪年间之后，黄梅戏的职业班杜，在岳西、宿松、潜山、太湖、怀宁的皖西一带就相继大量出现。在光绪二十一年（1895 年），桐城人瓦匠彭鸿华，人称彭小佬，组织了黄梅戏班子，在怀宁的乡间演出，称“彭小佬班”。在光绪三十年（1904 年）前后，王宏元在岳西组“同升班”。20 世纪 20 年代到 30 年代，是黄梅戏职业班社发展比较多的时期，除长江以北皖西、长江以南的至德（今东至县）、青阳、贵池、铜陵乃至徽州地区均有黄梅戏班社的组建。“民国”十五年（1926 年），张廷翰在岳西组建“张翰班”（又称“良友班”）。“民国”十六年（1927年），檀槐珠在东至组建“同乐堂”，又名“槐珠班”、“檀家班”。王梓林于“民国”二十七年（1938年），在宿松组建“抗战班”，又叫“王梓林班”。时值抗战时期，这个班子到抗战后方演出，宣传抗日救亡。“民国”三十五年（1946年），桂春柏、桂月娥，在铜陵组建“椿月堂班”。抗战胜利后，大江南北，此散彼聚，聚而又散，散而又聚，比较活跃。1932年，丁永泉与艺友们一起，带班子进入安庆市，结束了黄梅戏只在农村演出的历史。此后，其他班社仿效，也纷纷进入安徽的市县演出。总的来说，后期的黄梅戏表演团体，比较正规和固定，演出剧目增多，行当比较齐全，流行地区扩大，并从农村进入城市。

黄梅戏在1932年进入城市，到新中国成立，20多年间，从当时的安徽省省会安庆市，到周围各县以及江南的铜陵、青阳、贵池等县镇，都有黄梅戏的班社活动。1949年，中华人民共和国成立后，人民政府的文化事业管理部门，通过对艺人组织学习、培训等方式，将他们重新组织起来，置于政府领导之下，使之更好地学习和演出。如在安庆市，以丁老六（丁永泉）和他的儿子丁紫成、女儿丁翠霞，还有潘泽海和他的女儿潘王景琍，及后来从京班转来的王少舫兄妹，组建了“民众剧场”（当时场团合一，其实为民众剧团）。不久，严凤英回到安庆，参加了“群乐剧场”（后改为“胜利剧场”，迁至钱牌楼新址）。又如桂春柏、桂月娥组建的“一二三班”，在铜陵被政府改为“铜陵新民剧团”。在此前后，安庆地区所辖各县及江南各县，将流动的职业班社及零星艺人，组织成职业性的黄梅戏剧团。如望江县艺人胡玉庭和怀宁艺人李桂兰等人，从江北流动到至德，被至德组建为“至德大众剧团”。桐城县的文化部门将黄梅戏艺人陈国荣等，和一些业余演唱积极分子严云林等人，组成“桐城人民剧团”。望江县则是把半专业性的“凉亭剧团”和业余活动骨干组成“望江流动剧社”。这样恢复和重建表演团体，使原本流动性很强的“跑码头”状况，都相对地稳定了下来，基本上在一个县的范围内活动和演出，并且多有固定的剧场。演出条件大大改善，脱开了“草台”和“地摊”。最主要的是，有了政府的领导和支持，自己管理自己，经济收入也有了一定保证。

二、黄梅戏的特点

黄梅戏唱腔委婉清新，分花腔和平词两大类。花腔以演小戏为主，富有浓厚的生活气息和民歌风味，多用“衬词”，如“呼舍”、“喂却”之类。有“夫妻观灯”、“蓝桥会”、“打猪草”等。平词是正本戏中最主要的唱腔，常用于大段叙述、抒情，听起来委婉悠扬，有“梁祝”、“天仙配”等。现代黄梅戏在音乐方面增强了“平词”类唱腔的表现力，常用于大段抒情、叙事，是正本戏的主要唱腔，突破了某些“花腔”专戏专用的限制，吸收民歌和其他音乐成分，创造了与传统唱腔相协调的新腔。黄梅戏以高胡为主要伴奏乐器，加以其他民族乐器和锣鼓配合，适合于表现多种题材的剧目。

1. 唱腔

黄梅戏唱腔有三种形式：主腔、花腔、三腔（“彩腔”、“仙腔”、“阴司腔”三种腔体的统称）。

黄梅戏的主腔。主腔是黄梅戏传统唱腔中最具戏剧性表现力的一个腔系。它以板式变化体（或称板腔体）为音乐结构的原则。正是这一主要特点使它区别于曲牌连缀体（或称曲牌体）的“花腔”以及兼有两种体制特征的“三腔”。

主腔并不意味着在黄梅戏的所有剧目中都为主。实际上，花腔小戏基本上不用主腔，有些大戏也并非以主腔为主。之所以把这一腔系称作主腔，是就它的音乐形态及音乐表现功能而言的。另外，从黄梅戏音乐发展史来看，主腔也晚于花腔和三腔。这一发展过程又与剧目从独角戏、两小戏、三小戏发展到串戏而最终能演整本大戏的历程相吻合。因此，可以认为主腔是黄梅戏发展到成熟阶段的产物。它的出现，标志着黄梅戏音乐的基本风格的框定。

（1）黄梅戏的花腔。黄梅戏源于民间歌舞。山野村夫的劳动之歌，妇孺皆知的里巷歌谣，灯会社火中的欢歌劲舞，是黄梅戏的源头。黄梅戏在形成第一个阶段性成果——两小戏、三小戏的过程中，也形成了百余首小曲杂调的“花腔”腔系。花腔从民歌中来，但作用已与民歌不大一样。它已经从田头走上舞台，从随口而歌进入到规定的戏剧情境，传达角色的心声。今天所见的花腔小调，无论它与民歌有多大程度的类似，但它已经经历过戏剧浪头的打磨，具备了戏剧性音乐的某些特质，是一种民歌式的曲牌体制。

①花腔的艺术特点。花腔的艺术特点体现在调式色彩的明朗化、表情达意的质朴化、节奏律动的舞蹈化、旋律线条的口语化、唱词结构的衬字（词）化等方面。

花腔是一个调式丰富的腔系。有典型的五声宫、商、角、徵、羽调式，还有运用偏音的五声性的六声调式等。花腔不同的调式色彩并不导致表情上的巨大反差。无论是大调性质的宫、徵调式，还是属于小调性质的羽、角、商调式，既不用于表现昂扬豪迈之刚烈，又不用于表现悲戚愁苦之柔弱。在节奏律动的驱使下，在旋律线条的跌宕起伏中，它们充满着欢愉之情，谐谑之趣，似乎一切都很透明，一切都很乐观，纷繁的调式只不过是增添色彩而已。花腔这种求轻盈不求沉重，尚乐天而不沦于稳如泰山唐的表情倾向，成为黄梅戏的音乐乃至整个黄梅戏艺术不得不留意的基本品质。

表情达意的质朴化也是花腔的一个特点。从唱词看，状物言情都以快人快语、诙谐逗趣见长。如《逃水荒》中“小小竹竿三尺长，安几个铜钱响叮当，名字叫莲厢”；《夫妻观灯》中“长子来看灯，他挤得头一伸。矮子来看灯，他挤在人网里蹲。胖子来看灯，他挤得汗淋淋。瘦子来看灯，他挤成一把筋”。从音乐看，简洁的乐汇、自然的语势、密集型的字位安排、结合成朗朗上口的旋律，既朴素又大方。

花腔的节奏具有民间舞蹈的律动。它用锣鼓伴奏，流畅的“长槌”，配合人物上场下场，“花腔二槌”、“花腔四槌”、“花腔六槌”紧贴着唱腔的各个部位，或作入头，或作过门，令表演者和观众都有按捺不住的动感。

花腔的旋律线条非常口语化。它不仅符合当地方言的调值，还将人们说话时的锣辑重音以及有意强调某一字的语势都表达出来。花腔的百余首曲调，来自很多地方，如“莲花”、“凤阳歌”来自北方，“鲜花调”来自江南。这些曲调在流变的过程中，语言因素带来的变异是十分明显的。因此，花腔旋律的口语化，是统一花腔的风格的重要环节。

花腔在唱词中常大幅度采用衬字衬词，有些曲调甚至有“本末倒置”的现象，如“汲水调”，表意性的词只有“走出门来抬头看，三条大路走中间，奴家的小情哥”20个字，而加进衬词就成了“走出门来咦么郎当，抬头看呀么郎当，三条大路嗨嗨咦儿嗬嗨嗨呀儿嗬走中间，咦么郎当，郎得儿郎当，郎得儿郎当，唆儿嘞，唆儿嘞，嗨嗨咦嗨荷，唆儿嘞，奴家的小情哥。”需要说明的是，很多花腔的衬词都是曲调不可缺少的部分，它扩大了曲式结构，使短小的两句头、三句头小曲丰富起来。衬字的非表意性，为演唱者留出空白，可以任意点染自己所认可的情绪。当然过多的衬字衬词使本来易懂的词意变得难以捕捉，这是不必讳言的。

②花腔的用法。从两上视角观察花腔的用法，一是花腔与小戏、串戏、大戏的关系；一是花腔各个小曲的自身变化以及小曲间的连接。

花腔与小戏密不可分，它几乎是小戏的代名词。在小戏中，花腔绝大多数是专曲专用，如“对花调”、“打猪草调”专用于《打猪草》，“开门调”、“观灯调”专用于《夫妻观灯》等。花腔在串戏中的使用情形与小戏类似。在大戏中，花腔仅作插曲。

花腔的某一首曲调自身的变化，主要是旋律线的变化。这种变化常常发生在小戏或串戏中的生旦角色共用一首曲调的时候。如“打猪草调”，陶金花上场与金小毛上场所唱略有差别。女腔在一个八度内活动，在乐句的开头每每碰撞最高音，旋律活泼而流畅；男腔则避开女腔的高音，在六度音域内活动，旋律线条较显棱角。

花腔属于曲牌连缀体。常见的是一出戏（小戏或串戏的一折）用1～2首花腔小曲。这些小曲用原型，也产生一些变体，在旋律上或板式上有所拓展。如《打猪草》前半部用“打猪草调”，男女腔有旋律上的差异。后半部用“对花调”，先是男女对唱齐唱，继而发展成“对花调对板”。花腔在小戏中也偶尔用一下主腔，如《打猪草》就是在“对花调对板”之后，忽然终止在“平词切板”上。但更多的时候，花腔是与三腔中的彩腔联用。如小戏《夫妻观灯》，开始是用五声征调式的男彩腔，接着是女腔为主男腔附和的五声宫调式的“开门调”。后而是“开门调”自身再产生板式变化，形成两首不同的“开门调对板”。当唱到“这班灯过了身，那厢又来一班灯”时，“彩腔”的变体与“开门调”结合，构成了内含调性调式变化的“观灯调”。“观灯调”进而引入“彩腔对板”扩大曲体，并强烈地维持着彩腔的调式调性，全剧最后结束在男女合唱的彩腔上。设彩腔因素为A，开门调因素为B，两者结合为C，《夫妻观灯》粗略的线条变是A—B—C—A—C—A，像这种材料集中、对比得当的结构手法，至今仍然是不可忽略的优秀传统。

③花腔的戏剧音乐特征。花腔的戏剧音乐特征表现在角色意识的觉醒和板式手段的运用上。

如果把塑造典型的“这一个”音乐形象定位在戏曲音乐表现的最高层次。那么，剧中的是程式化的行当唱腔，而处于最下层的是角色意识初萌的产物——简单的男女分腔。导致这种区分的动机很明显，就是让人们从音乐中听出角色的性别来。

板式变化的手段对花腔的渗透，导致戏剧音乐特征进一步显现。如“对花调”、“开门调”、“讨学俸调”都演化出对板形式，这就增强了花腔的叙事功能。另外，被认为是青阳腔主要特色的滚调，也以滚板形式进入花腔，如“开门调”在一板一眼中夹入有板无眼的滚板唱腔，使音乐有了疏密快慢的比照，强化了戏剧性的表现。

(2) 黄梅戏的三腔。三腔是“彩腔”、“仙腔”、“阴司腔”三种腔体的统称。

三腔有许多共同点。首先，三腔在音乐体制上综合了曲牌体和板腔体的因素，呈现出“准板腔体”的状态。三腔各自拥有一个基本腔体，彩腔、仙腔为四句体，它们的字位安排、复句位置、锣鼓的用法都较固定，具有曲牌体的定格之感。但三腔的每一腔体都派生出对板或数板，还形成一些补充腔句。因此，三腔也有板腔体的特点；其次，在男女分腔上，三腔既不同于主腔的男女腔转调相连，又不同于大多数花腔小曲的男女腔同腔同调演唱，而是男女腔在旋律上差别较大，容易区别开来；再者，在戏剧性表现功能上，三腔兼有抒情性、叙事性表现能力。

三腔是一组情趣各异的姊妹腔，它们的不同之处也显而易见。如三腔的来源各不相同。彩腔，又称“打彩调”，它由花腔小曲逐渐演变而成。仙腔也称作“道腔”、“道情”，产生于当地的道教音乐，直接进入黄梅戏或先由青阳腔吸收后由黄梅戏传承。阴司腔又叫“还魂腔”，来自青阳腔，故又叫“阴司高腔”。三腔的表情及用途也不同：彩腔表达兴高采烈的喜庆之情；而男仙腔则有舒展洒脱的气度，通过特殊唱法的处理，还可以获得奇异的喜剧色彩或表达伤感的情绪；阴司腔是一个表现沉郁的腔体，原为剧中亡灵或行将辞世的角色抒发悲伤的情感所用，其言戚戚，其音哀哀，恍若进入阴曹地府一般。另外，三腔的调式及句式不尽相同。彩腔、仙腔有五声征调式、六声徵调式两种，阴司腔则是五声商调式。

①彩腔。彩腔的基本结构是四句体。男女腔保持着共同的调式、共贩字位安排及共同的核心乐汇，但旋律线是男腔走低女腔走高。彩腔以“花腔六槌”作入头，第二句唱腔后用“花腔四槌”，第三句唱腔后用“花腔二槌”，一段彩腔唱完可用“花腔一槌”终止唱段。彩腔为徵调式，大多是五声，偶尔旨直变宫音。四句腔的落音分别是5　5　6　5。老的彩腔与黄梅采茶戏有所近似是而非，四句腔的落音是6　5　6　5或1　5　6　5。从音乐的材料上看，彩腔的第二句与第四句旋律十分相近，而第三句则具有较强的展开性，形成ABCB的“起承转合”结构。

彩腔的辅助板式有对板和散板，均由上下句构成。这种板式由一人独唱或二人对唱，增强了彩腔的叙事功能。对板为一板一眼，词格有五字句和七字句。对板常以下句与具有“转”句功能的彩腔第三句相接，也可从彩腔第二句后接对板上句或唱完一段彩腔后再接对板等。彩腔的补充腔句主要有“迈腔”，它代替第三句的位置。迈腔的句幅比第三句短小，落音在1上，具有新鲜感，以增加音乐的动力。彩腔的落板方式是将结束句放慢，利用速度的递减形成缓冲以造成终止。另外，彩腔也停留在“切板”上，“切板”的旋律与“平词切板”大致相同。

彩腔的四句基本腔有时会因唱词增多而扩展。扩展的方式有两种，一种是用“句首加帽”的方法增加行腔；另一种是增加滚唱。如在《三字经》的丑唱彩腔中，因唱词句式多变而生出有板无眼的流水落石出板和滚唱并用的大段彩腔。彩腔这种一曲多变的实例，说明了黄梅戏传统唱腔的自由度历来就很大。当某种腔调形成了大致的框格，聪明的艺人们便“据本而衍文”，从边缘不十分清晰的本体中，滋生出许许多多的枝节，通过大增大减，演化出多种多样的变体。这就是民间艺人创腔的“作曲法”。

彩腔的音乐体制介于主腔、花腔之间，与它们的联用很常见，尤其在小戏中，彩腔与花腔联用更为频繁。另外，在早期的花腔小戏演出中，彩腔常常用于“打彩”。打彩是游离于戏外的一种筹款活动，是艺人获取收入的一种手段。虽然某些艺人在讨彩中不免有庸俗的表演，但用于打彩的曲调是受众最广、最能代表剧种特色的唱腔。艺人们“百里挑一”选择了它，观众也“百听不厌”接纳了它，因此，彩腔的形态特征及音乐情趣是不可忽略的。

②仙腔。仙腔的基本结构也是四句体，但形态比彩腔复杂。仙腔要在两个部位重复唱词，一处是第一句词（七字句）的后三个字重复，另一处是第四句词全句重复。这样，四句腔的长度变得参差不齐，在腔体内部形成了一种有的乐句一掠而过，有的乐句重点强调的对比效果。

复句是高腔中常见的一种表现手段。在岳西高腔中，复句要在抄本上用符号圈点，由此足见艺人们对它的重视。高腔的复句，被重复的唱词披以新的旋律，腔幅也有很大变化，这与黄梅戏仙腔的复句手法相似。

仙腔也用花腔锣鼓，以“花腔六槌”作入头，用“花腔一槌”收束，这与彩腔相同。但内战腔在第一句腔与三字复句之间夹入“花腔二槌”，在三字复句之后接以“花腔四槌”，形成头一句唱词（含复句）紧锣密鼓的状态，这与彩腔中锣鼓较平均的用法有很大差别。在老的仙腔中还运用帮腔，并且用“靠腔锣”随腔击节，这些都是高腔特点的留存。仙腔的辅助板式为数板（也称对板），是将仙腔腔体内的第二、三句予以变化重复而形成的上下句结构。

仙腔的补充腔句有“迈腔”，句幅及落音与“彩腔迈腔”相同。

仙腔有一个显著的特点，即它可以用变奏的手法形成不同变体。这种变体与一般意义上的稍有不同，有相当大的表情差异。以《天仙配》为例，当众仙女偷偷来至天河，观看人间美景时，用仙腔表现她们得到解脱后的愉悦之情；当七仙女小施法术，令千年槐树开口讲话时，配合这一神奇场面的是音色古怪、口吻夸张的男唱仙腔；当董永得知七仙女将被迫离他而去，那棵曾做媒证的老槐树也哑口无言，因不能相助，他伤心至极地唱着：“哑木头，哑木头，连叫三声，不开口。”这里用的还是仙腔。如此不同的情境，不同的人物，反差极大的情感表达都以仙腔来体现。

③阴司腔。阴司腔是黄梅戏主腔的各腔体与三腔之中表情最单一、拖腔最充足的腔体，专用于伤感之时。阴司腔上下两句腔的末字上都有四到六小节的行腔。

阴司腔一波三折，凄婉动人，极善表达剧中人物的绝望之情。由于这一特点，它常与主腔联用，以补足主腔的悲腔块面。

阴司腔是五声商调式。调式色彩既不同于主腔，也不同于彩腔、仙腔。这使它兀立于群腔之中，很容易分辨。

阴司腔因其腔句长和表情单一而不宜反复使用，一般只用一遍就转入辅助板式和补充腔句。从这里可以“悟”出板腔体对上下句的要求：它排斥非叙事性的过长拖腔；同时，它对表情的要求取“中性色彩”，那些情绪过于偏狭而不易更动的腔句，不宜用作变奏的原型，也就不配做上下句的母体。

阴司腔的辅助板式是上下句结构的数板，具有较强的叙事能力，它的旋律来自阴司腔的上下句，同样也是五声商调式。阴司腔的补充腔句是“阴司迈腔”，它的结构及落音与彩腔迈腔、仙腔迈腔同。常用于阴司腔上下句之后，以转向阴司腔数板或别的腔体。由于表情的互通，阴司腔常与“哭介”结合在一起。伤情之处，辅以哭喊的音调，以求更强烈的悲剧性表现。

2. 语言

黄梅戏语言以安庆地方语言为基础，属北方方言语系的江淮方言。其特点为唱词结构在整本戏多为七字句和十字句式。七字句大多是二、二、三结构，十字句大多是三、三、四结构。有时，可根据需要以七字、十字句为框架，字数可压缩或增扩，曲调则常使用垛句。花腔小戏的唱词灵活多变，有三至七字不等。中间常夹杂多种口语化无词意的字。句数不一定为偶数，有时奇数句重复最后一句便成偶数。唱念方法均用接近普通话的安庆官话唱念。整本戏中用韵母念、官话唱，小戏说白则用安庆地方的乡音土语，唱腔仍用官话唱。

3. 伴奏

黄梅戏最初只有打击乐器伴奏，即所谓“三打七唱”。抗日战争时期，曾尝试用京胡托腔；后又试用二胡伴奏，但都未能推广。到新中国成立初期，才逐渐确定用高胡作主要伴奏乐器，并逐步建立起以民族乐器为主、西洋乐器为辅的混合乐队，以增强音乐表现力。伴奏锣鼓最初只有大锣、小锣、扁形圆鼓，被称作“三打七唱”，即三人演奏打击乐器并参加帮腔，七人演唱。以后执堂鼓者又兼奏竹根节和钹，三名伴奏者分别坐在上场门内外侧和草台正中（奏鼓者）。20 世纪 30 年代后，因受徽班和京剧影响，逐渐移至下场的台侧。传统的锣鼓点质朴、洗练，常用的有一、二、三、四、五、六、九槌，和十三槌半、四不粘（又名“一字锣”）、蛤蟆跳缺、凤点头、三条箭、推公车等。配合身段表演的有起板锣鼓、十三槌半、七字锣、叫锣等。新中国成立后，又陆续吸收京剧技艺，编创了一些新锣点，以适应表演和声腔伴奏的需要。起初，黄梅戏无伴奏曲牌。抗日战争前后因与徽调、京戏同台演出，才吸收了京剧中的《三枪》、《大开门》、《小开门》、《枯皇天》等曲牌。新中国成立初期，艺人又吸收了一些民间吹打及道教音乐中的《游春》、《琵琶词》等曲牌，使黄梅戏伴奏音乐逐步丰富起来。

三、经典剧目简介

黄梅戏的优秀剧目有：《天仙配》、《牛郎织女》、《槐荫记》、《女驸马》、《孟丽君》、《夫妻观灯柳树井》、《蓝桥会》、《路遇》、《王小六打豆腐》、《小辞店》、《玉堂春》《西楼会》、《纺棉花》、《秋千架》等。

第五节 花鼓戏

中国汉族地方戏曲剧种，通常特指湖南花鼓戏。湖北、江西、安徽、河南、陕西等省亦有同名的地方剧种。在中华人民共和国成立后，湖南花鼓戏艺术有较大发展，由湖南省花鼓戏剧院整理创作的《打铜锣》、《补锅》、《刘海砍樵》等，深受全国各地人民群众的喜爱。

一、花鼓戏的起源和发展

1. 剧种起源

湖南花鼓戏最初源于民歌，后来逐渐地发展成为一旦一丑演唱的花鼓戏初级形式。清嘉庆二十三年刊行的《浏阳县志》谈及当地元宵节玩龙灯情况时说："又以童子装丑旦剧唱，金鼓喧阗，自初旬起至是夜止"。说明一旦一丑演唱的花鼓戏——地花鼓，最迟在清嘉庆年间已经形成。又据杨恩寿《坦园日记》清同治元年，杨恩寿在湖南永兴观看的"花鼓词"（即花鼓戏）中，已有书生、书童、柳莺、柳莺婢四个角色，而且情节与表演都较生动。说明这时的花鼓戏不但已发展成"三小"（小旦、小丑、小生）戏，而且演出形式也具有一定规模。从声腔和剧目看，初期以民间小调和牌子曲演唱边歌边舞的生活小戏，如《打鸟》、《盘花》、《送表妹》、《看相》等。后来，由于"打锣腔"与"川调"的传入，才逐渐出现故事性强的民间传说题材剧目。打锣腔主要剧目有《清风亭》、《芦林会》、《八百里洞庭》、《雪梅教子》等，川调主要剧目有《刘海戏蟾》、《鞭打芦花》、《张光达上寿》、《赶子上路》等。这样，便形成了艺术上比较完整的地方剧种。

早期花鼓戏只有半职业性班社在农村作季节性演出，农忙务农，农闲从艺。光绪以来，这种班社发展较快，仅宁乡、衡阳两县就有几十副"行箱"，艺人近 200 人。训练演员采取随班跟师方式，也有收徒传艺的，称"教场"或"教馆"，每场数十天，教三、四出戏。过去，由于花鼓戏经常遭受歧视和禁演，各地花鼓戏班都曾兼演当地流行的大戏剧目以作掩护，这种戏班称"半台班"或"半戏半调"、"阴阳班子"。中华人民共和国成立后，各地分别成立专业剧团，进入城市剧场公演。刘海砍樵为其经典曲目，脍炙人口，一直为人们传唱。

2. 历史沿革

据 1981 年统计，全省有花鼓戏剧团 54 个，并成立了湖南省花鼓戏剧院。1957 年，湖南省戏曲学校成立，设有花鼓戏专科。传统剧目各地花鼓戏传统剧目，总计约 400 多个，以反映民间生活为主，多以生产劳动、男女爱情或家庭矛盾为题材，语言生动，乡土气息浓厚。《打铜锣》、《补锅》、《送货路上》、《野鸭洲》等已摄制成影片。音乐曲调花鼓戏的音乐曲调 300 余支，基本上是曲牌连缀结构体，辅以板式变化，根据曲调结构、音乐风格和表现手法的不同，可分为 4 类：川调。或称正宫调，即弦子调，大筒、唢呐伴奏，曲调由过门乐句与唱腔乐句组成，调式、旋律变化丰富，是花鼓戏的主要唱腔。打锣腔。又称锣腔，曲牌连缀结构，"腔"、"流"（数板）结合，不托管弦，一人启口众人帮和，有如高腔，是长沙、岳阳、常德花鼓戏主要唱腔之一。

二、花鼓戏的特点

湖南花鼓戏是湖南各地花鼓戏流派的总称。由于流行地区不同而有长沙花鼓戏、岳阳花鼓戏、衡阳花鼓戏、邵阳花鼓戏、常德花鼓戏、醴陵花鼓戏等六个流派之分，其都各具不同的艺术风格。各地花鼓戏的传统剧目约有400多个，音乐曲调300余支。音乐主要是以极具地方特色的湖南花鼓大筒以及唢呐、琵琶、笛子、锣鼓等民族乐器作伴奏。曲调活泼轻快，旋律流畅明快。特别是唱遍大江南北，风靡海内外的湖南花鼓戏名剧《刘海砍樵》其脍炙人口的"比古调"唱段，深受全国各地的人民群众所喜爱。

三、经典剧目简介

如《三里湾》、《打铜锣》、《补锅》、《双送粮》、《红色营业员》、《郭亮带兵抓郭亮》、《我的一家》、《还牛》、《送货路上》、《两张图纸》、《山村兽医》、《野鸭洲》、《对象》、《牛多喜坐轿》等。其中《打铜锣》、《补锅》、《两张图纸》、《送货路上》、《野鸭洲》等拍成了彩色舞台艺术片。

参 考 文 献

［1］章太炎．国学概论：国学入门必读第一书［M］．南京：江苏人民出版社．2014.

［2］中华书局编辑部．中国人应知的国学常识［M］．北京：中华书局，2010.

［3］范曾．国学开讲［M］．北京：中信出版社，2014.

［4］龚鹏程．国学入门［M］．北京：北京大学出版社，2007.